封面題簽 劉紹剛
封面設計 程星濤
責任印製 蘇林
責任編輯 蔡敏 崔葉舟

圖書在版編目（CIP）數據

銀雀山漢墓簡牘集成．貳 / 山東博物館，中國文化遺産研究院編．-- 北京：文物出版社，2021.12

ISBN 978-7-5010-7295-8

Ⅰ．①銀… Ⅱ．①山… ②中… Ⅲ．①銀雀山竹簡—匯編 Ⅳ．①K877.5

中國版本圖書館 CIP 數據核字（2021）第 238172 號

銀雀山漢墓簡牘集成〔貳〕

編　者　山東博物館
中國文化遺産研究院
整理者　張海波
出版者　文物出版社
發行者　文物出版社
（北京市東城區東直門内北小街二號樓）
www.wenwu.com
製版者　北京寶蕾元科技發展有限責任公司
印刷者　天津圖文方嘉印刷有限公司
經銷者　新華書店
二〇二一年十二月第一版
二〇二一年十二月第一次印刷
定價：八六〇圓

787 毫米 ×1092 毫米　1/8　印張：33.5
ISBN 978-7-5010-7295-8

銀雀山漢簡保護整理組

首席學術顧問

李學勤　裘錫圭

組　長

劉少剛　鄭同修　郭思克

專家組

李家浩　胡平生　李均明　駢宇騫　李　零　陳偉武

陳　劍　馮勝君

保護組

王之厚　趙桂芳　方北松　李鄂權　沈大媧　于　芹

衛松濤　賈連翔　陳　娟　李慧芹　楊　青　張海波

宋鵬遥　崔麗娟　胡冬成　夏小玲　張穎昌

整理組

楊小亮　張海波　賈連翔　鄭子良　宋華强　楊　青

劉　釗　楊　安　駢宇騫　王　輝　衛松濤　馬　楠

「十三五」國家重點圖書出版規劃項目。

銀雀山漢簡保護項目得到中華人民共和國財政部、國家文物局「國家重點文物保護專項資金」支持。

本書編寫得到中華人民共和國教育部、財政部高等學校創新能力提升計劃（2011 計劃）中央專項資金、國家「古文字與中華文明傳承發展工程」經費支持。

本書出版得到國家古籍整理出版專項經費資助。

整理説明

一九七二年四月，山東省博物館和臨沂文物組在山東省臨沂銀雀山一號墓和二號墓中，發掘出土了一大批竹簡和少量木牘，羅福頤、顧鐵符和吴九龍先生對這批竹簡進行初步釋讀，爲以後的整理打下了良好的工作基礎。一九七四年《文物》第二期發表了《山東臨沂西漢墓發現〈孫子兵法〉和〈孫臏兵法〉等竹簡的簡報》。同年，成立銀雀山漢墓竹簡整理組，參加過《孫子兵法》和《孫臏兵法》二部書初稿本編輯工作的有楊伯峻、魏連科、劉起釪、史樹青、商承祚、曾憲通、羅福頤、顧鐵符、張政烺、朱德熙、孫貫文、裘錫圭、吴九龍、李家浩等先生；參加第一、二兩輯并始終其事有朱德熙、裘錫圭、李家浩、吴九龍；李均明、駢宇騫先生作爲北京大學的實習學生也參加過《六韜》和《晏子》整理注釋工作。傅熹年先生摹寫第一、二輯的簡文，張守中先生摹寫了第二輯的一部分，周祖謨先生書寫了釋文，商承祚先生對摹本展開校對工作。

一九八五年和二〇一〇年，《銀雀山漢墓竹簡》第一輯和第二輯由文物出版社正式出版。由於各種原因，原計劃中的《銀雀山漢墓竹簡》第三輯至今未能面世。

爲了將全部資料儘快公布於世，二〇一三年，在「出土文獻與中國古代文明研究協同創新中心」的支持下，中國文化遺産研究院和山東博物館發起了重新保護、整理、出版銀雀山漢簡的計劃，成立了新的整理組，擬對全部簡牘進行整理和出版。新的整理組由劉少剛、郭思克擔任組長，特邀李學勤、裘錫圭先生爲首席學術顧問，聘請當年參加過銀雀山漢簡整理工作的李家浩、李均明、駢宇騫三位先生，以及胡平生、李零、陳偉武、陳劍、馮勝君等先生爲專家組成員，對整理工作進行指導。鄭子良、楊小亮、衛松濤、楊青、賈連翔、馬楠、王輝、張海波、楊安、劉釗、宋華强等中青年學者作爲整理組成員，具體擔任每一分卷的整理工作。

二〇一四年二月，山東博物館委託荆州文物保護中心編製了《山東博物館漢簡保護修復方案》，報送國家文物局，二〇一四年五月六日獲批（文物博函〔二〇一四〕五四一號）。二〇一五年七月，整理組聘請清華大學出土文獻研究保護中心趙桂芳研究員擔任簡牘保護首席專家，與山東博物館于芹、衛松濤、楊青、宋鵬遥、崔麗娟、李慧芹，濟南大學張海波，長沙簡牘博物館胡冬成、夏小玲組成保護工作小組，清華大學賈連翔、山東博物館陳娟負責信息采集工作。本次簡牘的信息采集工作由彩色攝影和紅外掃描兩部分組成，分別由賈連翔和陳娟承擔。

爲保證信息采集過程中簡牘文物的安全，保護小組邀請中國文化遺產研究院沈大媧副研究館員對少量無字竹簡碎片進行了檢測分析，并據檢測結果設計了簡牘由出庫到信息采集，再到入庫的全部流程，確保了信息采集工作的順利進行。在工作過程中，采用了近年來簡牘信息采集的新方法和新理念，提取了竹簡正、背兩面圖像，最大限度地留存了編聯痕迹、簡背劃痕、反印文等信息。

當年銀雀山漢簡的整理，匯聚了衆多當時國內一流的專家以集中整理的形式協作完成，無論在組織方式上，還是最終成果的呈現上，都爲中國的簡牘整理工作確立了典範。而本次重新整理工作，則是以分散在全國各地高校和科研院所的年輕學者爲主，因此，在組織方式，個人學養，以及時間分配上都還不能與原整理者的情況相提并論。爲了提高整理質量，推進研究進度，整理組不定期召開了數次工作會議，由整理成員匯報整理心得及最新進展和成果，由專家組予以評價，或推廣，或改進。其中專家組陳劍《以銀雀山漢簡爲例談談竹書整理的一些問題》的發言對整理工作起到了重要指導和示範作用。在整理成果呈現上，從釋文到注釋，都最大限度地保留和借鑒了原整理者的既有成果，同時也對新的相關研究成果有所反映。

本次的整理成果以《銀雀山漢墓簡牘集成》爲名，共分爲十輯，分輯內容及分工如下：

第壹輯：《孫子兵法》，楊小亮；

第貳輯：《孫臏兵法》，張海波；

第叁輯：《尉繚子》，賈連翔；

第肆輯：《守法守令等十三篇》，鄭子良、宋華强；

第伍輯：《六韜》，楊青、劉釗；

第陸輯：《論政論兵》（上、下），楊安；

第柒輯：《晏子》，駢宇騫、王輝；

第捌輯：《陰陽時令占候》（上、下），衛松濤、王輝；

第玖輯：《唐勒》《七年視日》、木牘等，馬楠、張海波；

第拾輯：散簡（上、中、下），張海波。

鄭子良、宋華强承擔了大部分工作體例的制訂工作，并與王輝一起負責稿件的前期審稿，經由專家組集體審議，最後由陳劍先生終審、統稿。中國社會科學院博士後李紅薇也參加部分稿件的審稿、校稿工作。賈連翔負責全部彩色影像和紅外綫影像的處理和排版工作。

在銀雀山漢墓簡牘的重新整理過程中，曾先後得到劉樂賢、董珊、鄔文玲、程少軒等先生諸多幫助，在此一併致謝。

由於銀雀山漢簡的分篇和構成較爲複雜，因此各輯在體例方面會存在稍許差异；我們水平有限，也難免會出現一些錯誤，敬請批評指正。

凡例

一、本書收録銀雀山漢墓一、二號墓出土的全部竹木簡牘，按内容分爲十輯。每輯包括圖版、文字兩大部分。

二、本書所收録圖版爲二〇一五年重新采集，分彩色影像和紅外綫掃描影像兩種，包括簡牘原大圖版的正、背面影像，及正面放大兩倍的彩色影像，也酌情采用《銀雀山漢墓竹簡》（壹）（貳）中較清晰的圖版。少量無法提取背面影像的竹簡，根據其正面影像製作背面影像。原摹本置於原大圖版後。

三、本書所録簡牘，均按新的整理、分篇重新編號。釋文中於每簡最後一字下注簡號（新整理號與原整理號、田野登録號對照表列在附録）。幾枚殘簡綴合爲一枚，只編一個號，但在圖版中分别於各段殘簡旁加注字母標識。

四、圖版中殘簡的上下位置，根據簡形（如簡頭、簡尾）、編組痕迹或殘簡與前後簡文的關係確定。位置不能確定的殘簡，上端與整簡第一字取齊，圖版和摹本中在此類殘簡上加△號作爲標誌。所收散簡分兩部分，存字較多的部分儘量按字體及内容分組編排，再按簡牘長短排列；僅存殘字的無法确定其原位置，一律頂行排列。

五、文字部分由説明、釋文、注釋、附録四部分組成。説明簡略介紹每篇竹簡的數量、形制特徵、大體内容及其他有必要説明的事項。釋文以通行字體録出，加現行標點。原整理者的注釋，本書全部加以保留，簡稱爲「原注」；此次整理者新增注釋前加「今按」二字。如無原整理者注釋及其他觀点，此次整理者意見不加「今按」，直接注出。附録包括簡牘與傳世文獻對照表、簡牘整理信息及參考文獻等。

六、凡文義相連的簡文（包括其間雖有缺字、缺簡而確知其同屬一段文字的情况），釋文連寫。原簡文提行分段時，釋文也分段。

七、有不能確定在篇中先後位置，或疑其屬於某篇，但又难以確定的簡，都附列各篇之後，在釋文中用★★★★★與正文隔開。

八、由於殘損情况嚴重或其他原因，有些篇全篇結構不明，簡文的先後次序難以確定，釋文除確知其文字彼此相連的簡仍然連寫外，每簡都提行寫。如《孫子兵法》下編的《地形二》，《孫臏兵法》的《殺士》等。

九、每篇的篇題，有的是簡文原有的，有的是據傳本補出的，也有整理者擬加的。後兩種均外加【】號以示區别。

一〇、原簡上的符號，除斷讀符外，在釋文中均予以保留。若簡文中引語的開頭或結尾正好在竹簡的殘缺部分，釋文只標下引號或上引號。簡文的重文號一律保留，釋文中再補出所重的字。有些帶有合文性質的重文號，也同樣處理，如「夫=」寫作「大夫」，「伊=」寫作「伊尹」。

一一、簡文中殘泐不能辨識的字，釋文用□表示。竹簡斷簡處以☒標識。因竹簡殘斷而缺去的字，可明确字數者，每字以一個【□】標識；無法計算數量者，加【……】標識。釋文中根據上下文或傳世本所補出的缺文，外加【】號標識。

一二、簡文明顯的誤字，釋文中隨文注出正字，外加〈〉號。個别極常見的誤字，徑寫正字，不再加注。

一三、釋文隸定采用單字從嚴、偏旁從寬的原則。偏旁相同但結構不同者一般嚴格隸定。常用字隸定從寬。但結構出入較大的字，一般嚴格隸定。某些雖可釋但難以隸定的特殊字形，徑用通行字體釋出，於注中説明。

一四、簡文中常見的古體字、异體字等，依原整理者意見，在釋文中徑改成通行字體。如「𣉻」作「智」，「㱃」作「飲」，「徵」作「微」等。部分特殊异體字，如「亂」作「𠃧」「乳」「乿」等形，則保留其异體構造，在隸定字後面（）號中標出今字。通假字也在後面的（）號中標出本字。

本輯目次

釋文　注釋

附　録

本輯説明

本輯所收竹書，原整理者據其内容多爲戰國時期齊國孫臏用兵之事和論兵之言，與《漢書·藝文志》「兵權謀十三家」的《齊孫子》相當，定名爲《孫臏兵法》。《孫臏兵法》包括《禽龐涓》《見威王》《威王問》《陳忌問壘》《篡卒》《月戰》《八陣》《地葆》《埶備》《兵情》《行篡》《殺士》《延氣》《官一》《五教法》《强兵》十六篇，均爲佚篇。《文物》一九七五年第一期公布的《臨沂銀雀山漢墓出土〈孫臏兵法〉釋文》、文物出版社一九七五年出版的平裝通俗本（整理者又稱爲「普及本」，見《銀雀山漢墓竹簡〔壹〕》出版説明）、《孫臏兵法》及綫裝本《孫臏兵法》均分爲上、下两編，上編十五篇、下編十五篇。在文物出版社一九八五年出版的精裝本《銀雀山漢墓竹簡〔壹〕》中，整理者將通俗本等收録的《孫臏兵法》下編十五篇移出（後收入文物出版社二〇一〇年出版的《銀雀山漢墓竹簡〔貳〕》「論政論兵之類」中），另增《五教法》一篇，共十六篇，即本輯所收。

據《銀雀山漢墓竹簡〔壹〕》「編輯説明」中原整理者的意見：《孫臏兵法》前四篇記孫子與威王的問答，肯定是孫臏書。第十六《强兵》篇也記孫臏與威王的問答，但可能不是孫臏書本文，故暫附在書末。第五至十五各篇篇首都稱「孫子曰」，既有可能是《孫臏兵法》，也有可能是《孫子》佚篇。但其文體、風格與《孫子》十三篇不相類，與竹書《孫子》佚篇的問答體和注釋體也不一樣，其中如《埶備》《兵情》，整篇通過比喻立論，《官一》純用排比句法，與《孫子》風格上的差异尤爲明顯，這些篇中所謂「孫子」以指孫臏的可能性較大，因此暫時把它們定爲孫臏書。但仍然不能完全排除這些篇是《孫子》佚篇的可能性。原來被通俗本等編爲下編，後來歸入《銀雀山漢墓竹簡〔貳〕》「論政論兵之類」的若干篇，也并不排除其中一些仍是孫臏書的可能性。《漢書·藝文志》稱孫臏書爲《齊孫子》，其書共八十九篇，圖四卷。現在整理的本子，包括《强兵》篇在内，也只有十六篇。儘管免不了有被失收的簡文，但墓中的孫臏書看來不像是全帙。

《孫臏兵法》所用竹簡長二七·五厘米左右，寬度多數爲〇·五至〇·七厘米，厚〇·一至〇·二厘米，按漢初尺度折算，似爲當時的一尺二寸簡。竹簡有三道編繩，兩端各一道，上下留一至一·五厘米的天地頭，另一道編繩在簡中部。《孫臏兵法》非一人一時所寫，因此書風字迹也不盡一致。銀雀山漢簡書法風格可以分爲規整和草率兩大類，每一類中又各包含多種不同的類型，《孫臏兵法》屬於書體規整類。書體規整類的竹簡還可以細分爲「正體」和「帶有草意」兩種，本輯《月戰》《埶備》《兵情》《强兵》等篇字體帶有草意，其餘諸篇屬正體。

《銀雀山漢墓竹簡〔壹〕》中《孫臏兵法》編爲二百二十二個簡號，本次再整理，因《禽龐涓》《威王問》《陳忌問壘》《埶備》《行篡》《延氣》《官一》《五教法》《强兵》九篇在編聯、綴合、分篇歸屬等方面有所調整，最後共編爲二百二十三個簡號。

圖版

（彩色影像·紅外綫影像·摹本·彩色放大影像）

孫臏兵法

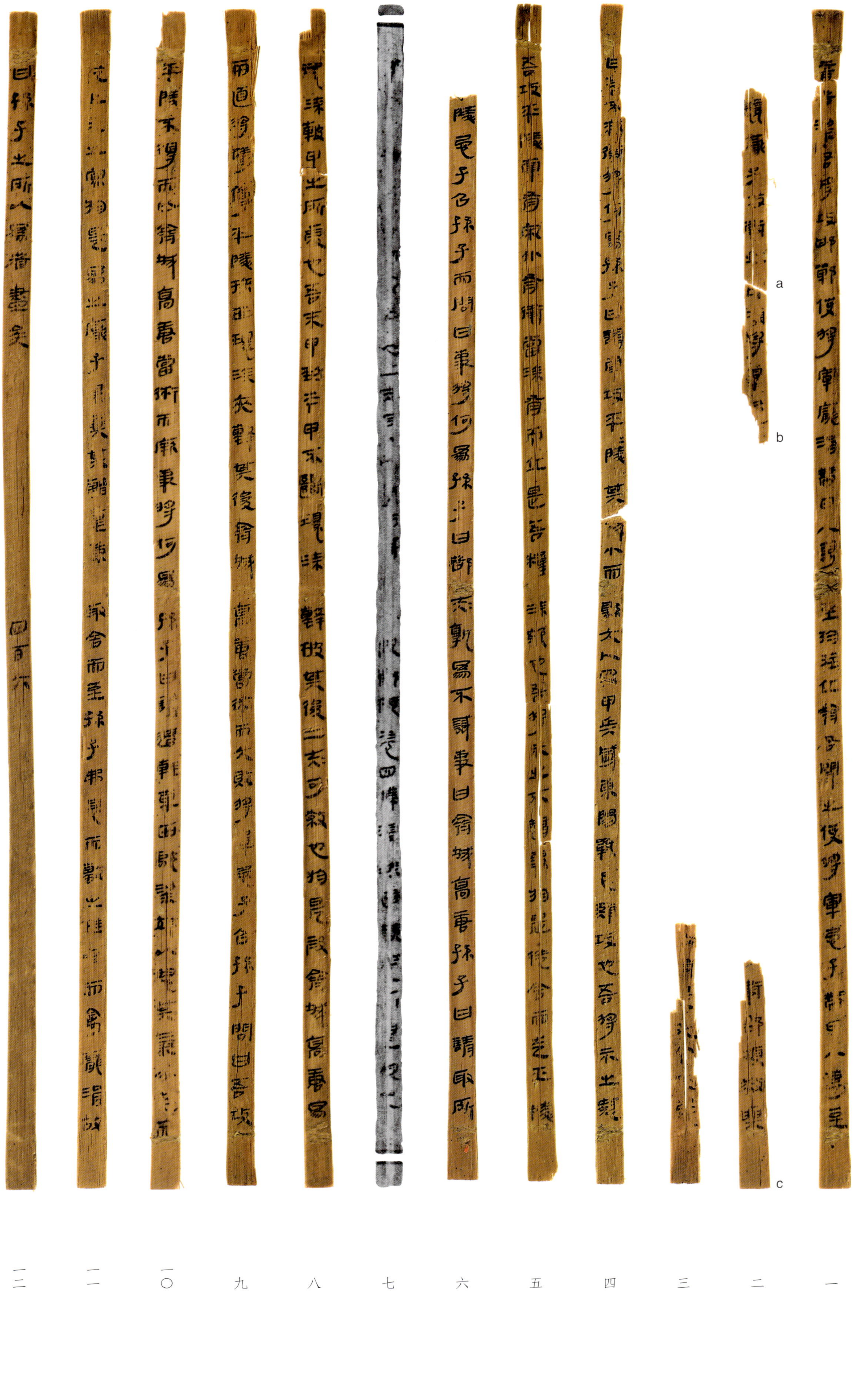

一 二 三 四 五 六 七 八 九 一〇 一一 一二 一三

一背　二背　三背　四背　五背　六背　七背　八背　九背　一〇背　一一背　一二背

一 二 三 四 五 六 七 八 九 一〇 一一

一背　二背　三背　四背　五背　六背　七背　八背　九背　一〇背　一一背

一 二 三 四 五 六 七 八 九 一〇 一一 一二

一背　二背　三背　四背　五背　六背　七背　八背　九背　一〇背　一一背　一二背

一三 一四 一五 一六 一七 一八 一九 二〇 二一 二二 二三 二四

一三背　一四背　一五背　一六背　一七背　一八背　一九背　二〇背　二一背　二二背　二三背　二四背

二五 二六 二七 二八 二九 三〇 三一 三二 三三 三四 三五

二五背　二六背　二七背　二八背　二九背　三〇背　三一背　三二背　三三背　三四背　三五背

一〇 九 八 七 六 五 四 三 二 一

一背　二背　三背　四背　五背　六背　七背　八背　九背　一〇背

二〇 一九 一八 一七 一六 一五 一四 一三 一二 一一

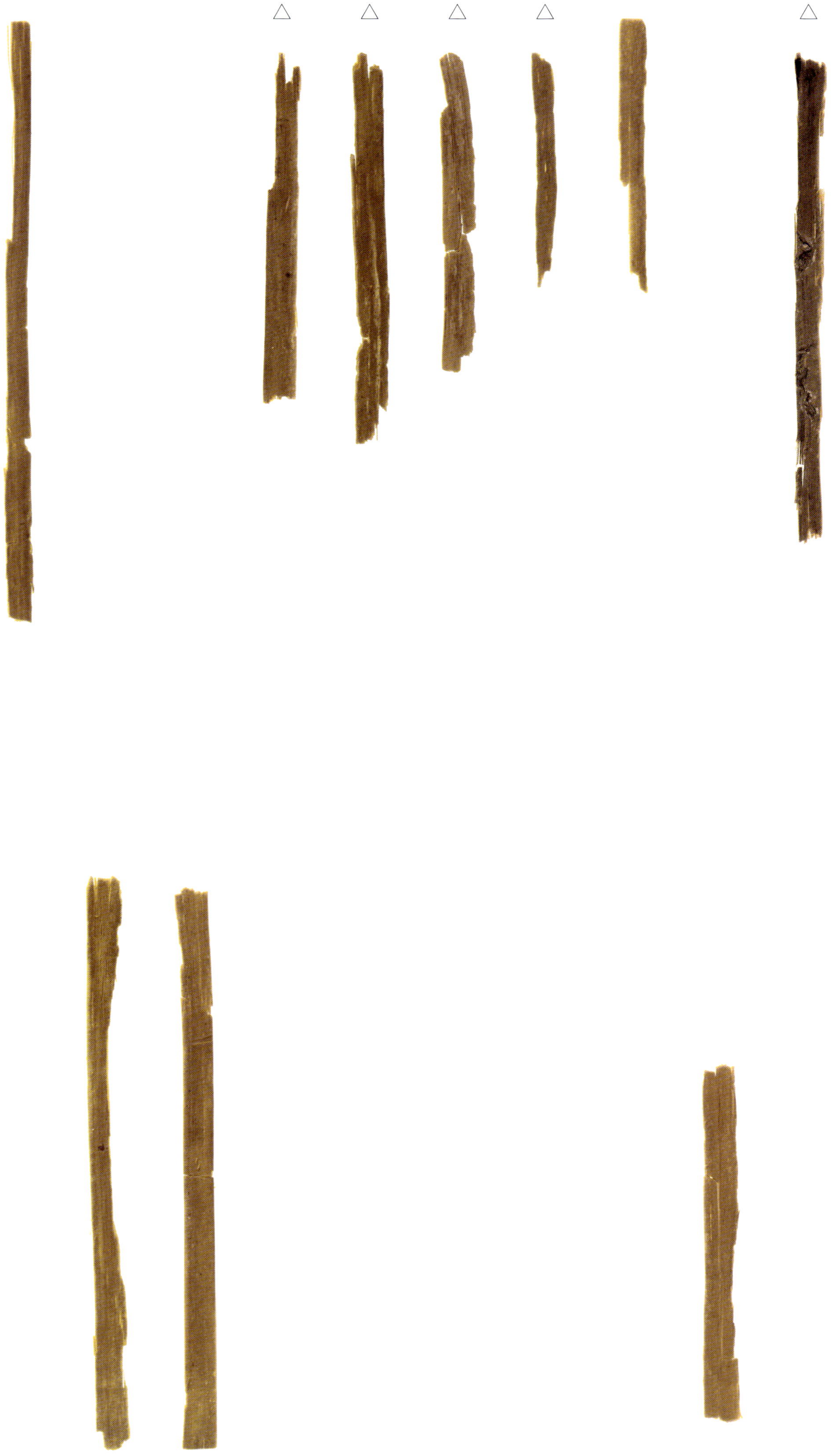

一一背　一二背　一三背　一四背　一五背　一六背　一七背　一八背　一九背　二〇背

二一　二二　二三　二四　二五　二六　二七　二八　二九　三〇

二一背　二二背　二三背　二四背　二五背　二六背　二七背　二八背　二九背　三〇背

八　七　六　五　四　三　二　一

一背　二背　三背　四背　五背　六背　七背　八背

六　五　四　三　二　一

一背　二背　三背　四背　五背　六背

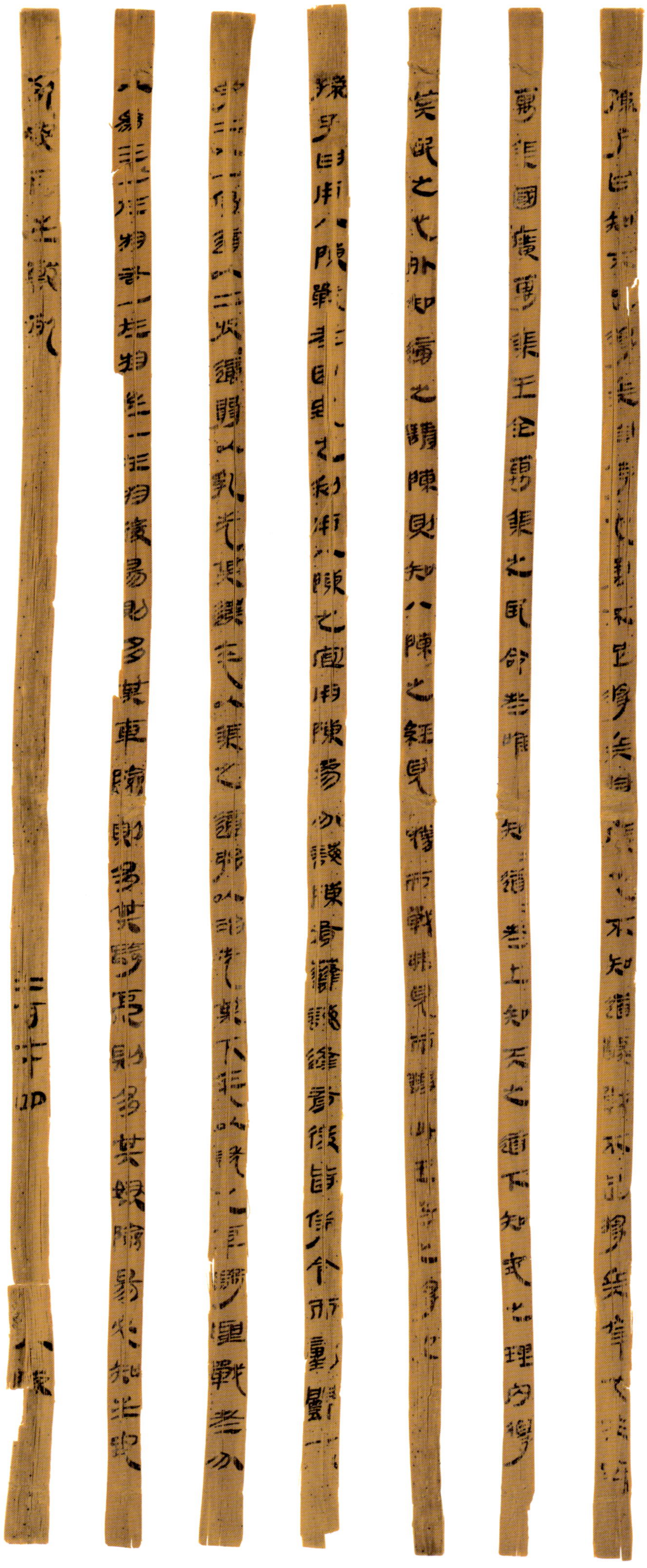

七 六 五 四 三 二 一

一背　二背　三背　四背　五背　六背　七背

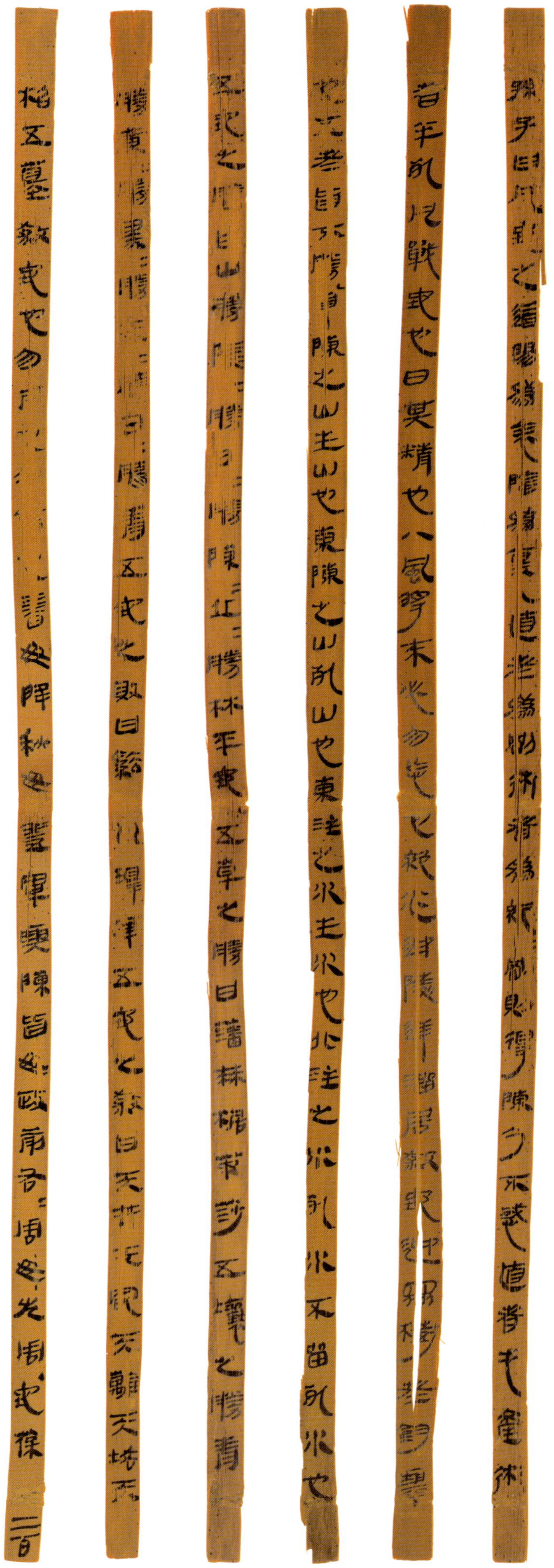

六　五　四　三　二　一

一背　二背　三背　四背　五背　六背

七　六　五　四　三　二　一

一背　二背　三背　四背　五背　六背　七背

八　九　一〇　一一　一二　一三　一四　一五

八背　九背　一〇背　一一背　一二背　一三背　一四背　一五背

八　七　六　五　四　三　二　一

一背　二背　三背　四背　五背　六背　七背　八背

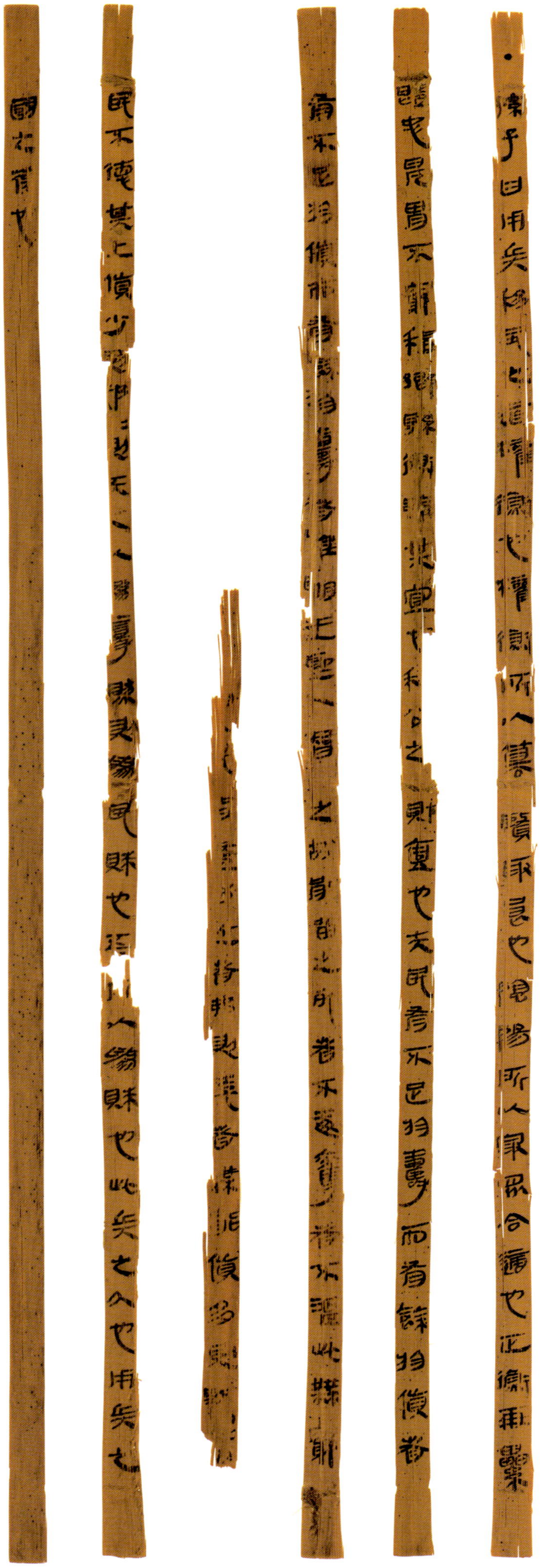

六 五 四 三 二 一

一背　二背　三背　四背　五背　六背

一 二 三 四 五 六 七 八 九 一〇 一一

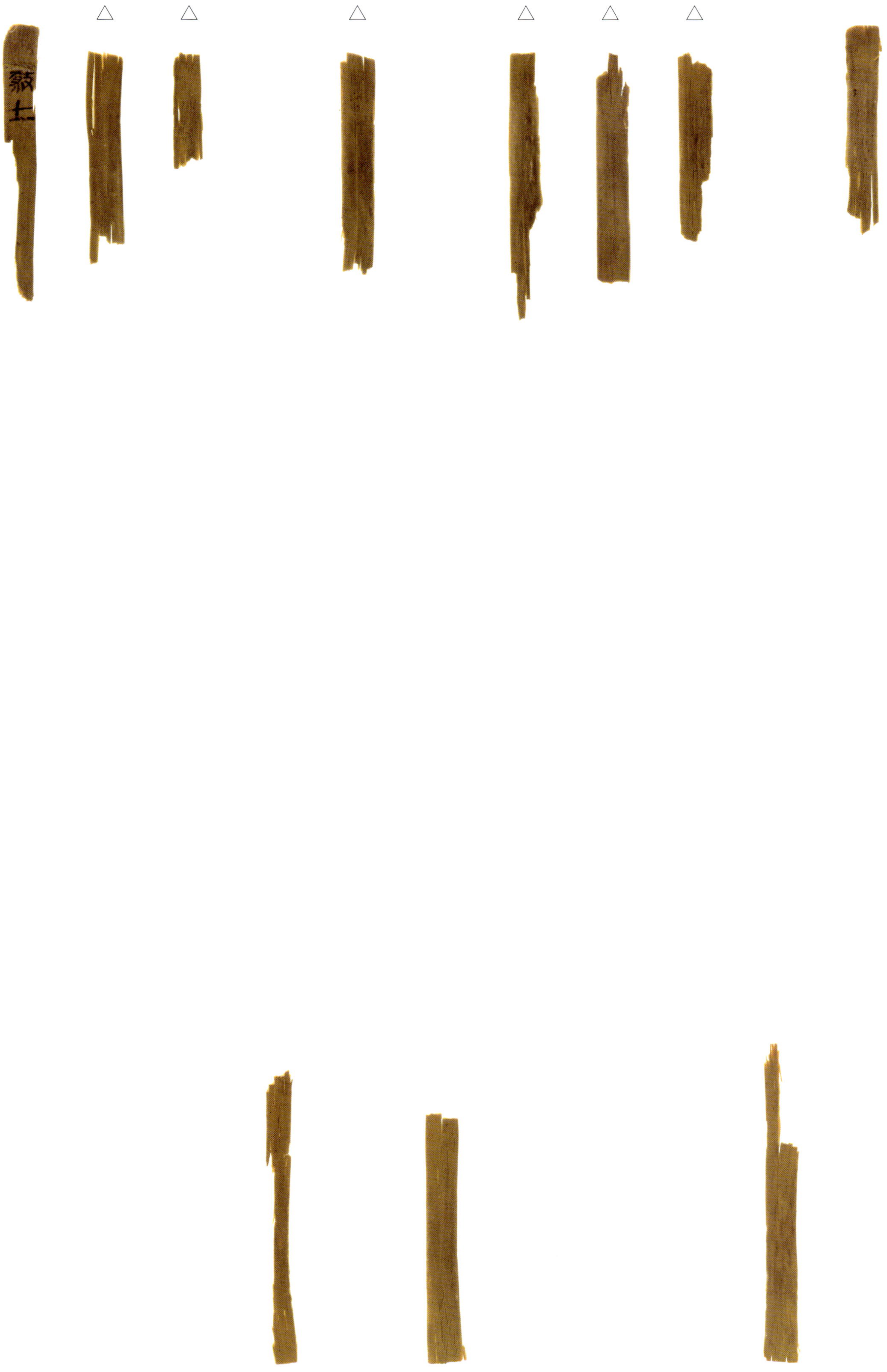

一背　二背　三背　四背　五背　六背　七背　八背　九背　一〇背　一一背

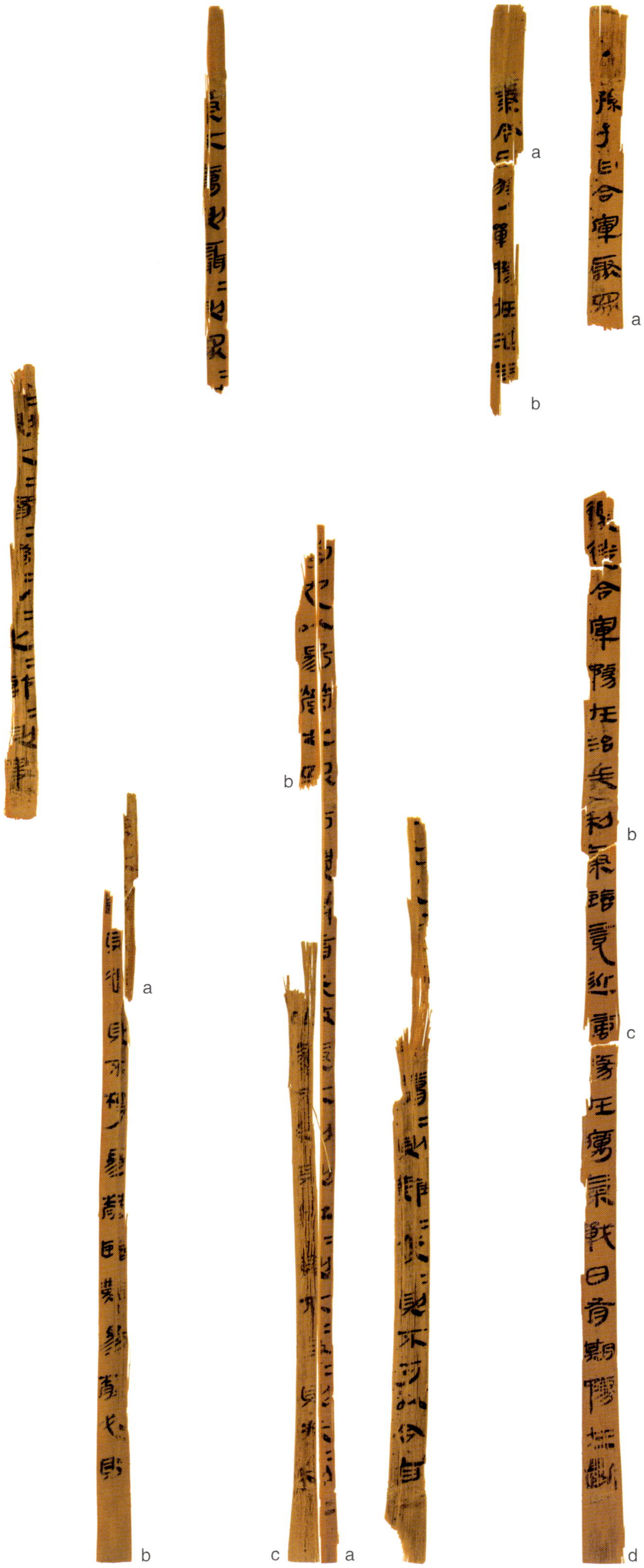

七 六 五 四 三 二 一

一背　二背　三背　四背　五背　六背　七背

一〇　九　八　七　六　五　四　三　二　一

一背　二背　三背　四背　五背　六背　七背　八背　九背　一〇背

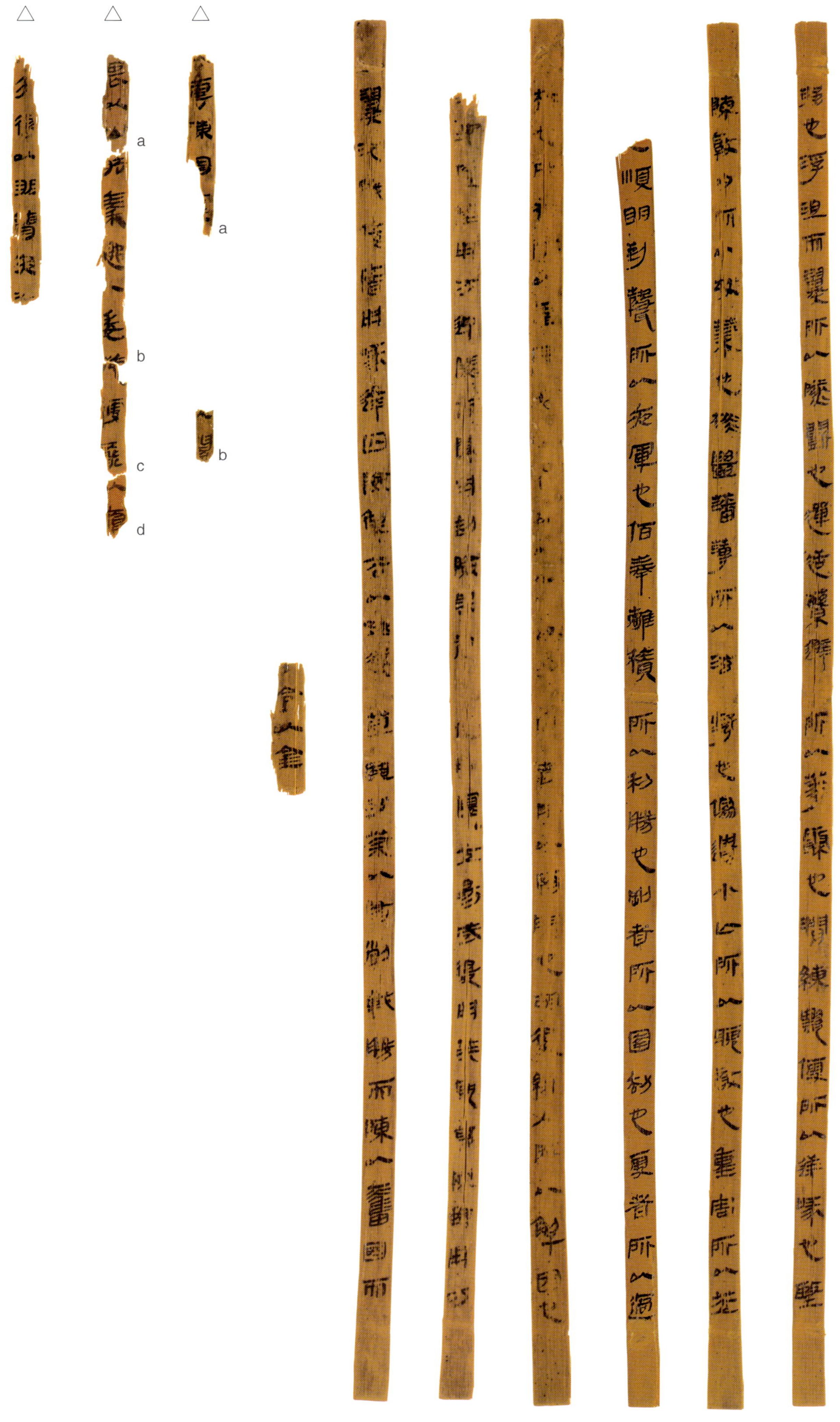

一一 一二 一三 一四 一五 一六 一七 一八 一九 二〇

一一背　一二背　一三背　一四背　一五背　一六背　一七背　一八背　一九背　二〇背

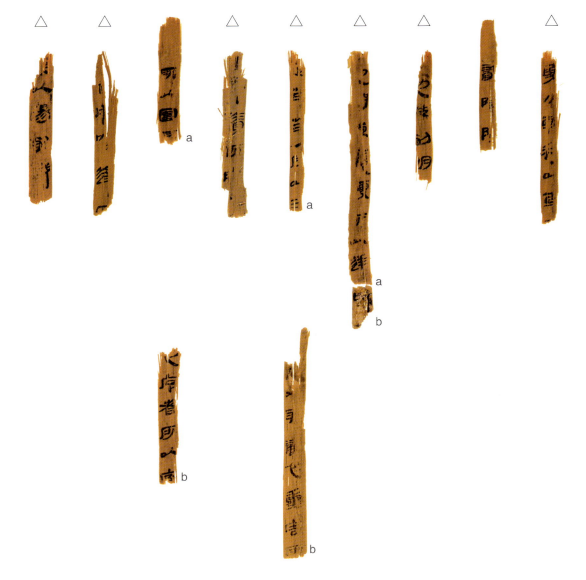

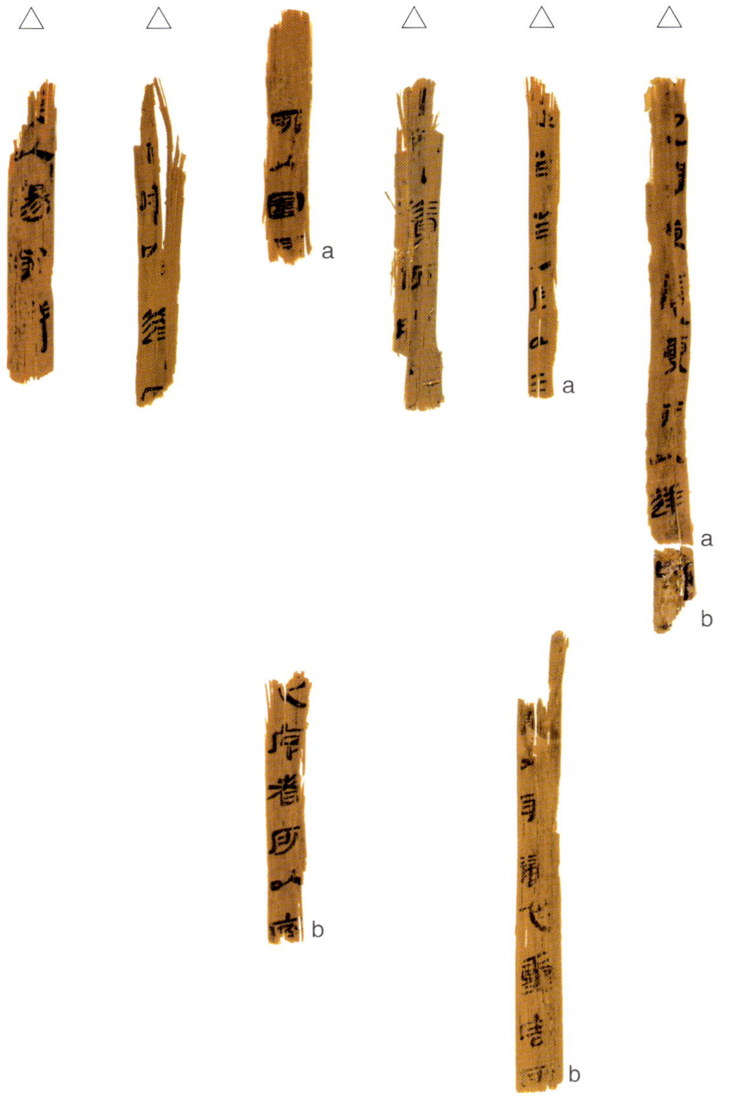

二一　二二　二三　二四　二五　二六　二七　二八　二九

二一背　二二背　二三背　二四背　二五背　二六背　二七背　二八背　二九背

一 二 三 四 五 六 七 八 九 一〇 一一 一二 一三

一背　二背　三背　四背　五背　六背　七背　八背　九背　一〇背　一一背　一二背

一　二　三　四　五　六　七　八　九　一〇　一一　一二　一三

一背　二背　三背　四背　五背　六背　七背　八背　九背　一〇背　一一背　一二背　一三背

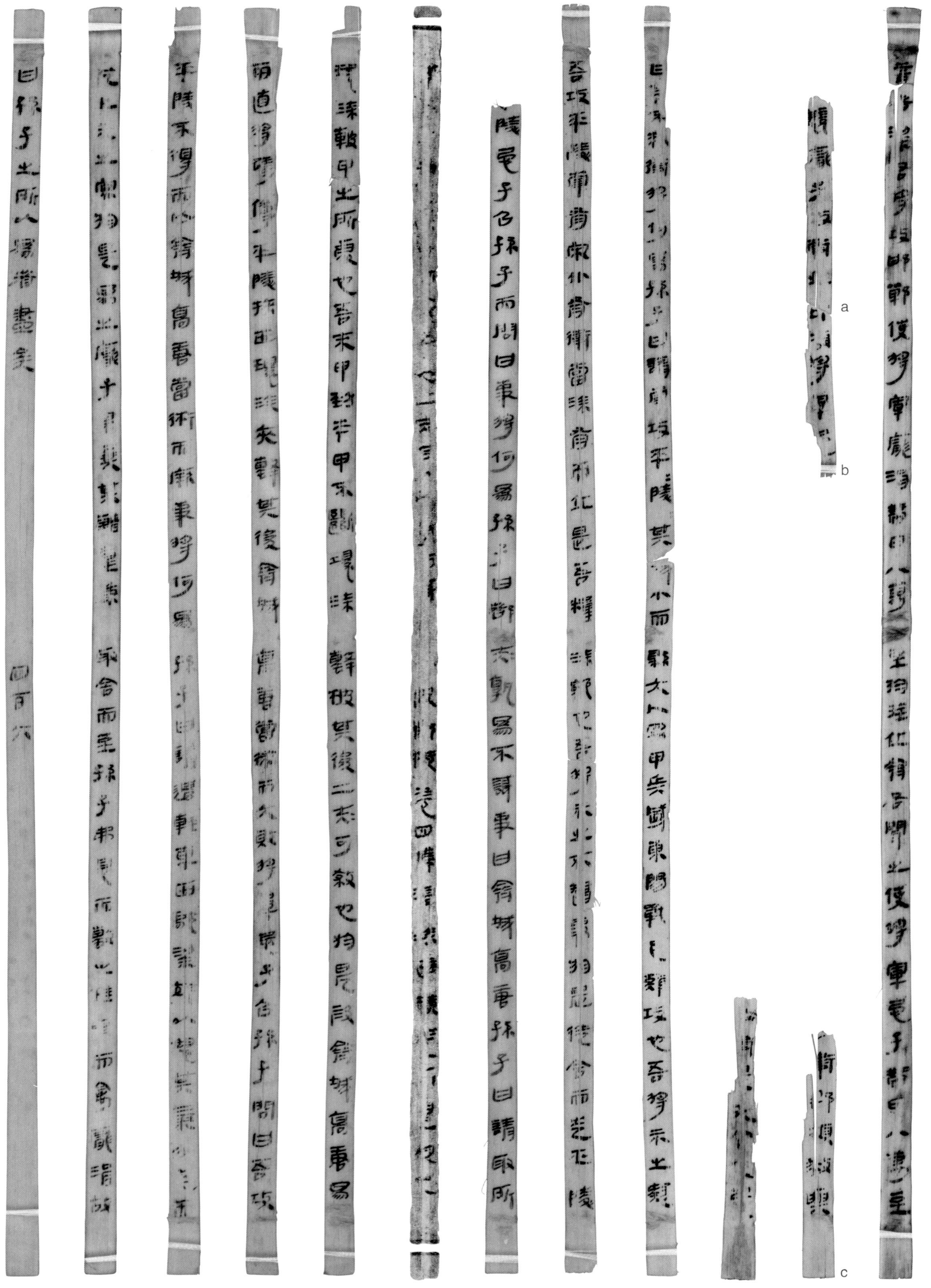

一 二 三 四 五 六 七 八 九 一〇 一一 一二 一三

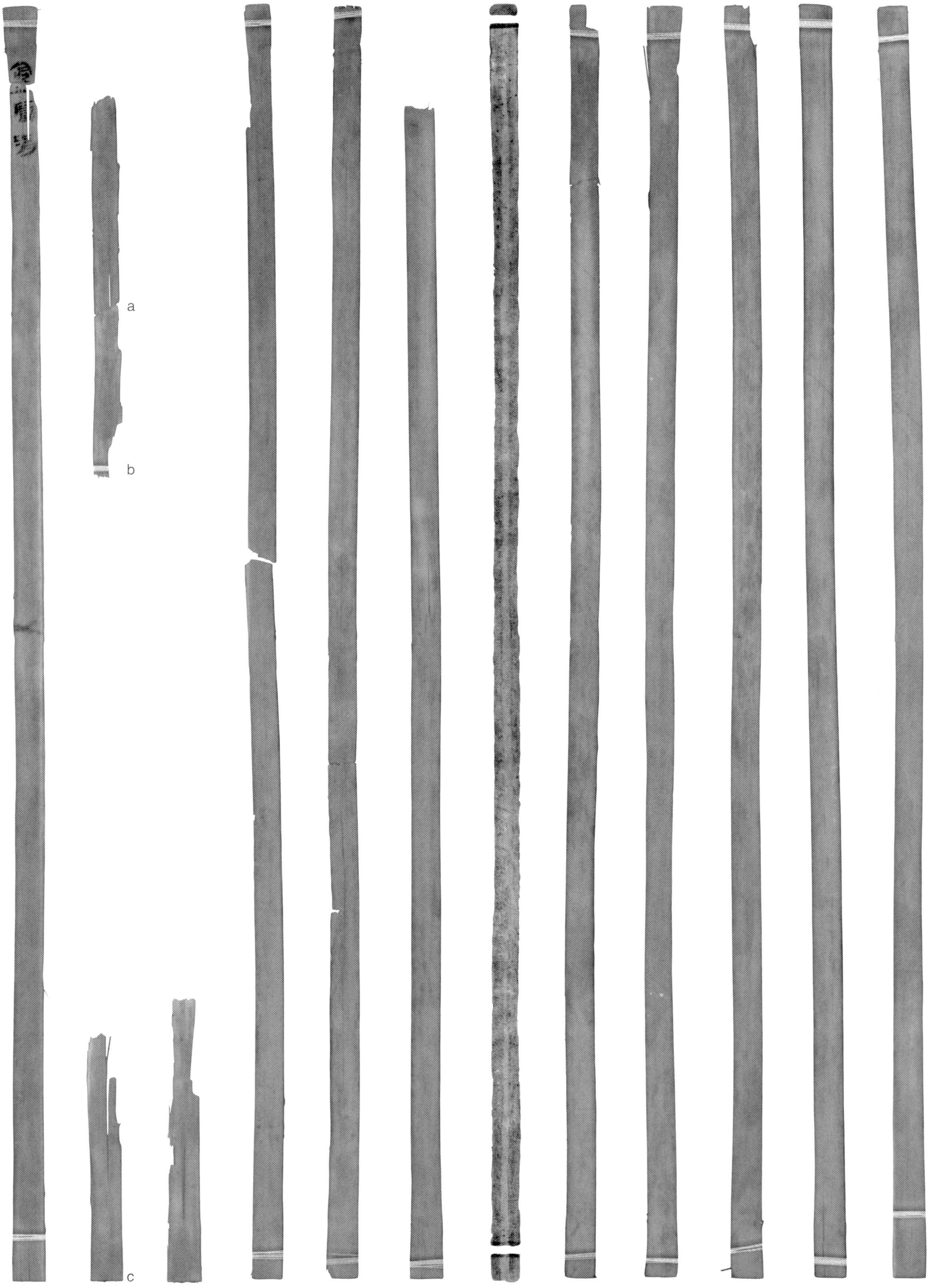

一背　二背　三背　四背　五背　六背　七背　八背　九背　一〇背　一一背　一二背

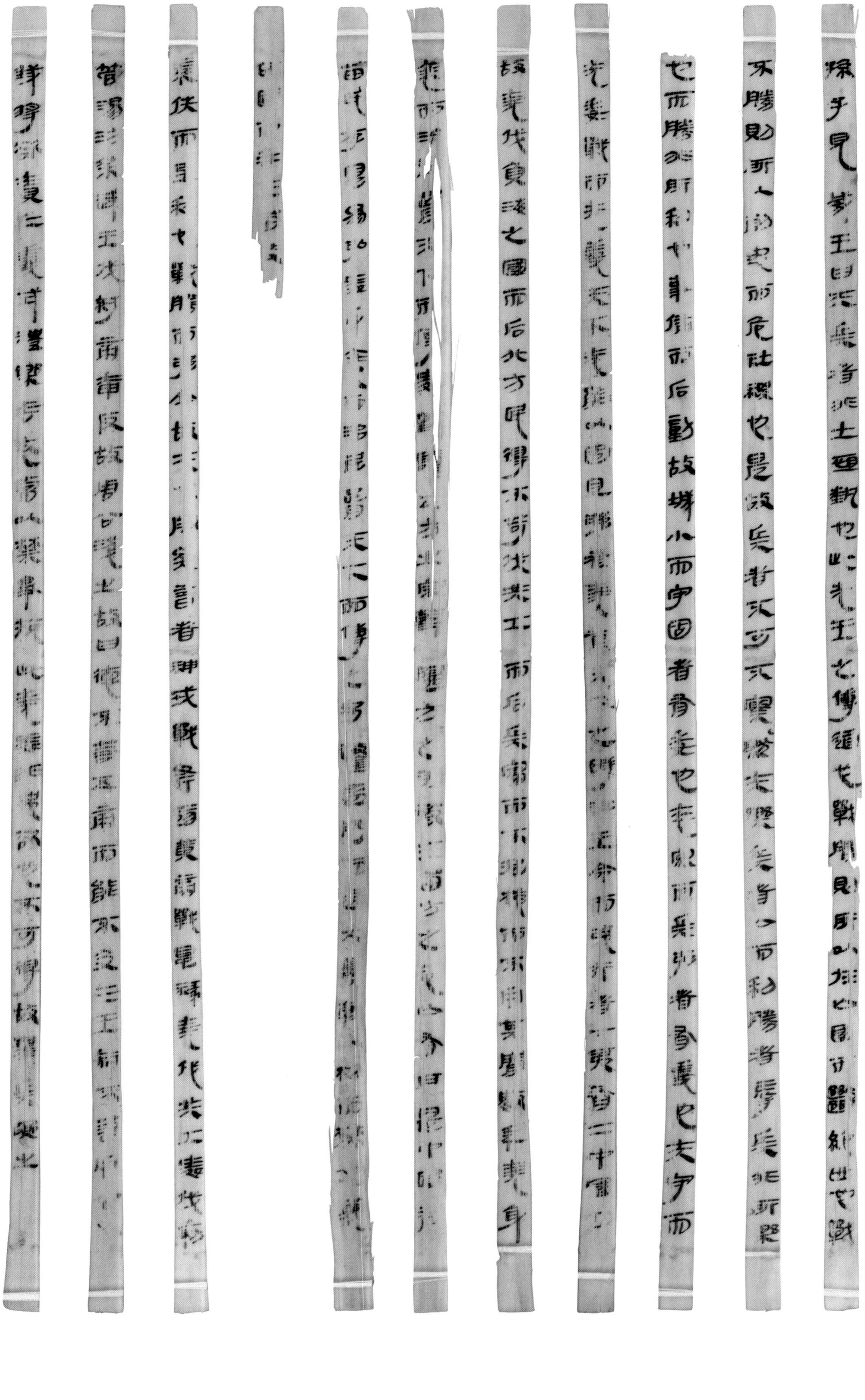

一 二 三 四 五 六 七 八 九 一〇 一一

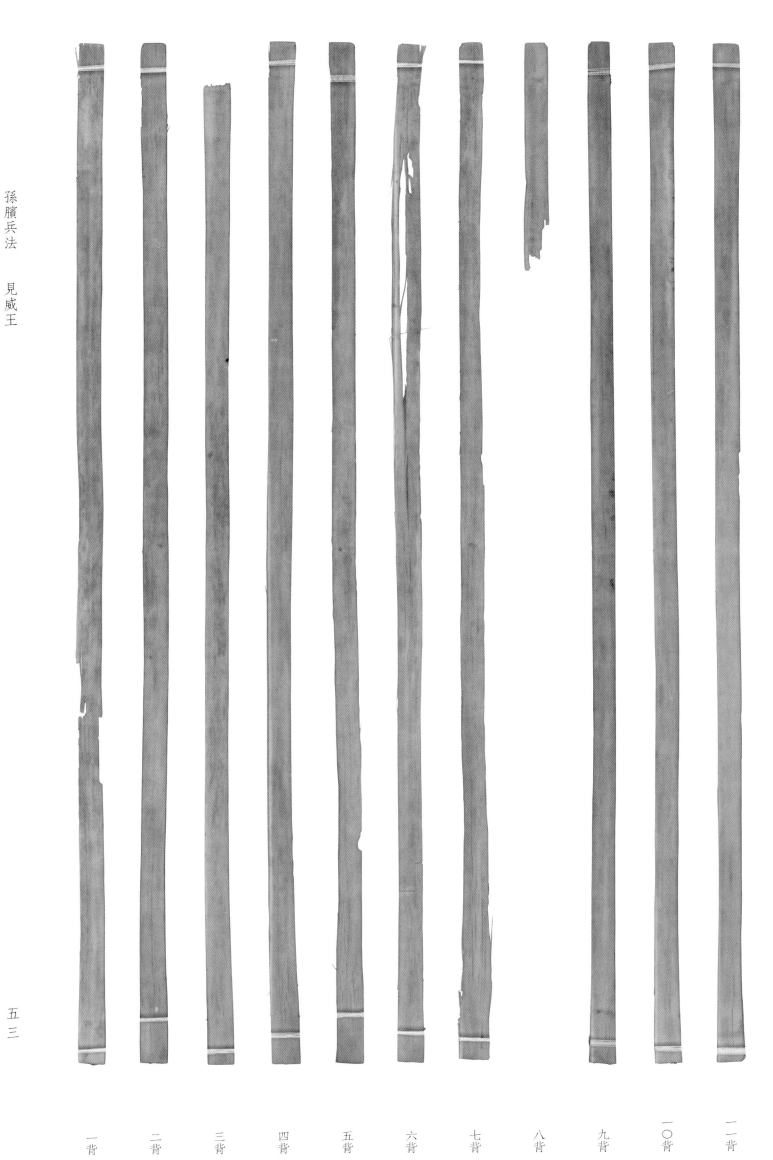

一背　二背　三背　四背　五背　六背　七背　八背　九背　一〇背　一一背

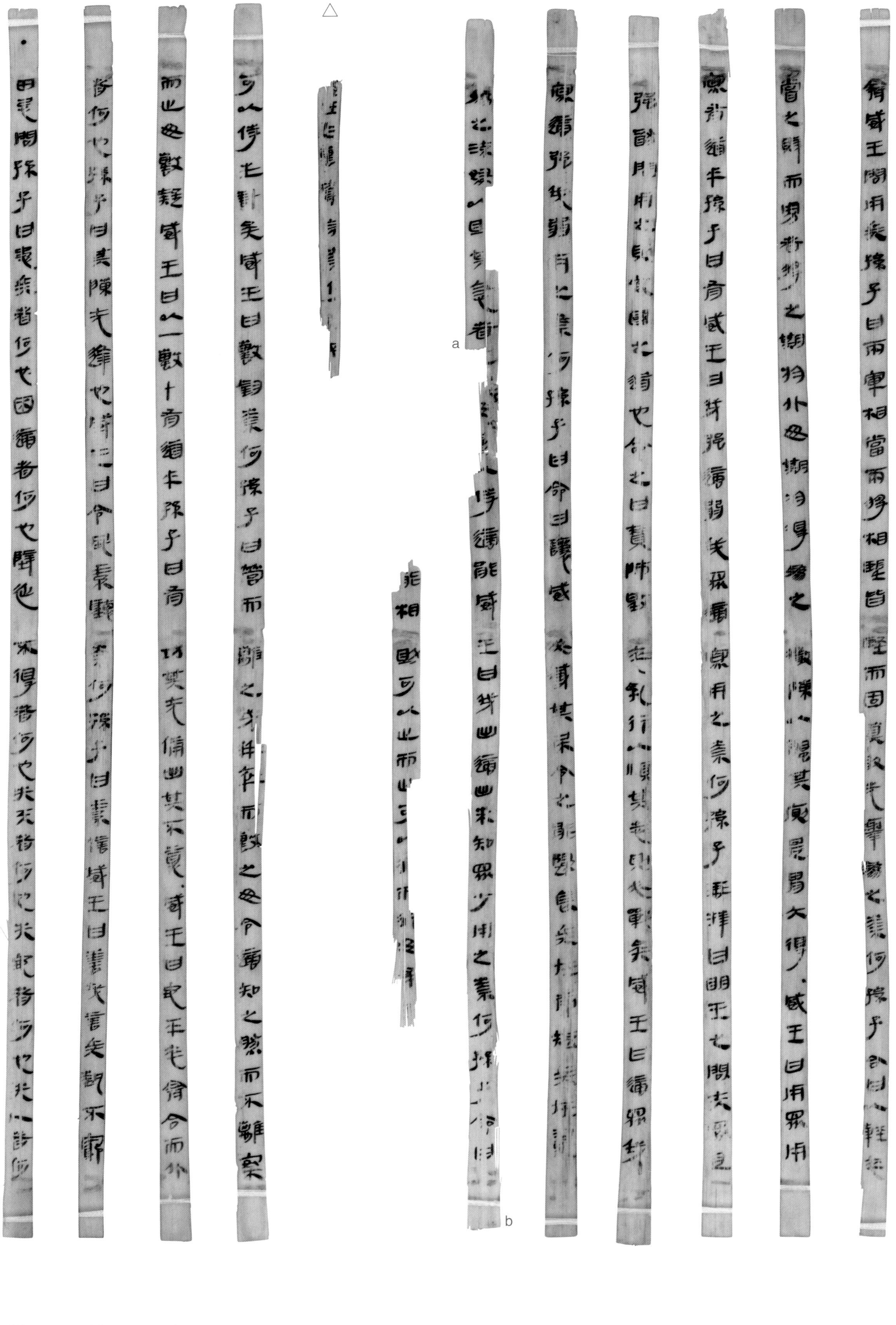

△ a b

一三　一二　一一　一〇　九　八　七　六　五　四　三　二　一

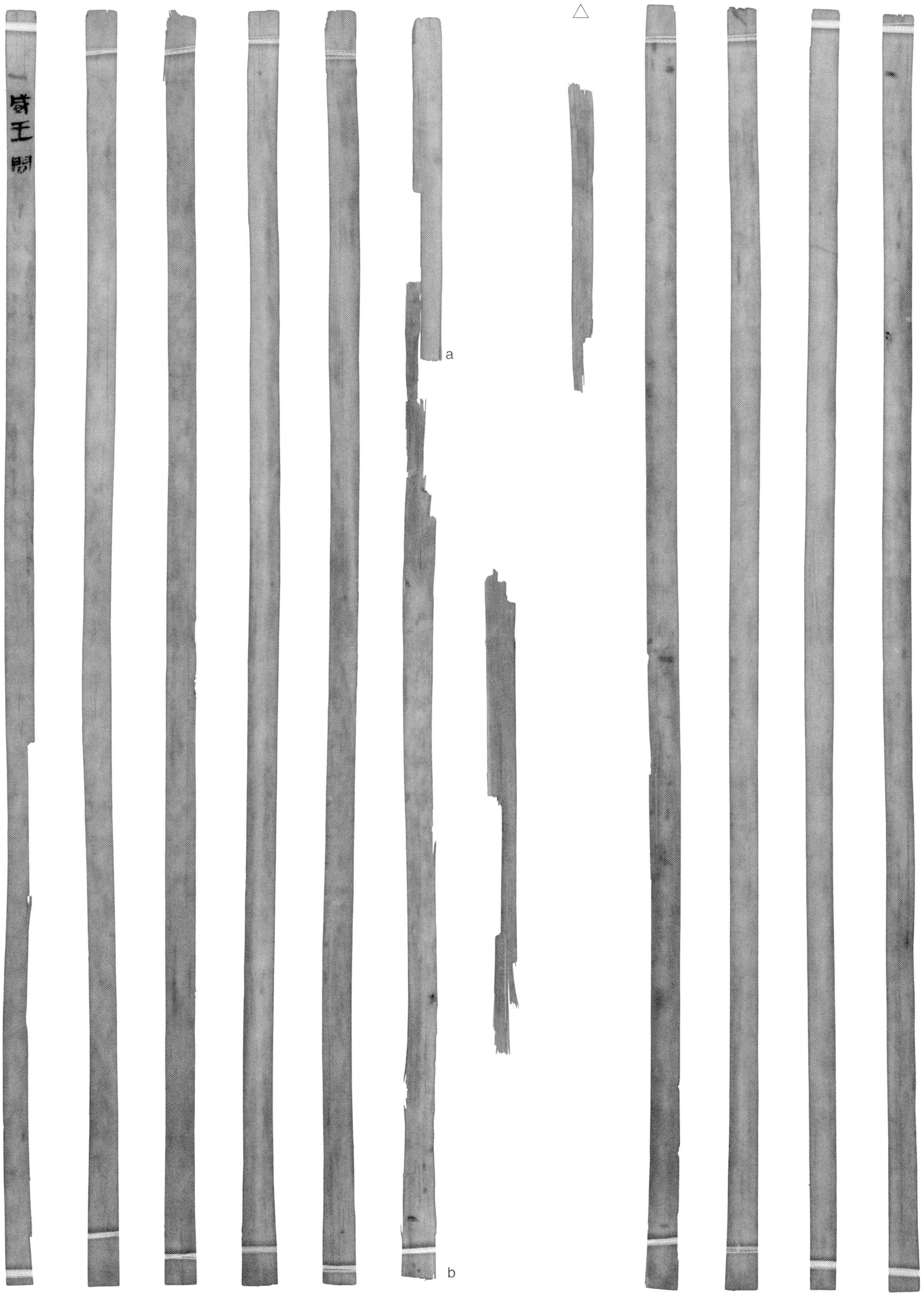

一背　二背　三背　四背　五背　六背　七背　八背　九背　一〇背　一一背　一二背

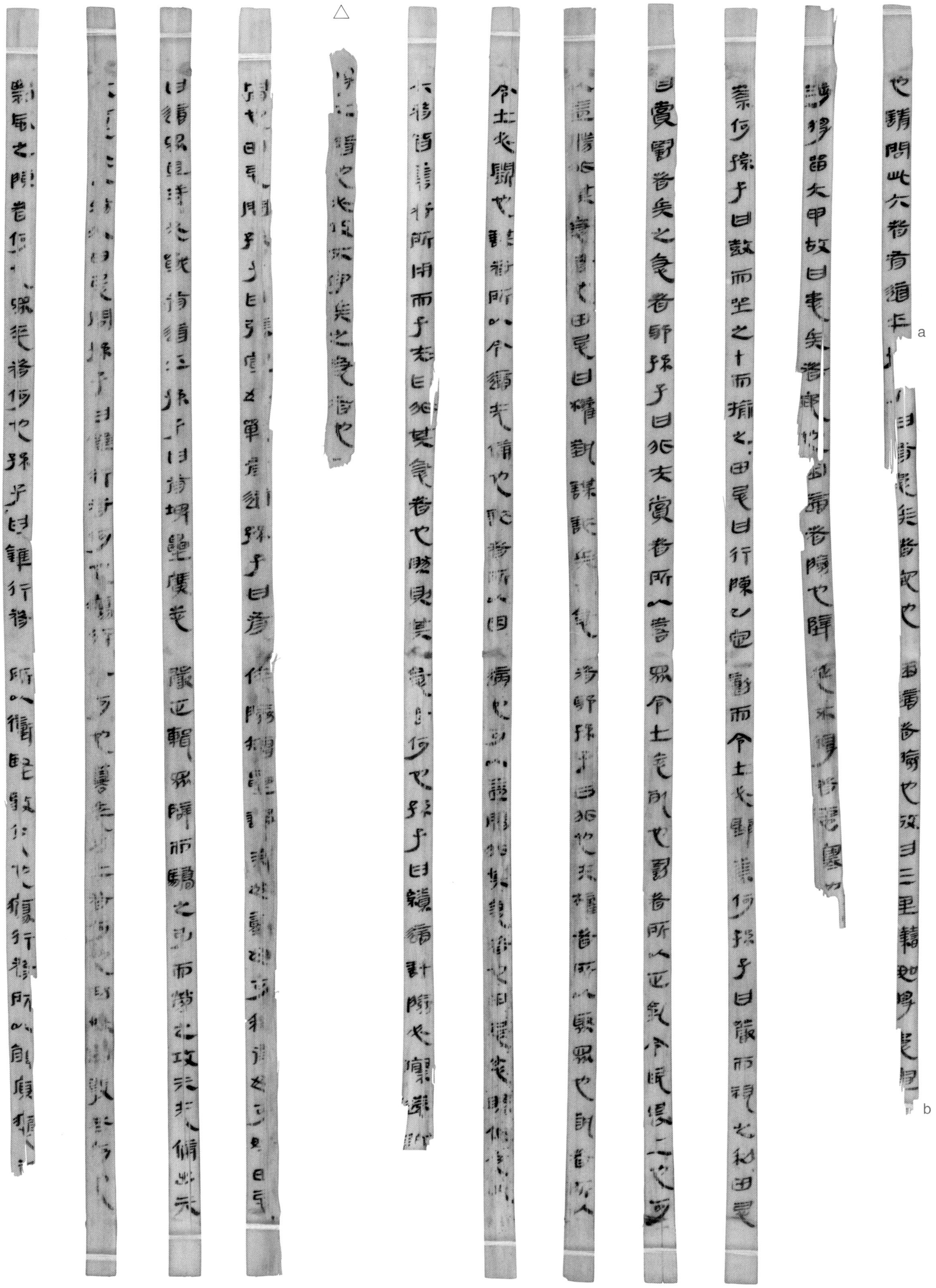

一三　一四　一五　一六　一七　一八　一九　二〇　二一　二二　二三　二四

一背　二背　三背　四背　五背　六背　七背　八背　九背　一〇背

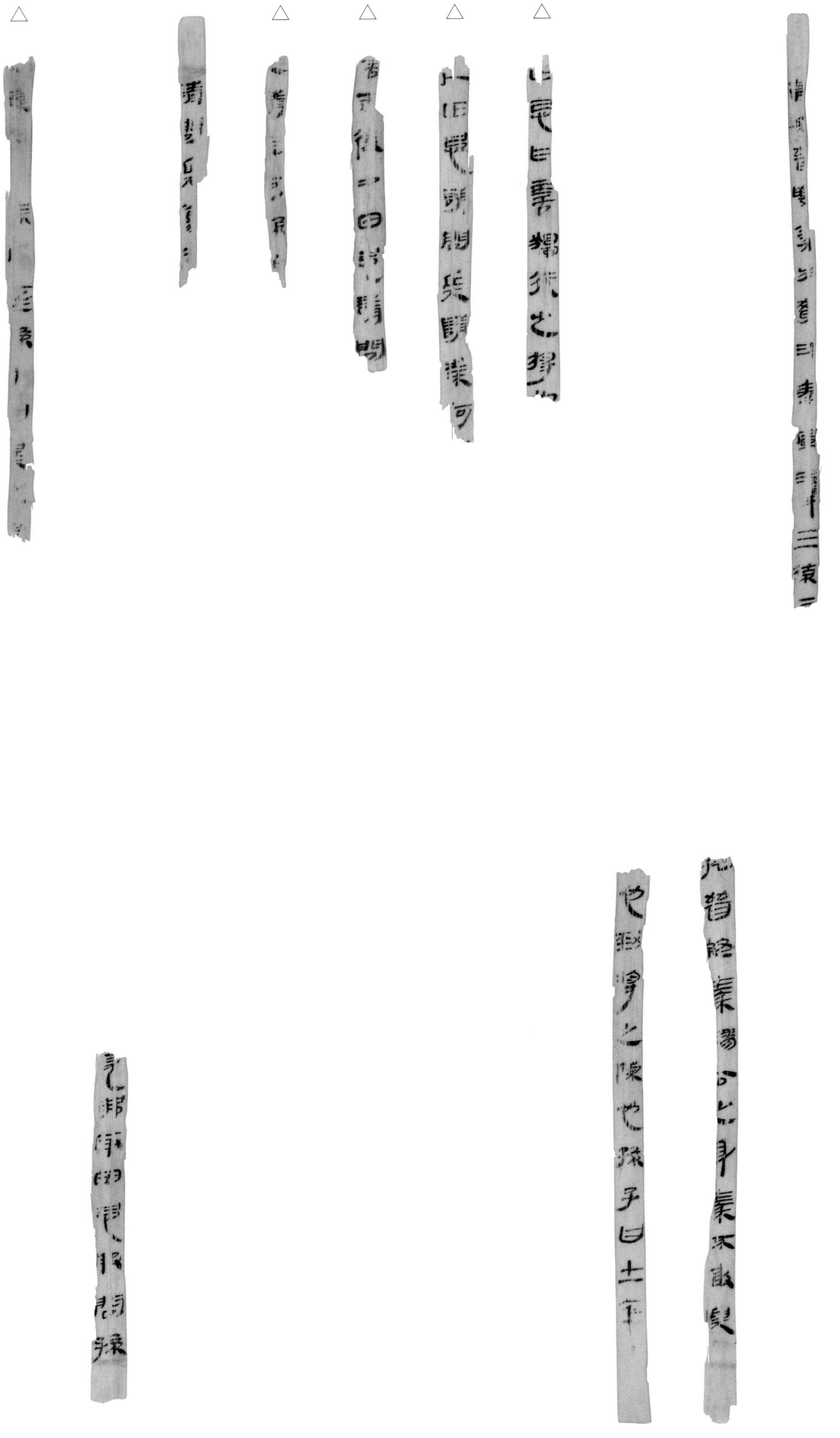

一一 一二 一三 一四 一五 一六 一七 一八 一九 二〇

一一背 一二背 一三背 一四背 一五背 一六背 一七背 一八背 一九背 二〇背

二一 二二 二三 二四 二五 二六 二七 二八 二九 三〇

二一背　二二背　二三背　二四背　二五背　二六背　二七背　二八背　二九背　三〇背

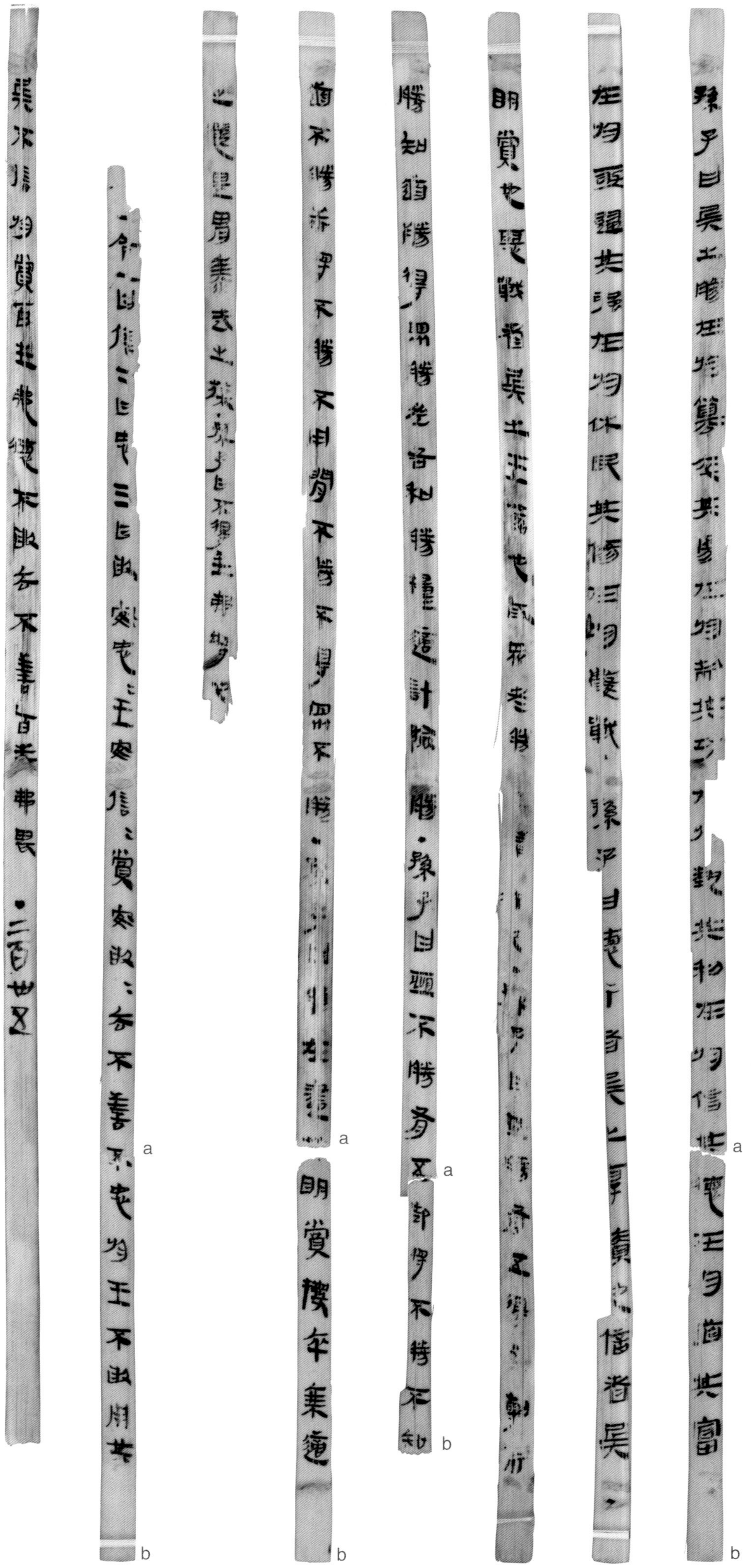

八 七 六 五 四 三 二 一

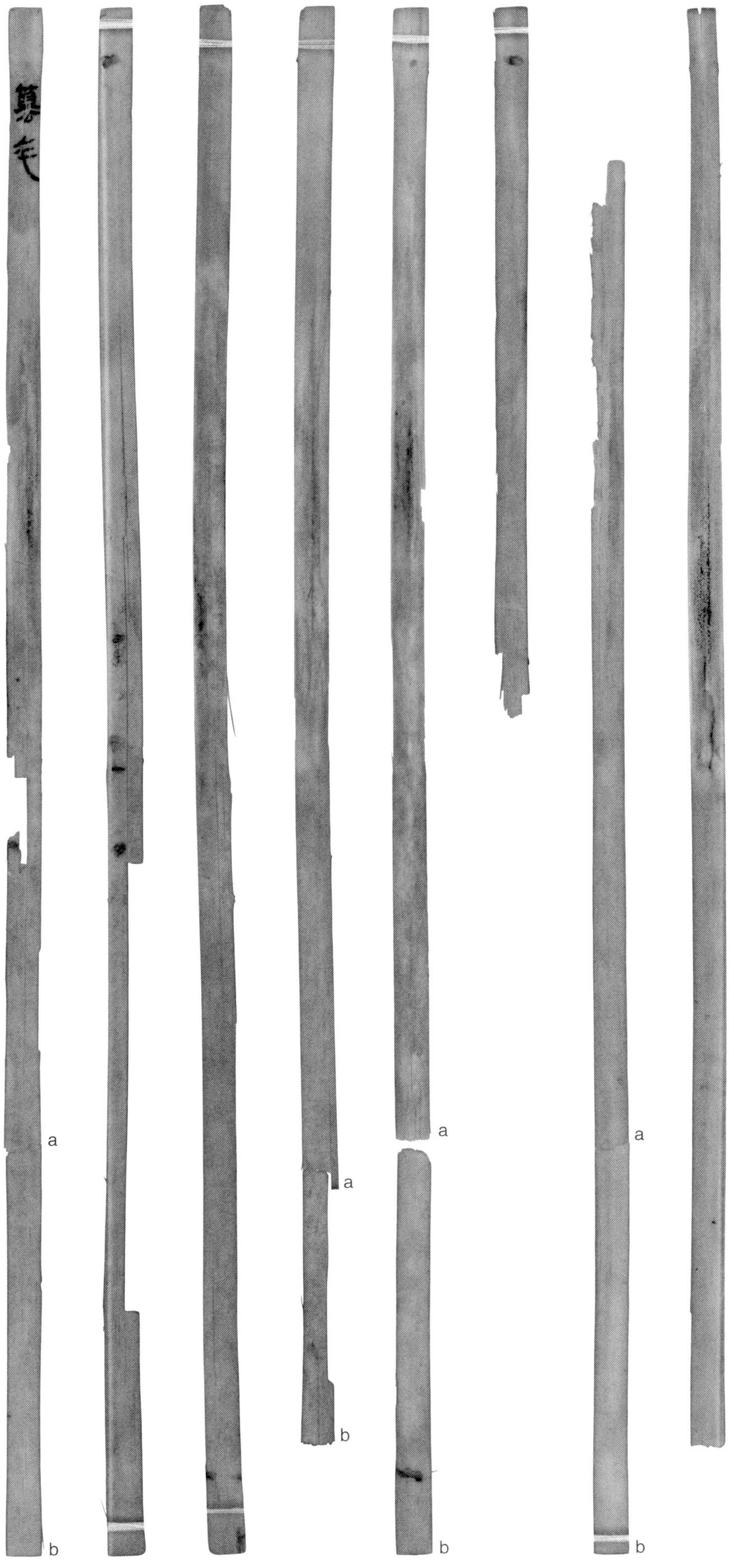

一背　二背　三背　四背　五背　六背　七背　八背

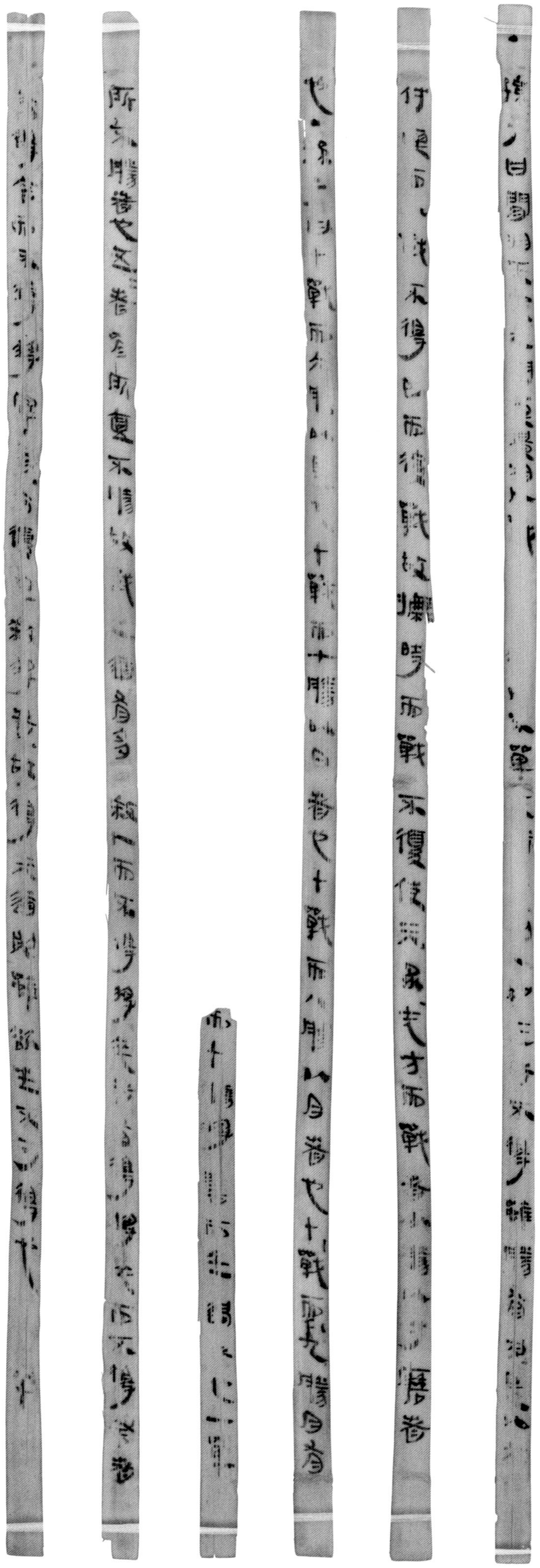

一　二　三　四　五　六

一背　二背　三背　四背　五背　六背

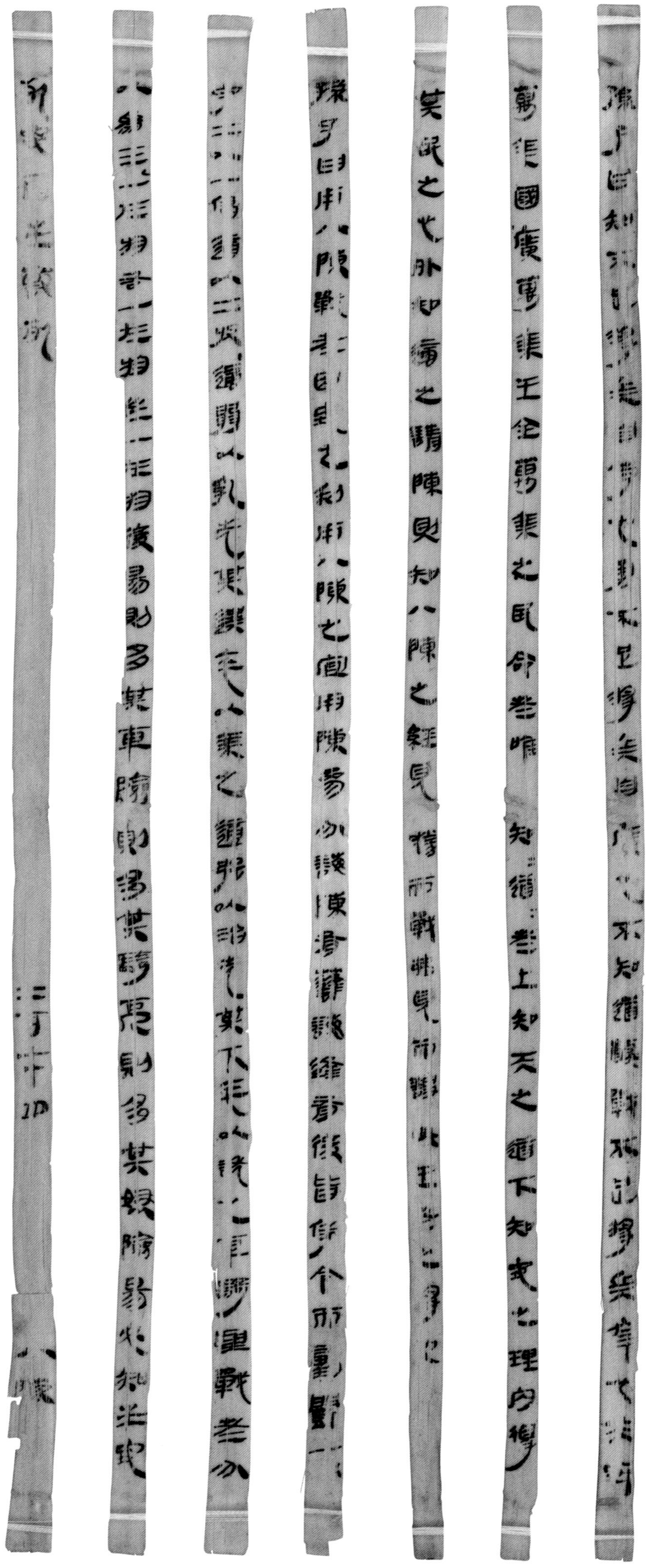

一 二 三 四 五 六 七

一背　二背　三背　四背　五背　六背　七背

六　五　四　三　二　一

一背　二背　三背　四背　五背　六背

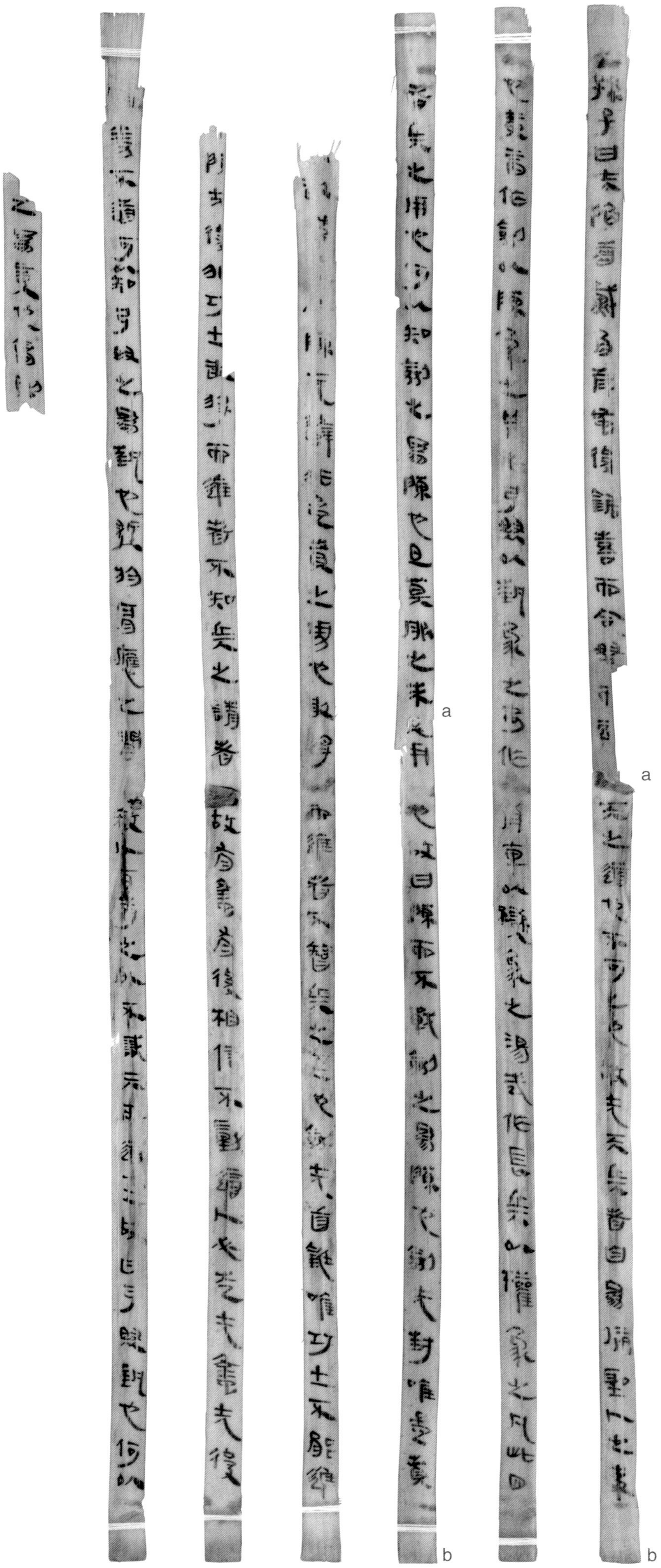

七 六 五 四 三 二 一

一背　二背　三背　四背　五背　六背　七背

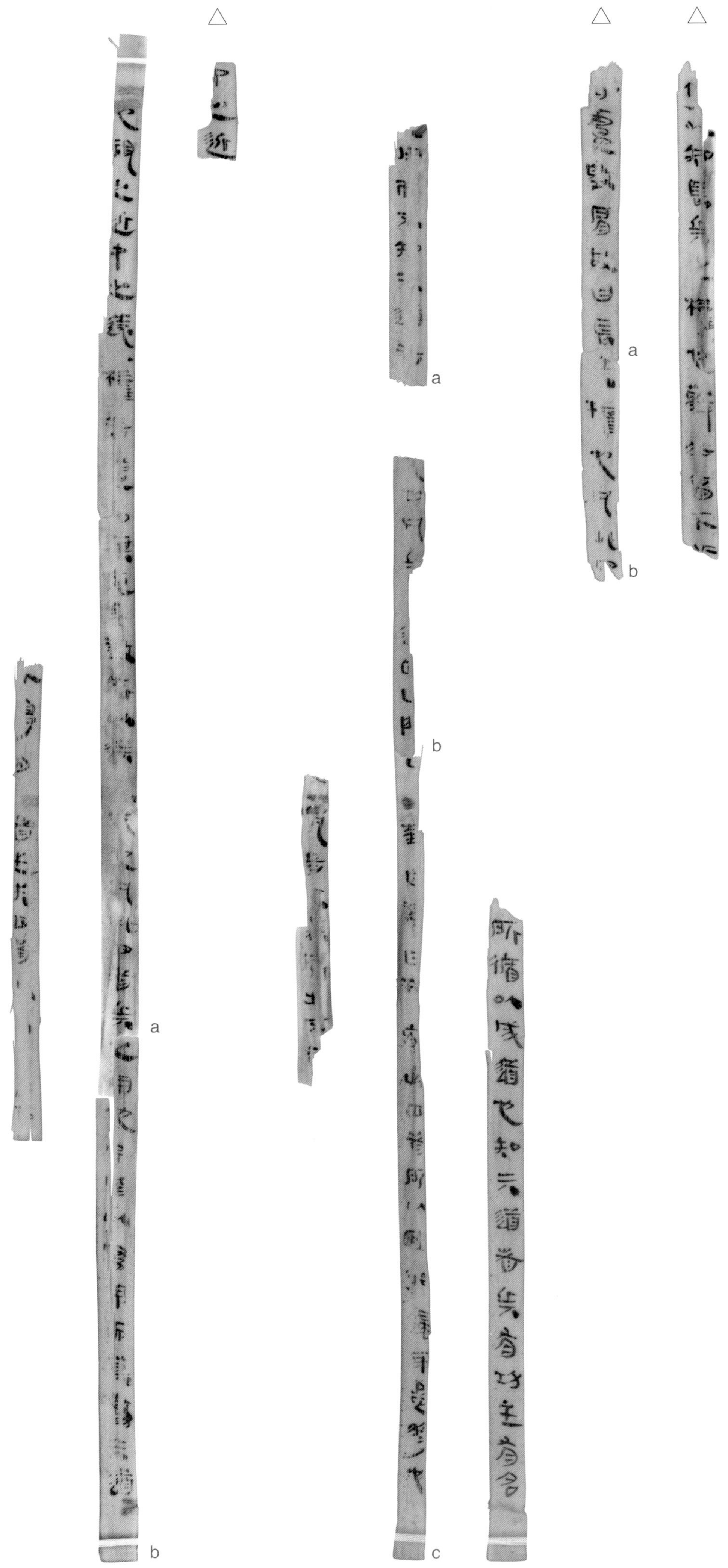

一五 一四 一三 一二 一一 一〇 九 八

八背　九背　一〇背　一一背　一二背　一三背　一四背　一五背

△

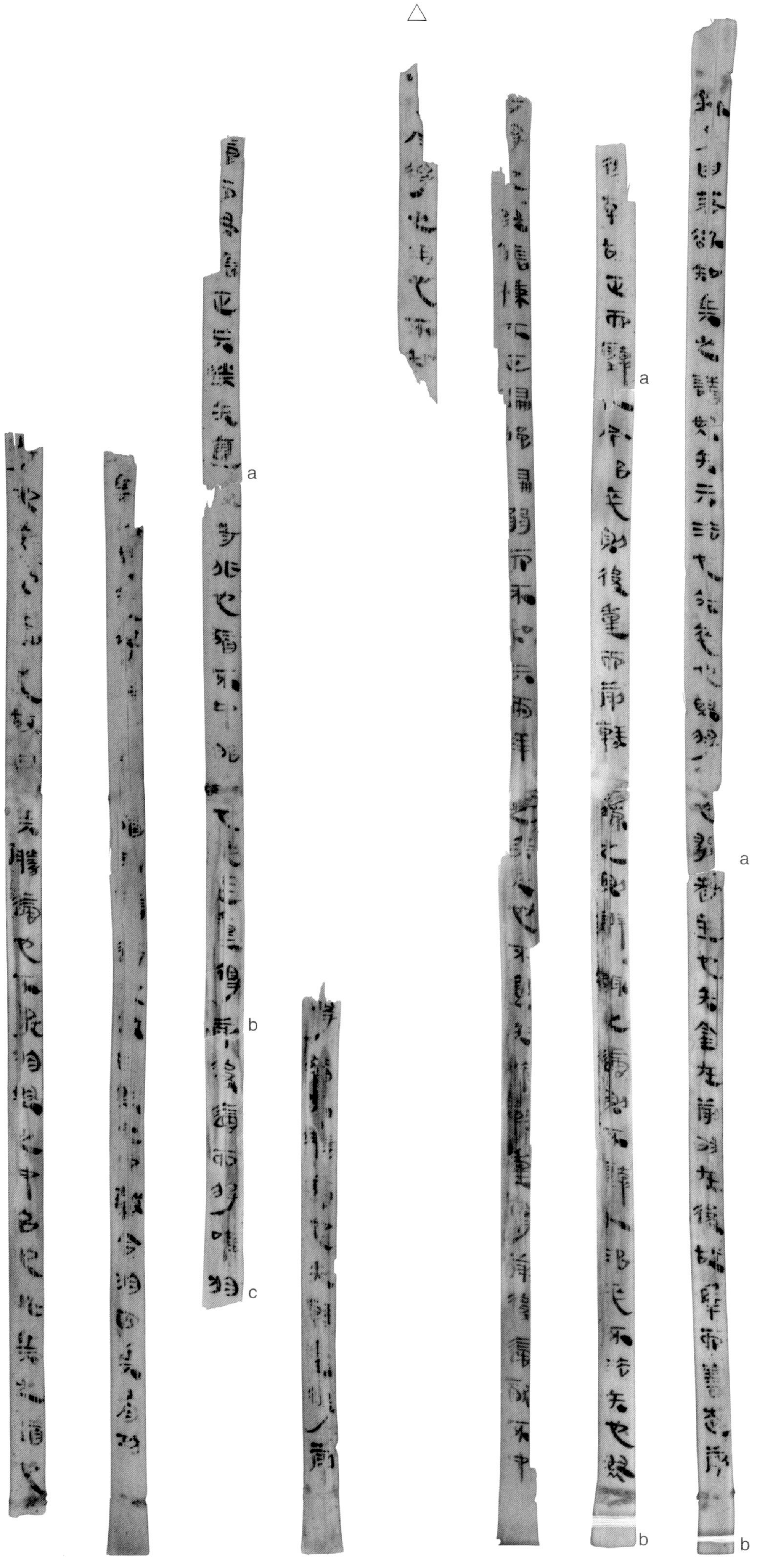

八 七 六 五 四 三 二 一

一背　二背　三背　四背　五背　六背　七背　八背

六　五　四　三　二　一

一背　二背　三背　四背　五背　六背

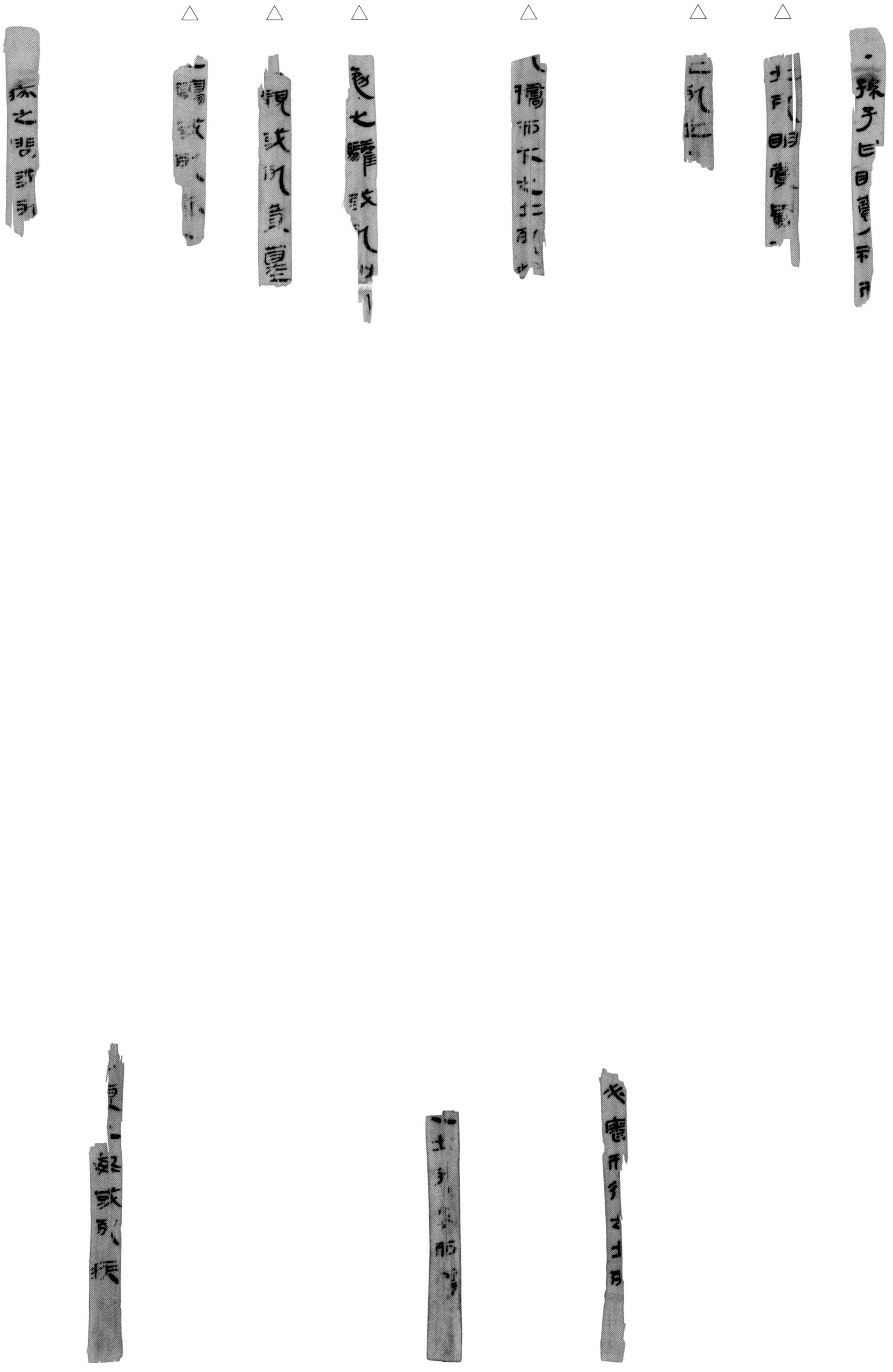

一 二 三 四 五 六 七 八 九 一〇 一一

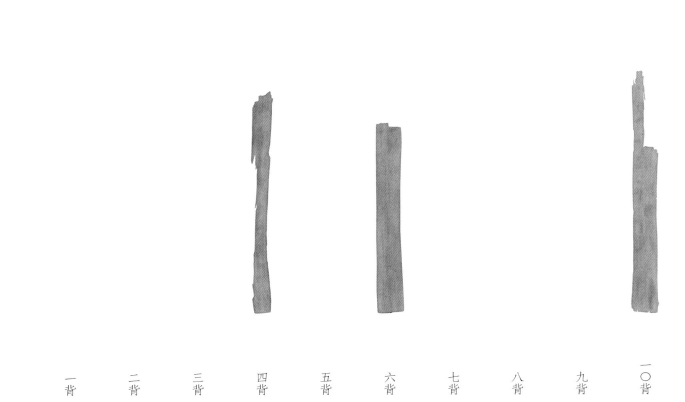

一背　二背　三背　四背　五背　六背　七背　八背　九背　一〇背　一一背

七 六 五 四 三 二 一

一背　二背　三背　四背　五背　六背　七背

一四　一三　一二　一一　一〇　九　八

八背　九背　一〇背　一一背　一二背　一三背　一四背

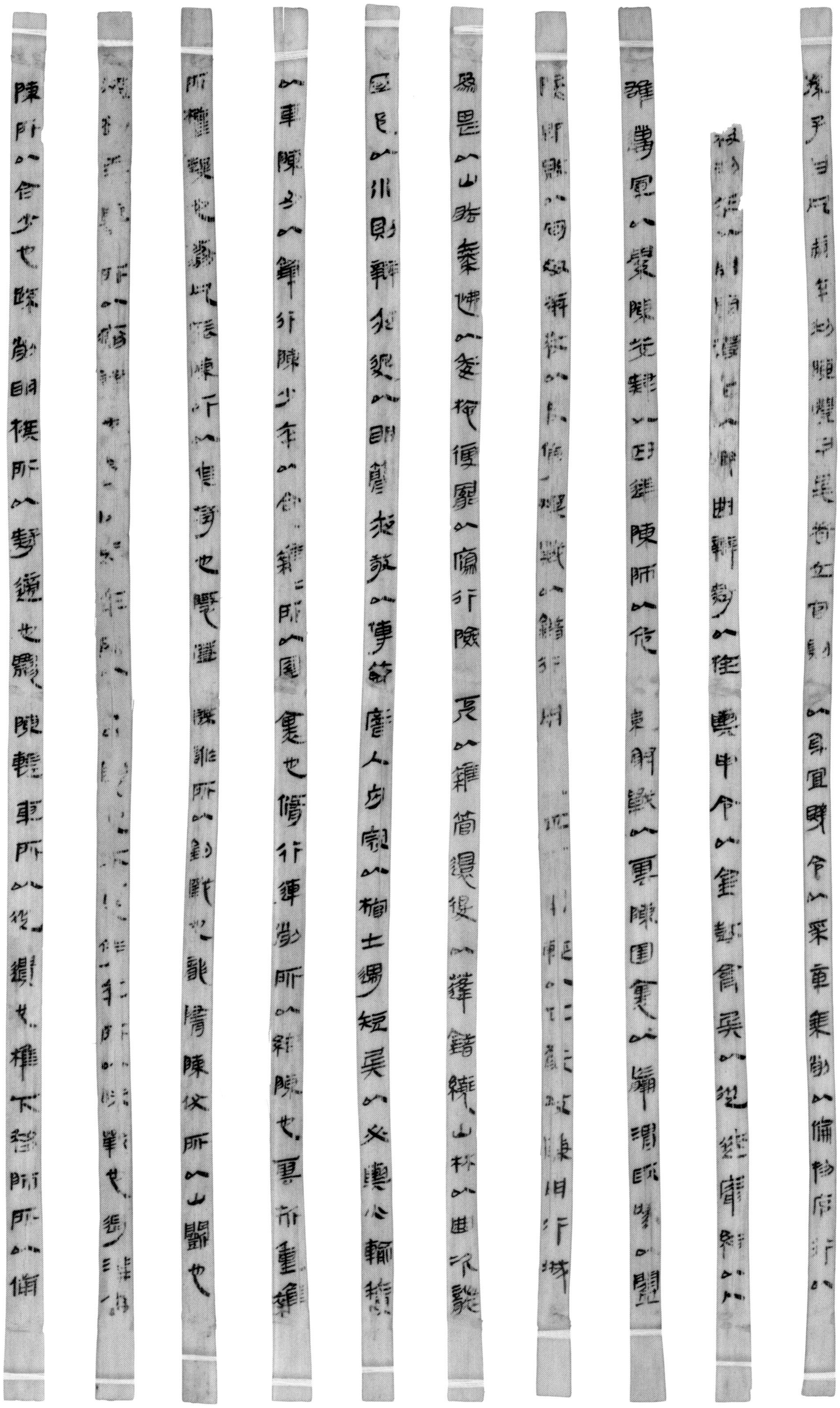

一〇 九 八 七 六 五 四 三 二 一

一背　二背　三背　四背　五背　六背　七背　八背　九背　一〇背

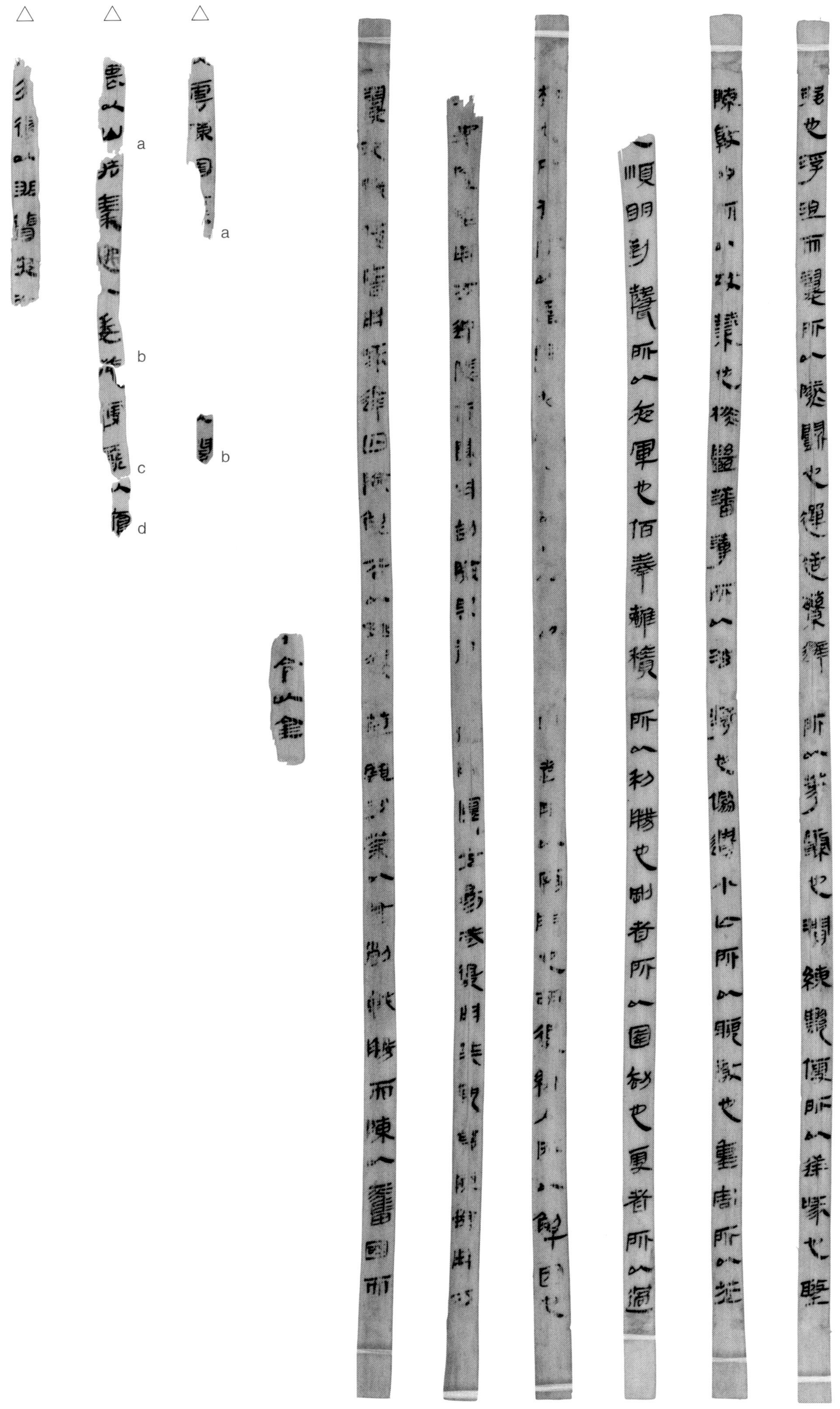

一一 一二 一三 一四 一五 一六 一七 一八△ 一九△ 二〇△

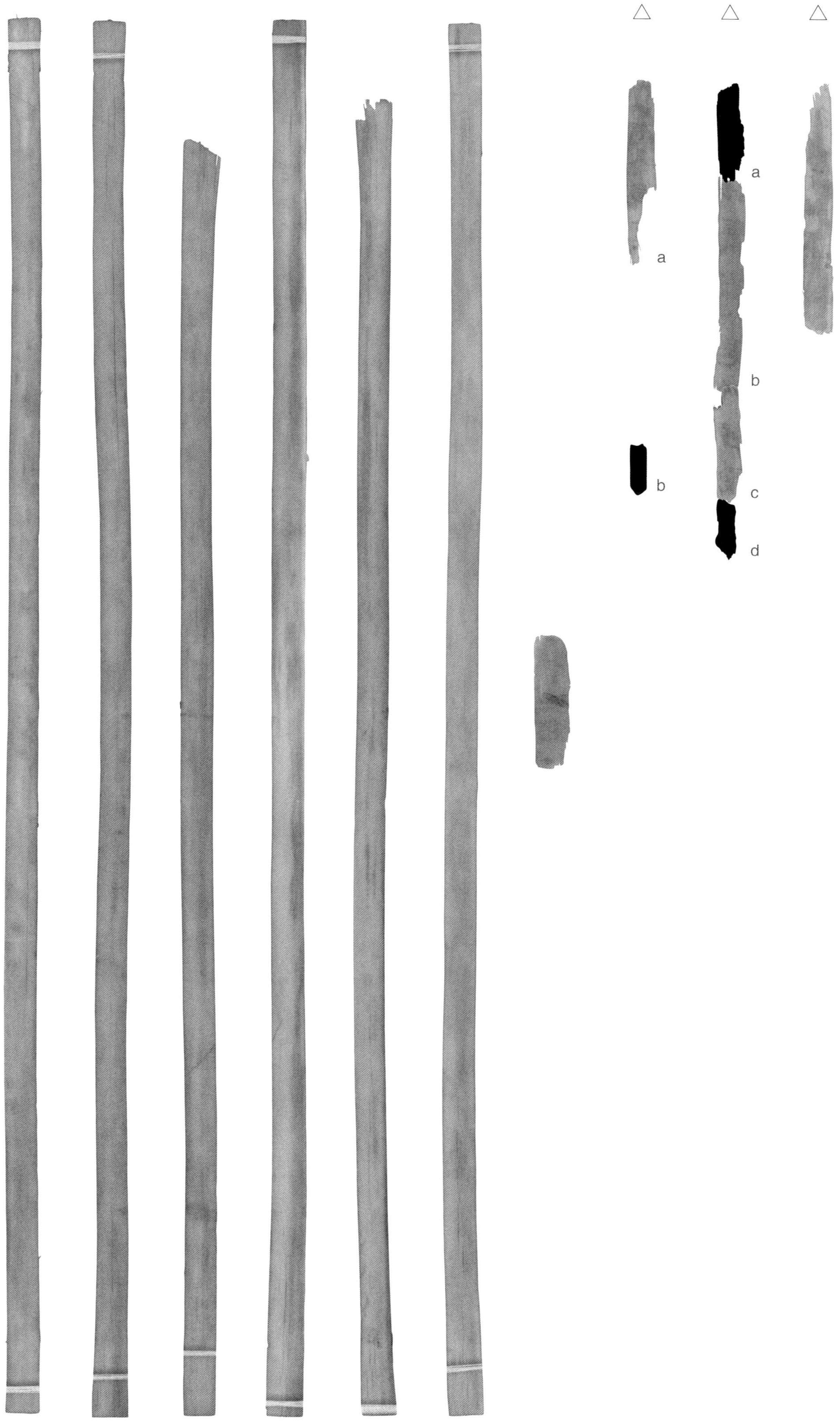

一一背　一二背　一三背　一四背　一五背　一六背　一七背　一八背　一九背　二〇背

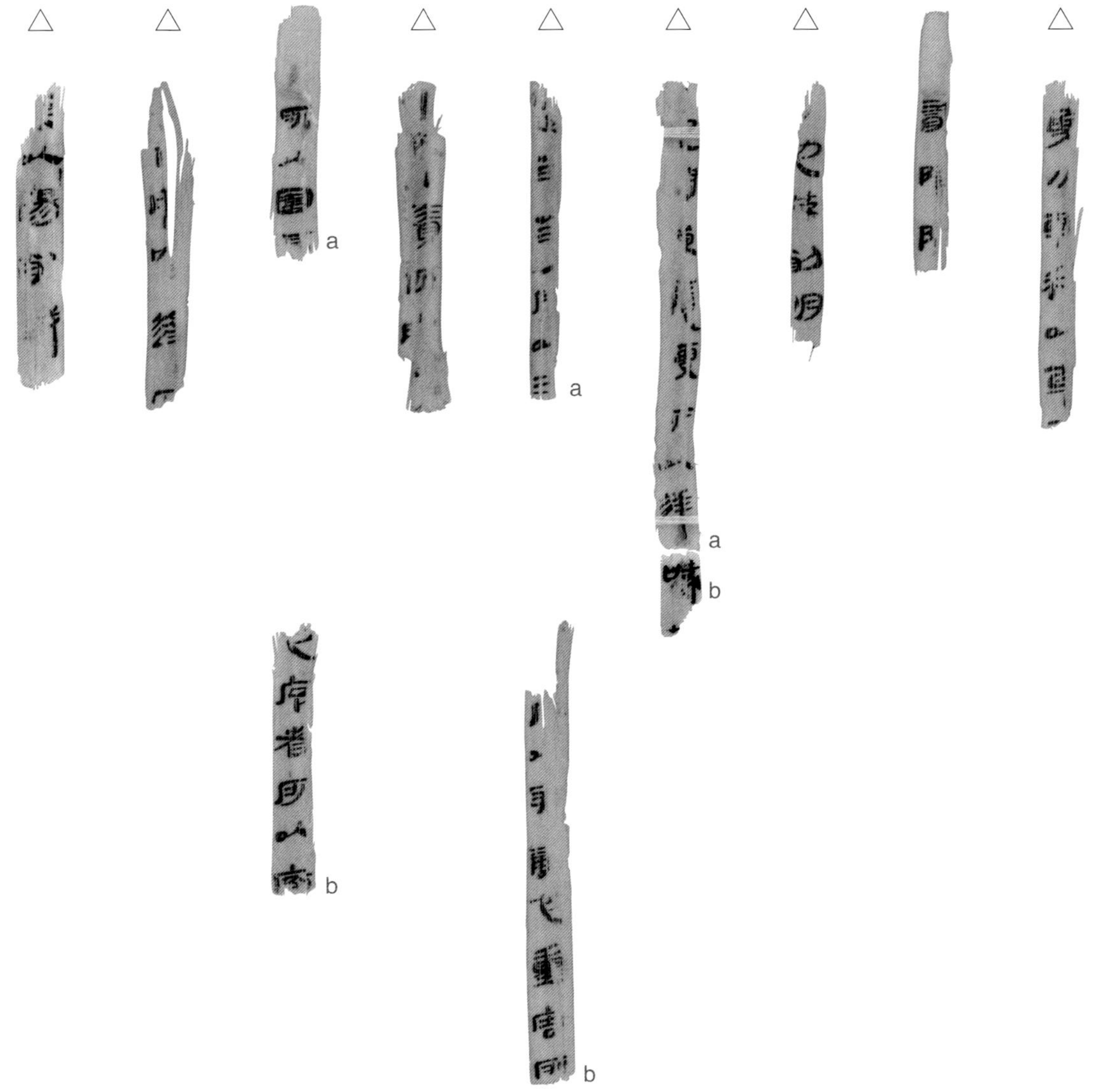

二九 二八 二七 二六 二五 二四 二三 二二 二一

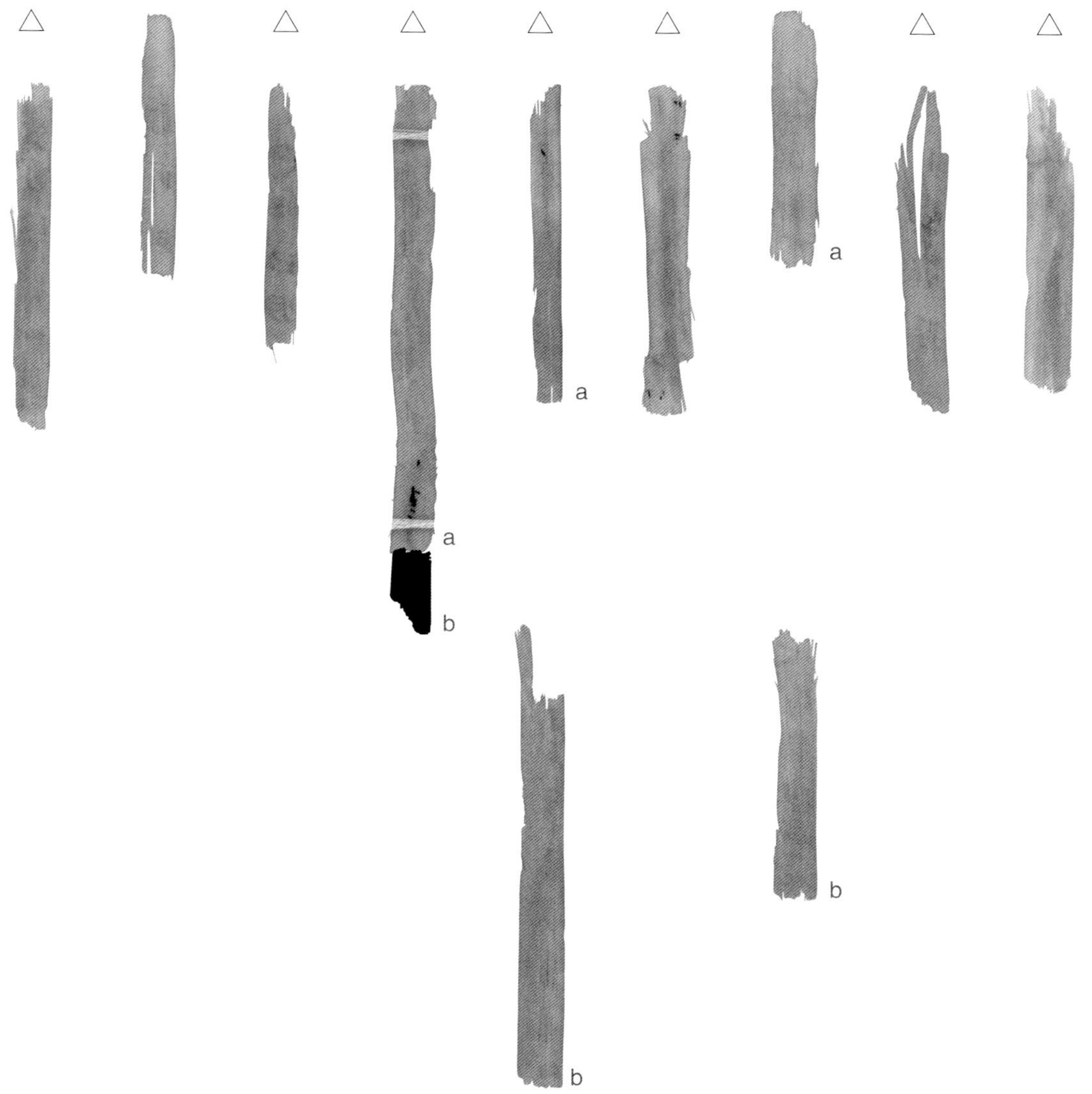

二一背　二二背　二三背　二四背　二五背　二六背　二七背　二八背　二九背

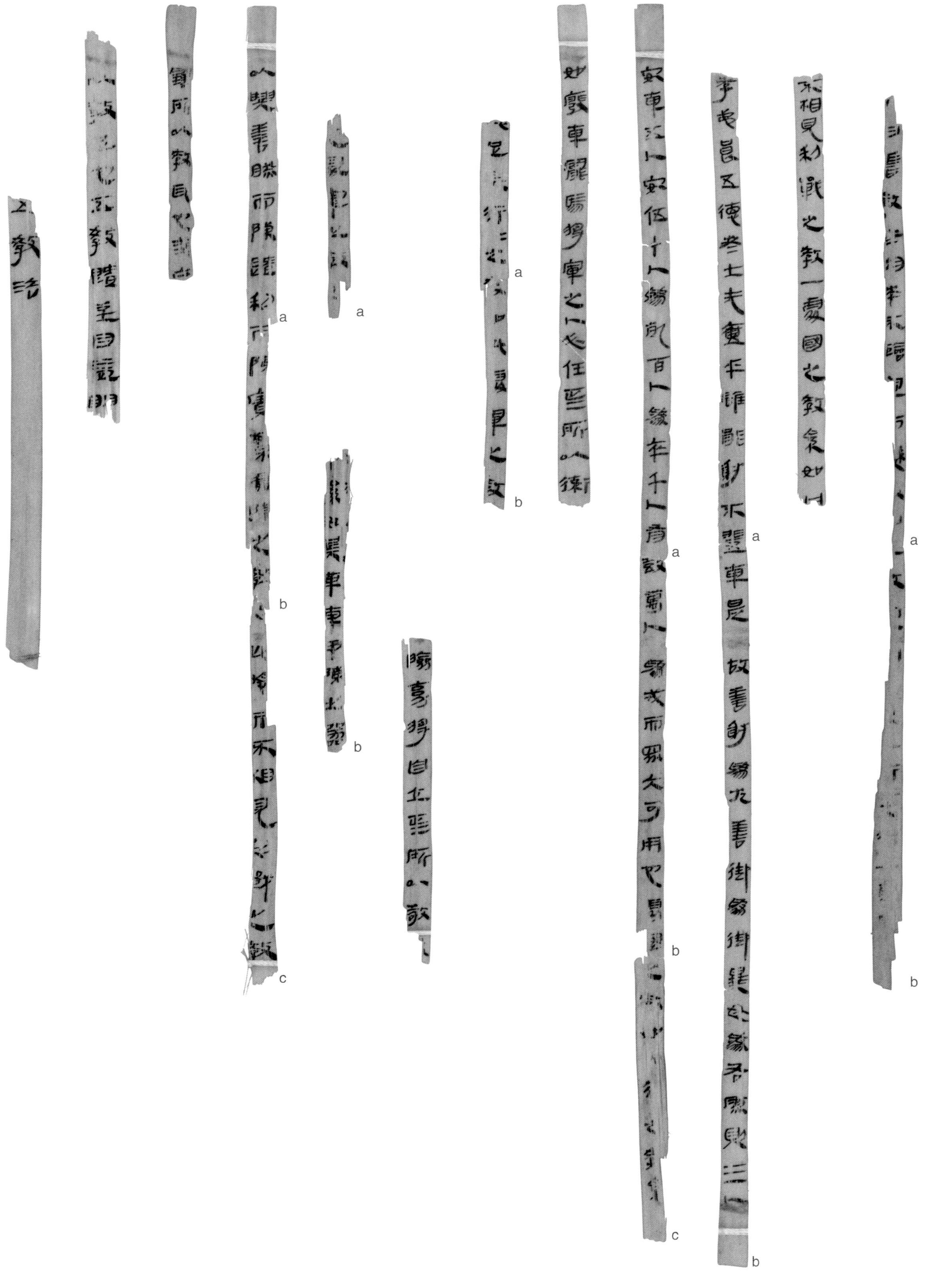

一二　一一　一〇　九　八　七　六　五　四　三　二　一

a
b
a
b
a
b
c
a
b
a
b
a
b
c
一背
二背
三背
四背
五背
六背
七背
八背
九背
一〇背
一一背
一二背

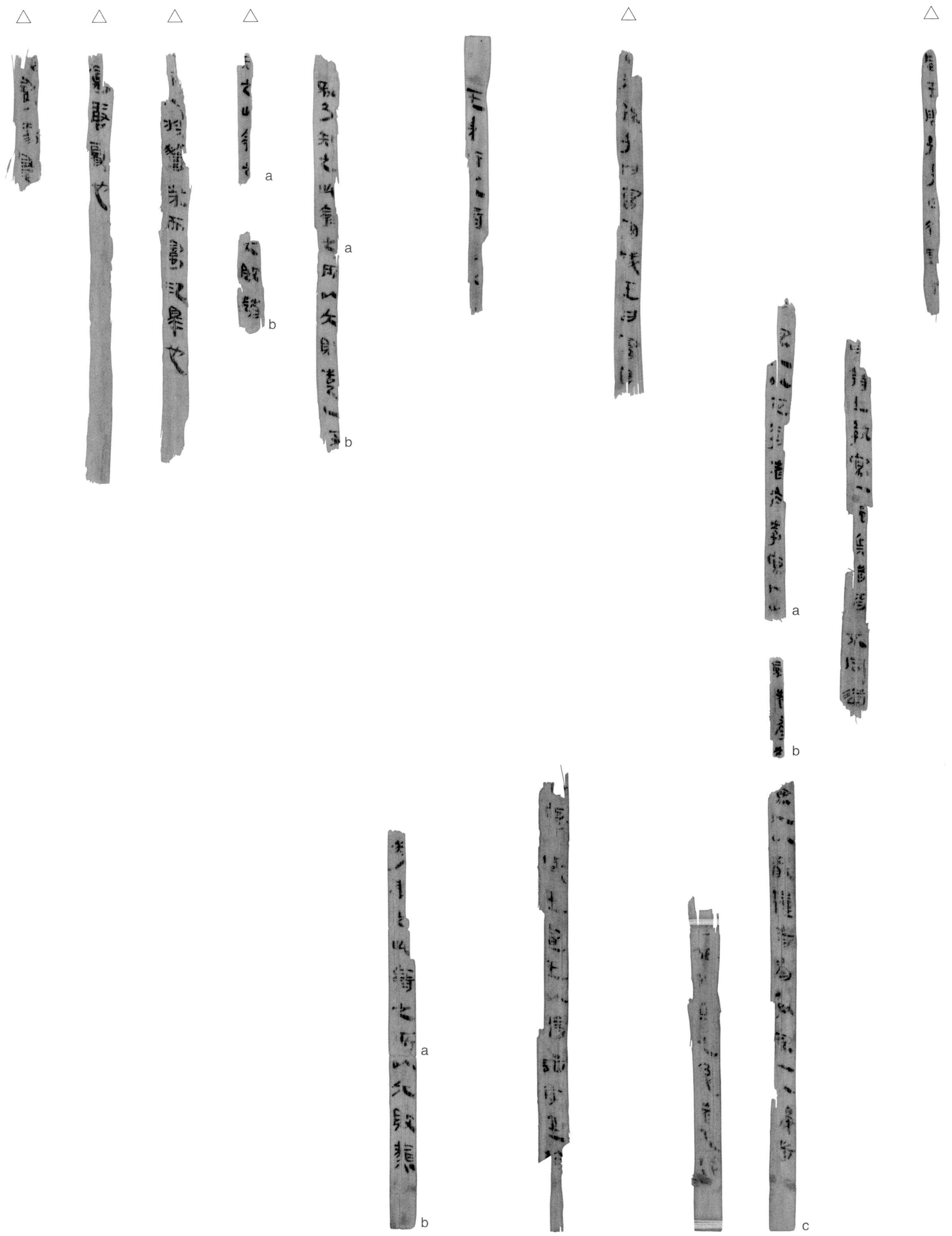

一 二 三 四 五 六 七 八 九 一〇 一一 一二 一三

△ △ △ △ △ △

一背　二背　三背　四背　五背　六背　七背　八背　九背　一〇背　一一背　一二背　一三背

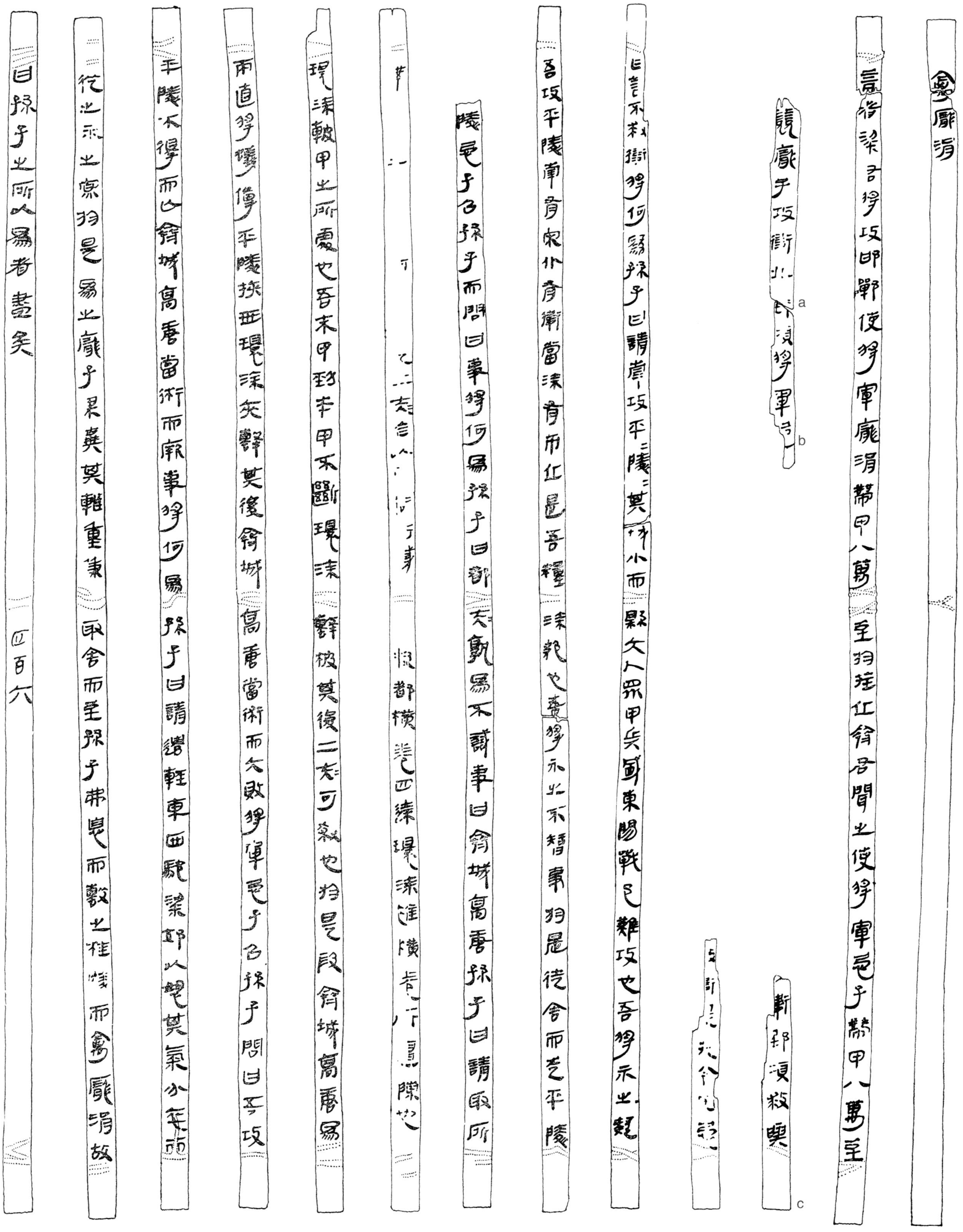

一背　一　二　三　四　五　六　七　八　九　一〇　一一　一二

一　二　三　四　五　六　七　八　九　一〇　一一

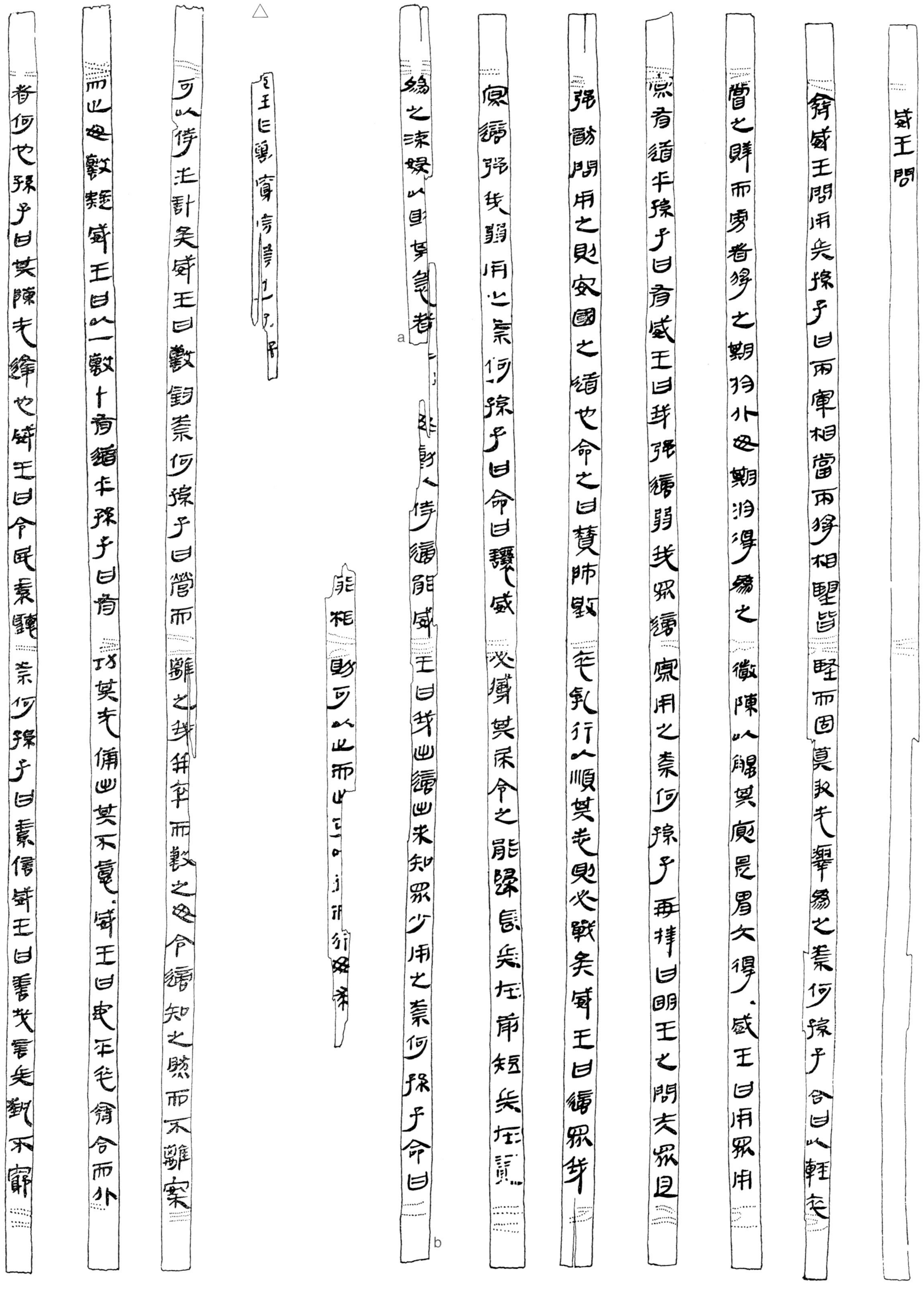

一一 一〇 九 八 七 六 五 四 三 二 一 一背

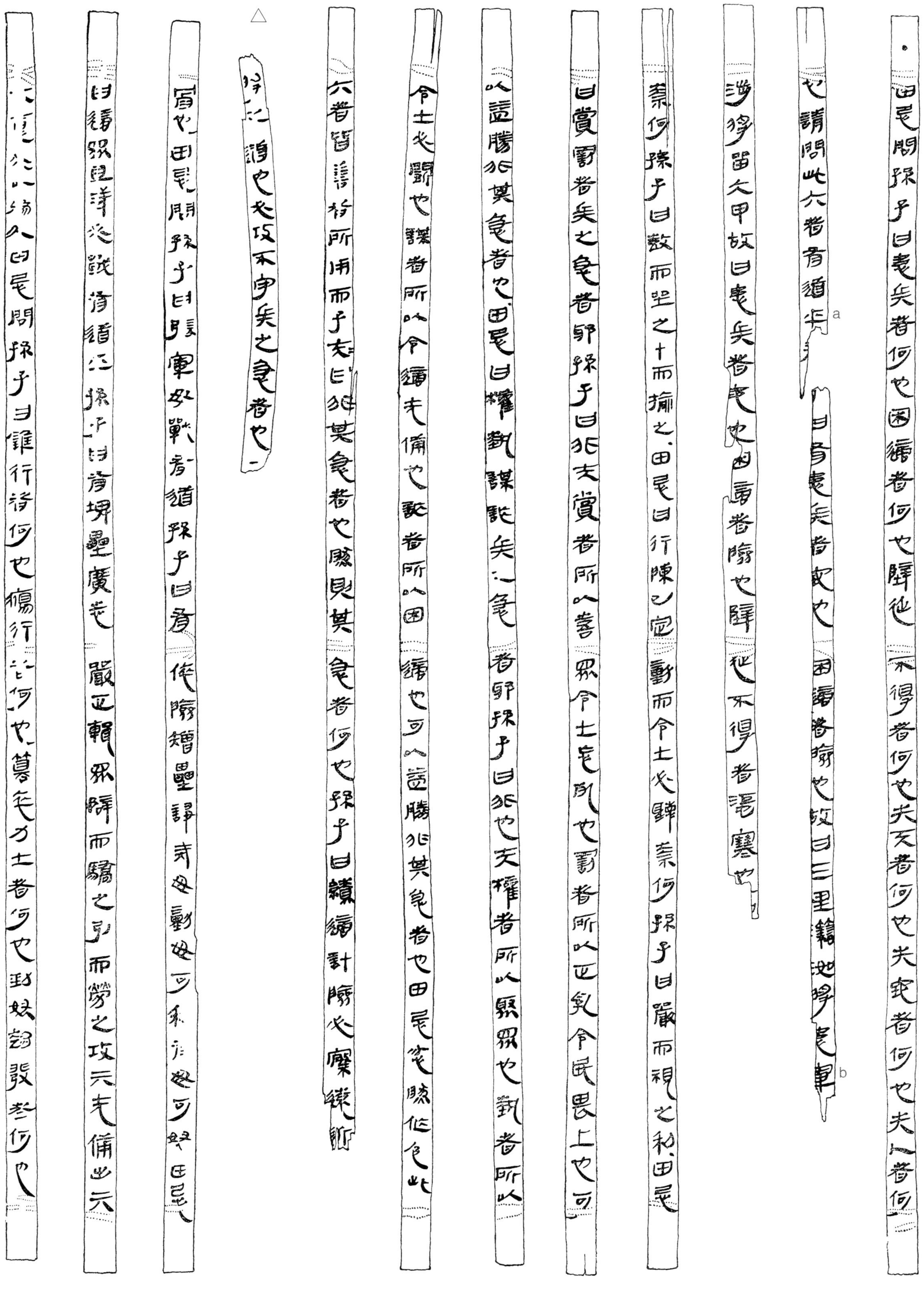

二三　二二　二一　二〇　一九　一八　一七　一六　一五　一四　一三　一二

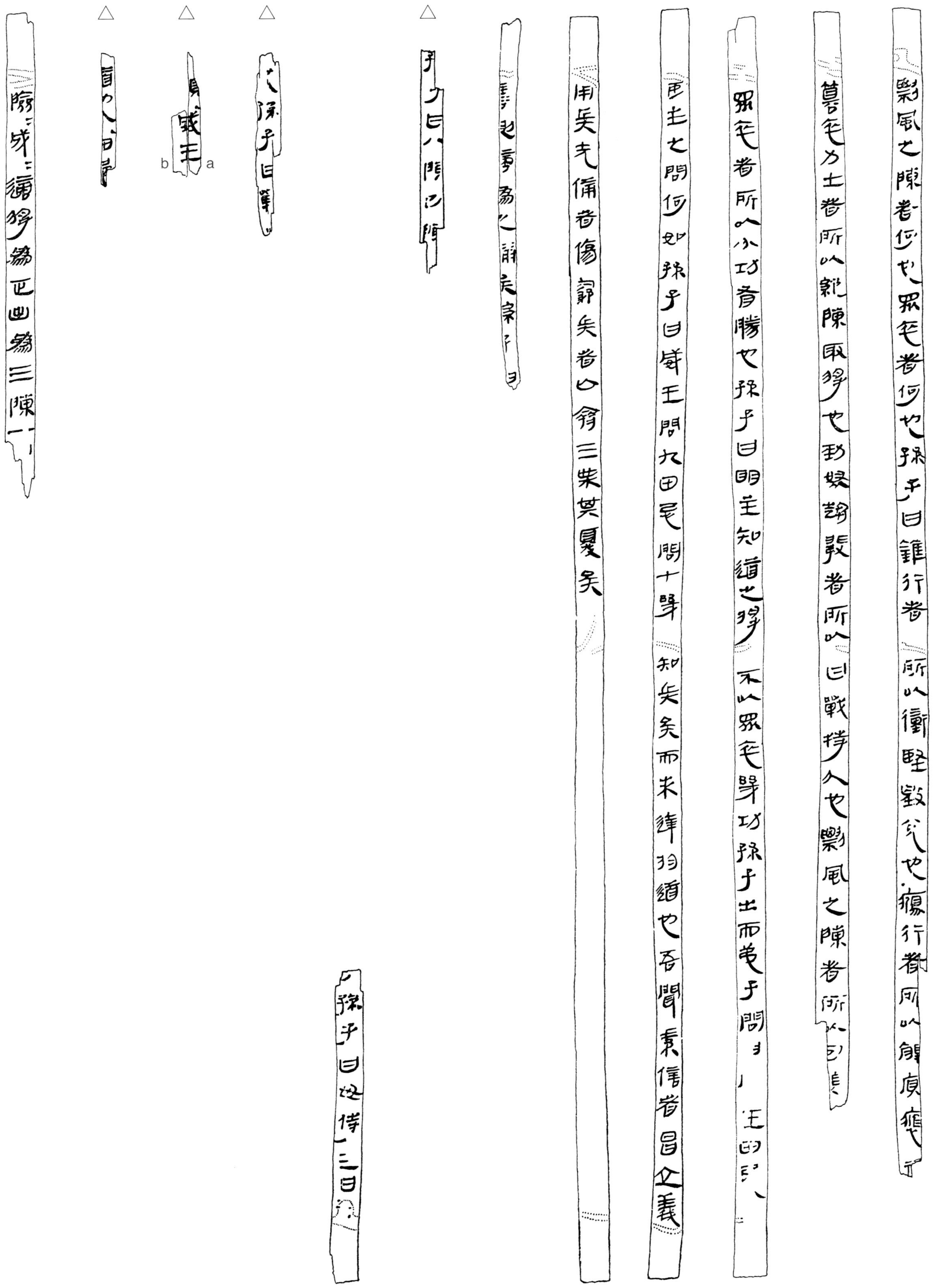

二四 二五 二六 二七 二八 二九 三〇 三一 三二 三三 三四 三五

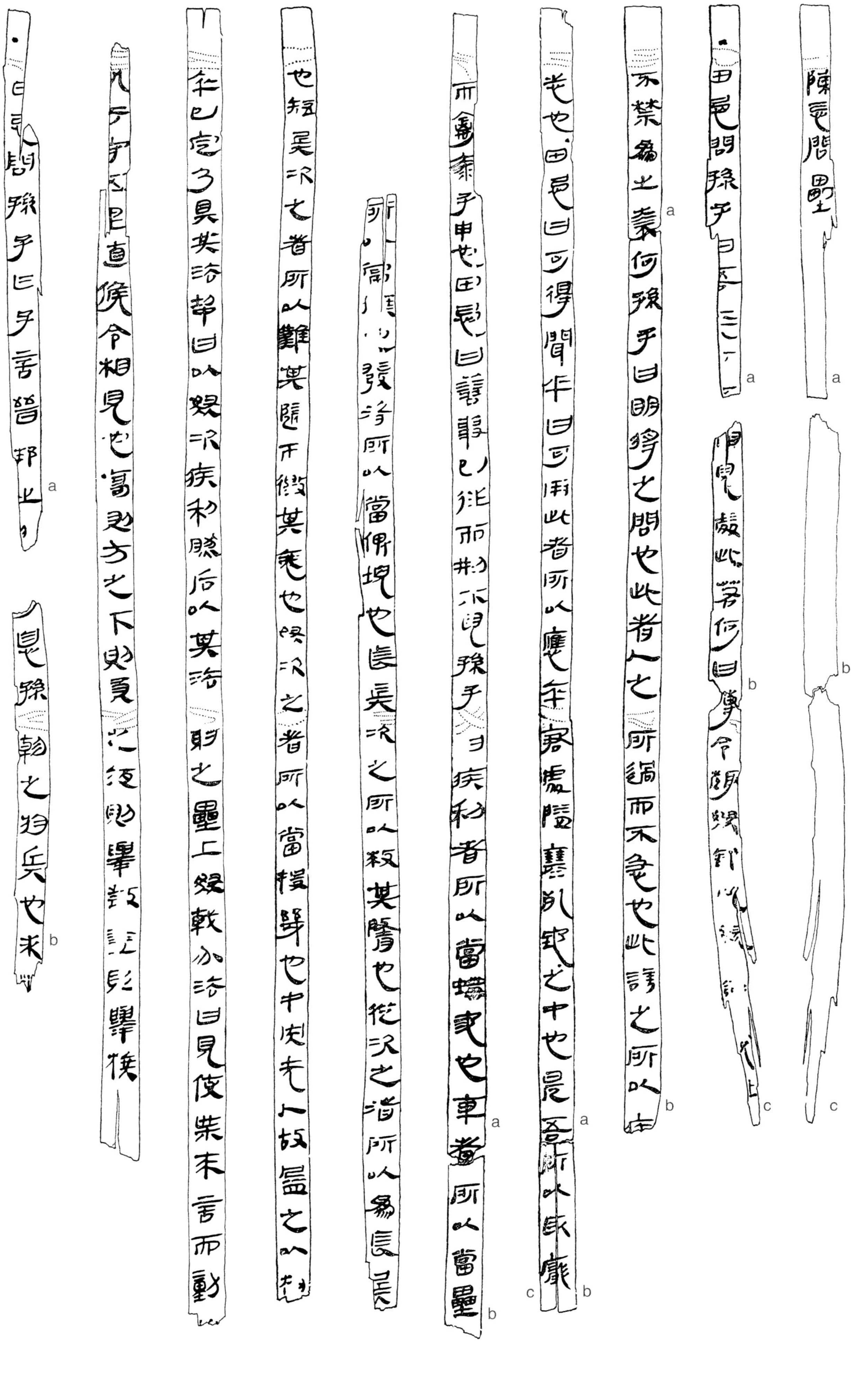

九　八　七　六　五　四　三　二　一　一背

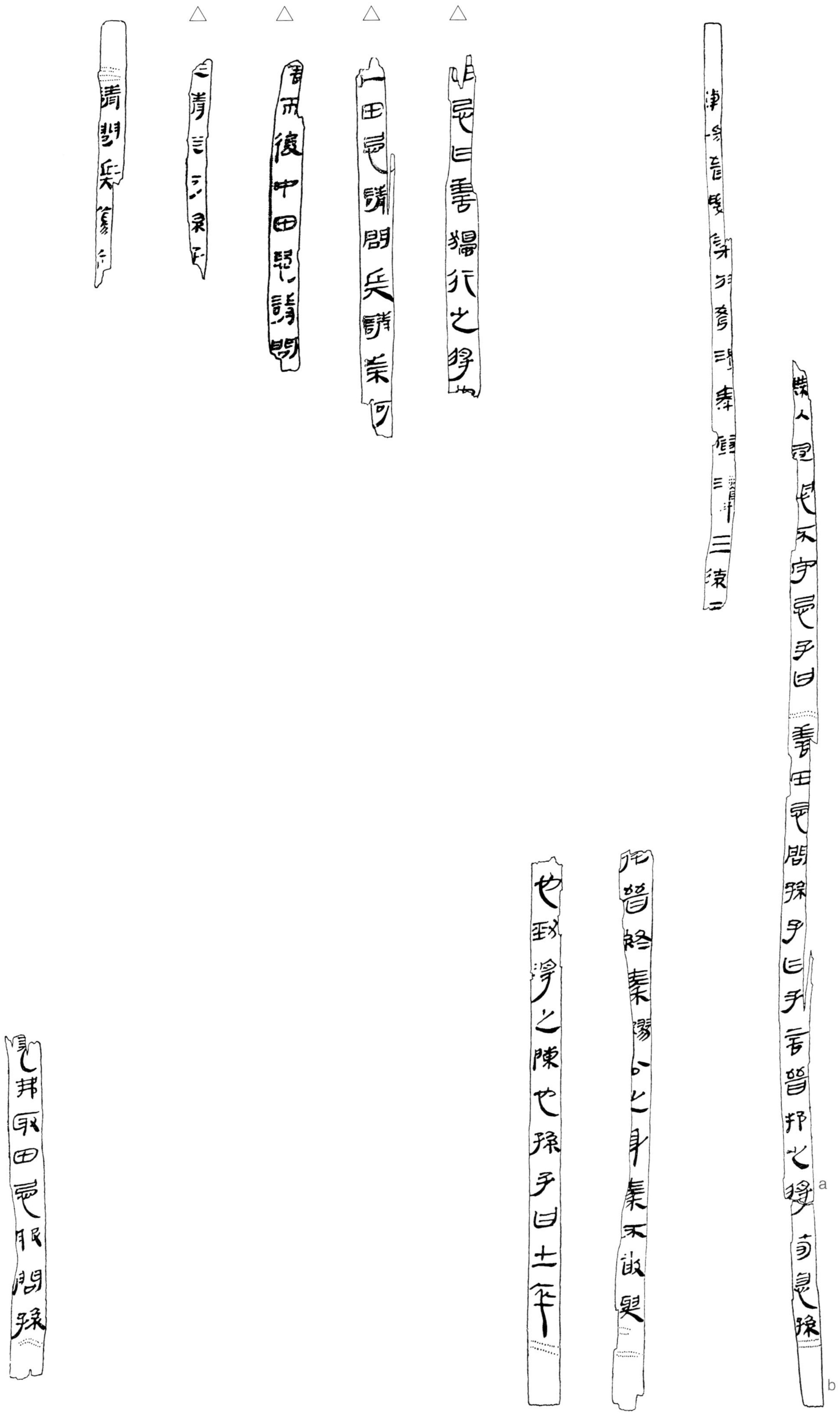

一〇 一一 一二 一三 一四 一五 一六 一七 一八 一九

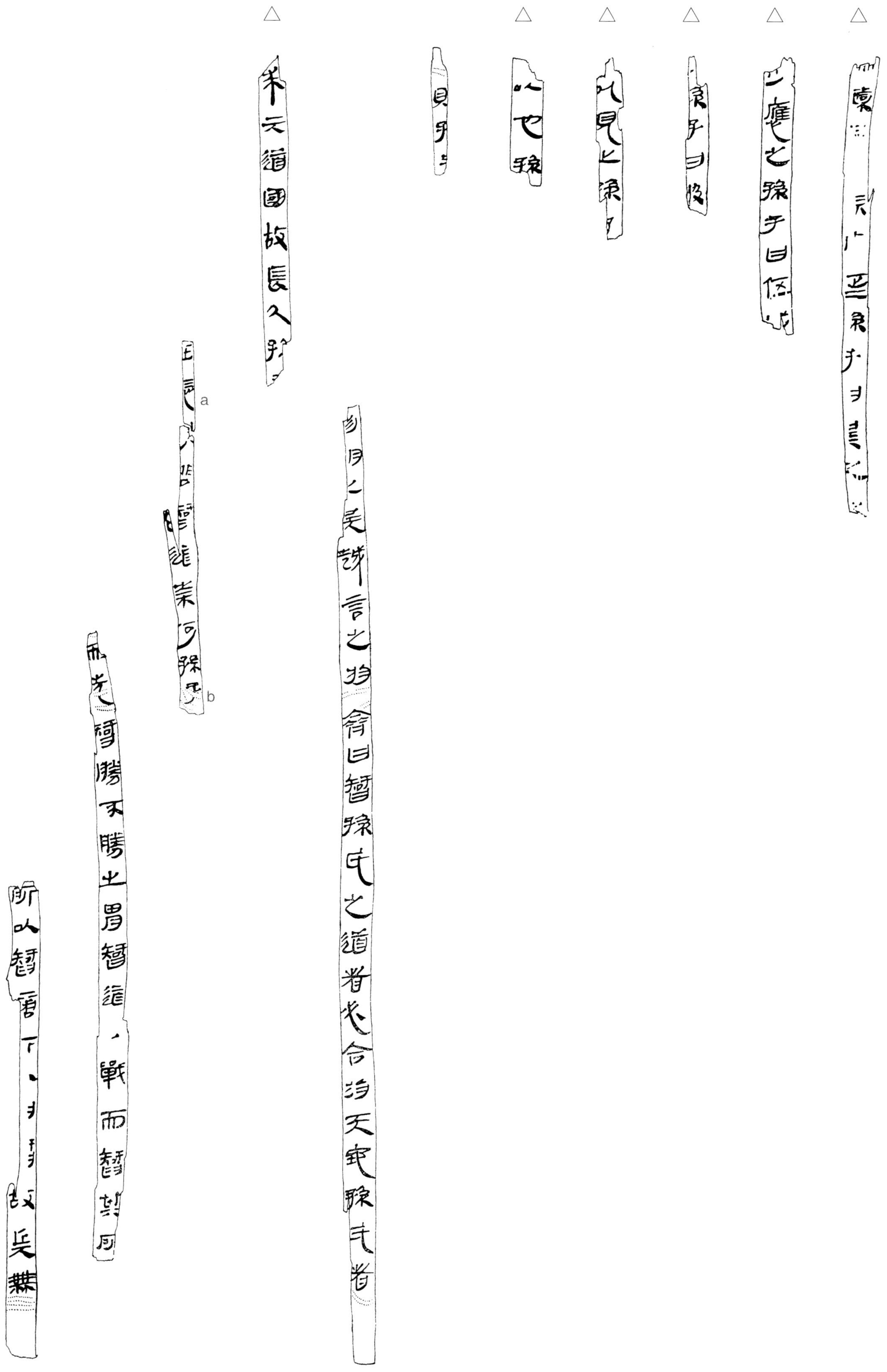

二〇　二一　二二　二三　二四　二五　二六　二七　二八　二九　三〇

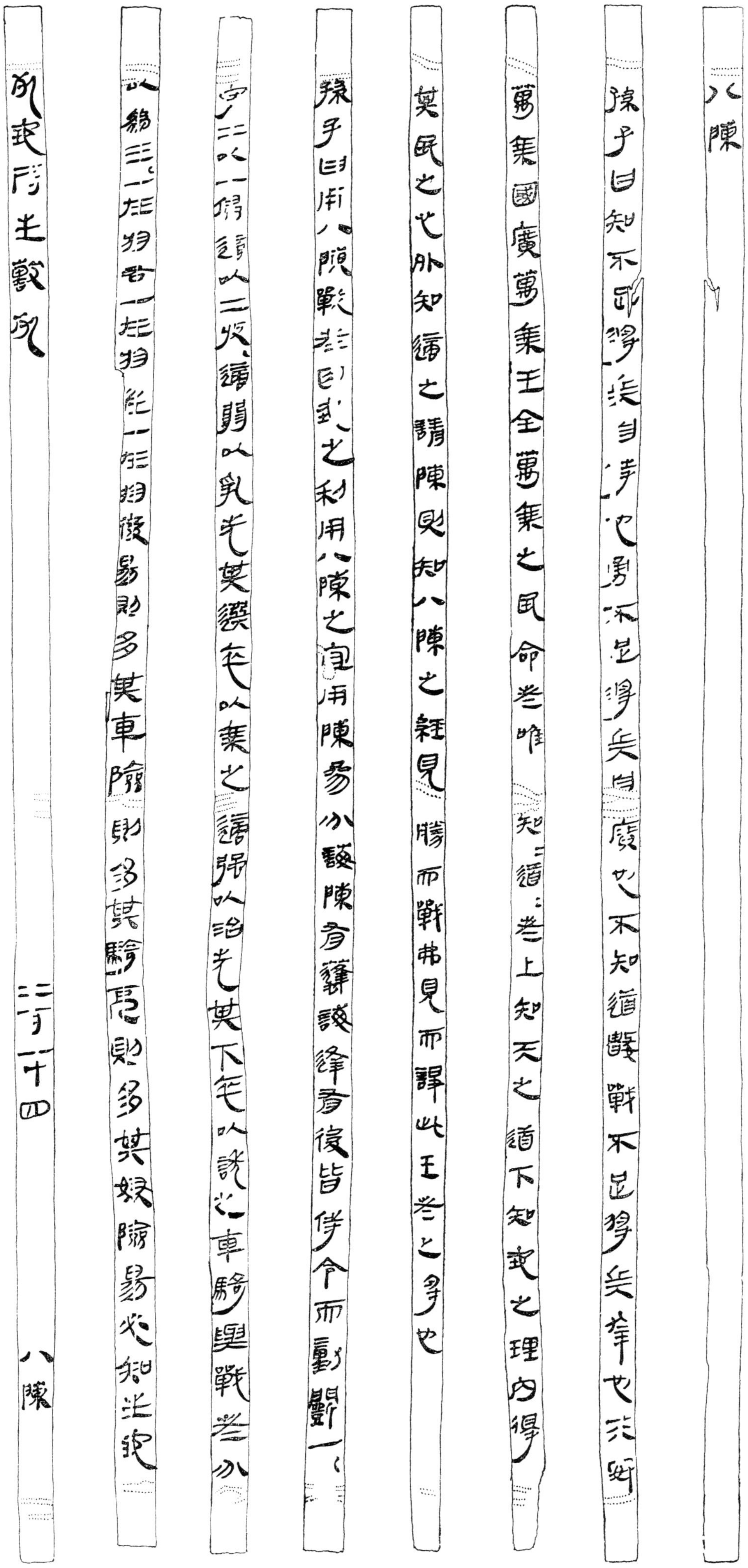
八陳
孫子曰知不足將兵自恃也勇不足將兵自廣也不知道數戰不足將兵幸也夫安
萬乘國廣萬乘王全萬乘之民命者唯知=道=者上知天之道下知地之理內得
其民之心外知適之請陳則知八陳之經見勝而戰弗見而諍此王者之將也
孫子曰用八陳戰者因地之利用八陳之宜用陳參分誨陳有鋒誨鋒有後皆侍令而動鬭一
守二以一侵適以二收適弱以亂先其選卒以乘之適強以治先其下卒以誘之車騎與戰者分
以爲三一在於右一在於左一在於後易則多其車險則多其騎厄則多其弩險易必知生地
死地居生擊死
二百十四
八陳

一背　一　二　三　四　五　六　七

孫子曰：凡地之道，陽為表，陰為裏，直者為綱，術者為紀。紀綱則得，陳乃不惑。直者毛產，術者半死。

半產。術者半死。凡戰地也，日其精也。八風將來，必勿忘也。絕水、迎陵、逆流、居殺地、迎眾樹者，鈞舉也，

五者皆不勝。□陳之山，生山也。東陳之山，死山也。……之水，生水也，北注之水，死水也。

五地之勝曰：山勝陵，陵勝阜，阜勝陳丘，陳丘勝林平地。五草之勝曰：藩、林、楛、蒲、葦、□、茅、莎。五壤之勝：青

勝黃，黃勝黑，黑勝赤，赤勝白，白勝青。五地之敗曰：□、□、川、澤、斥。五地之殺曰：……教曰：天井、天宛、天離、天……

五墓殺地也，勿居也，勿□也。……軍與陳皆□。……先……武葆二百。

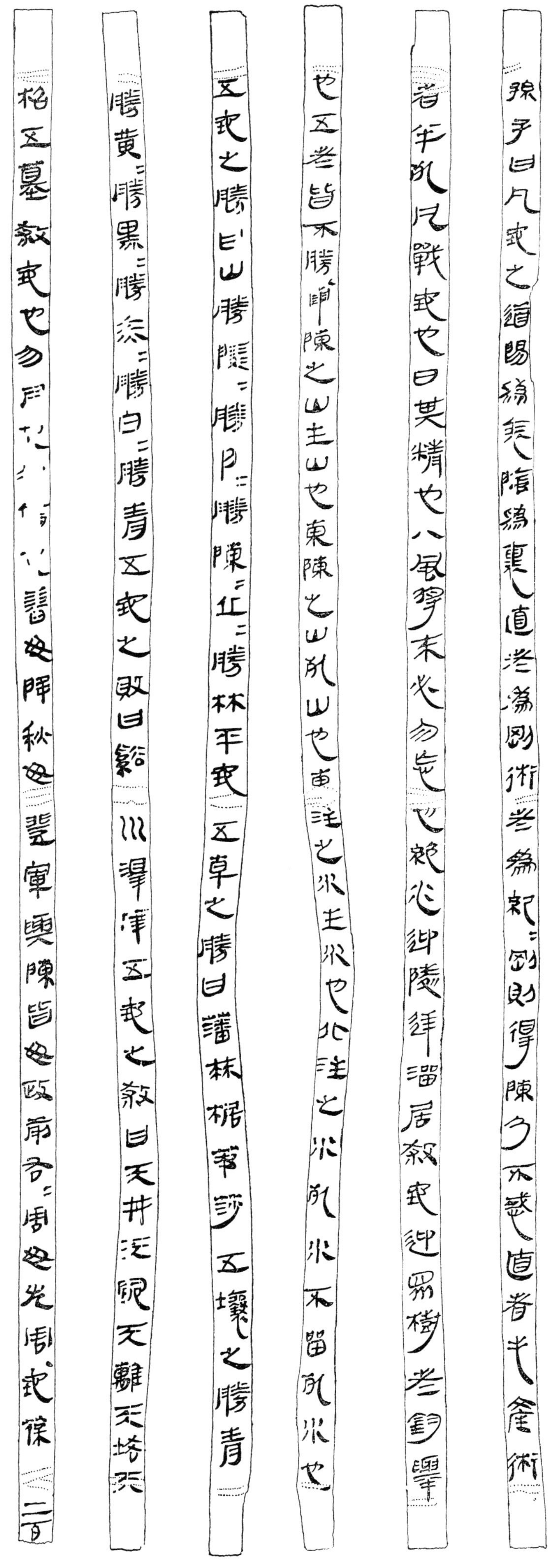

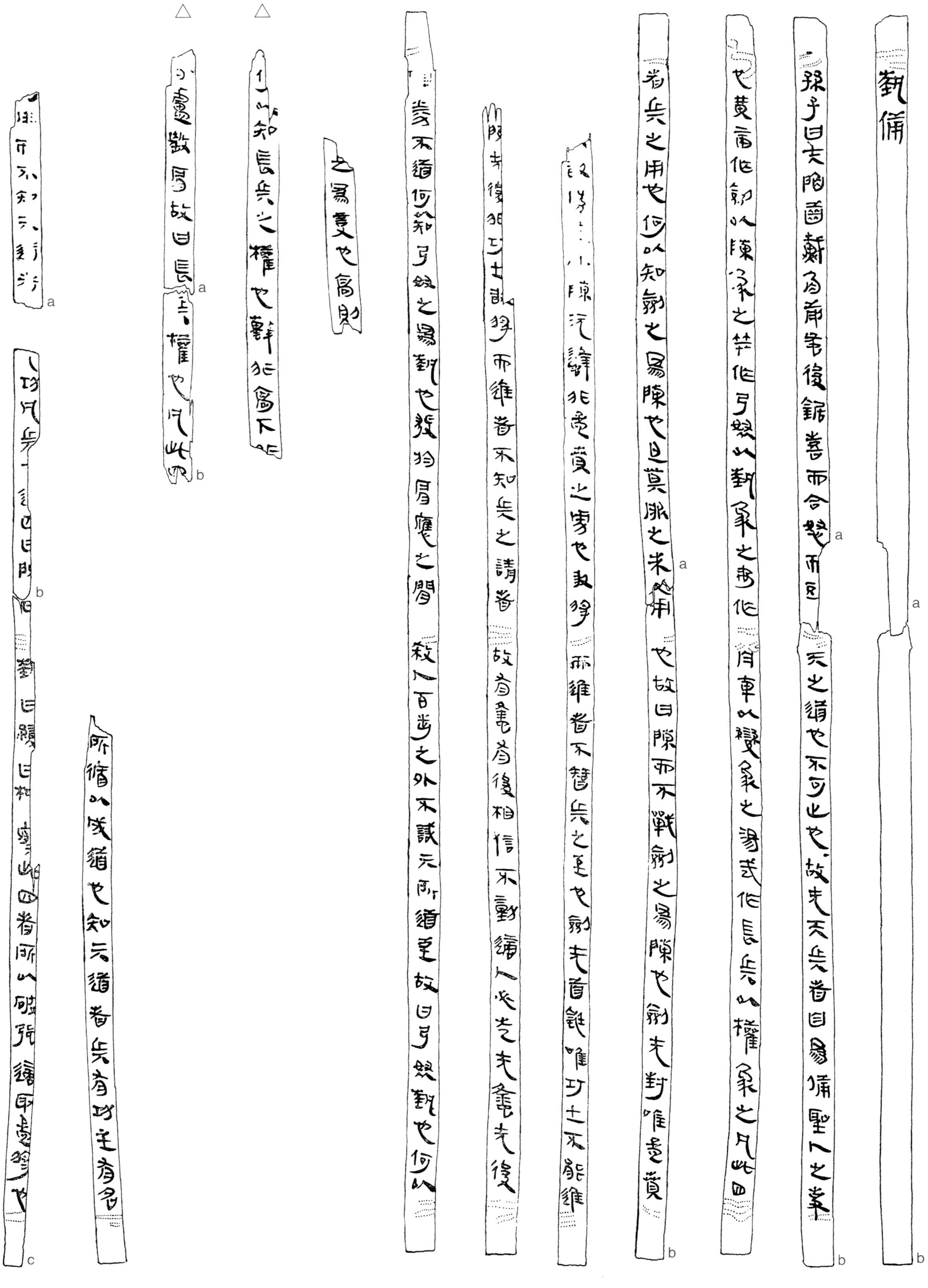

一背　一　二　三　四　五　六　七　八　九　一〇　一一

△

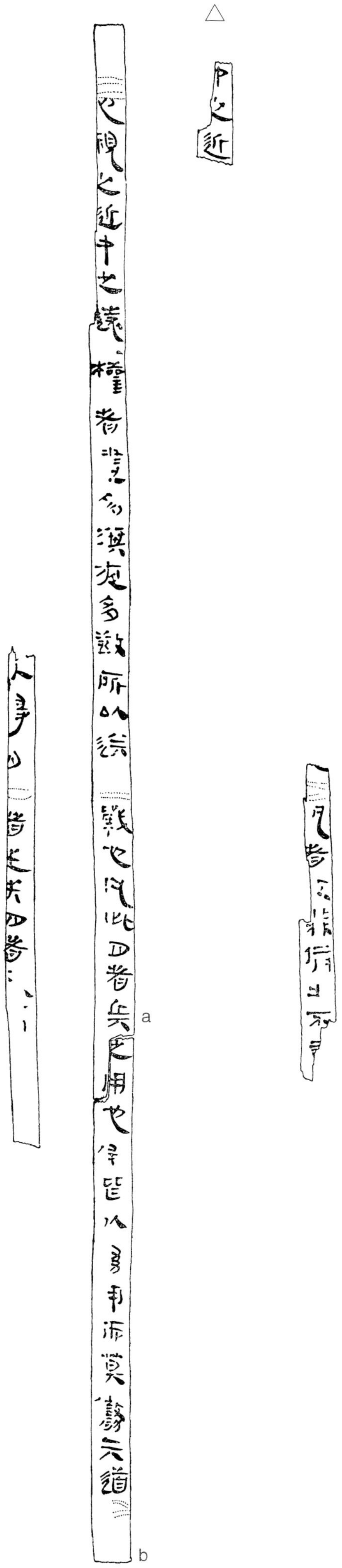

a

b

一二　一三　一四　一五

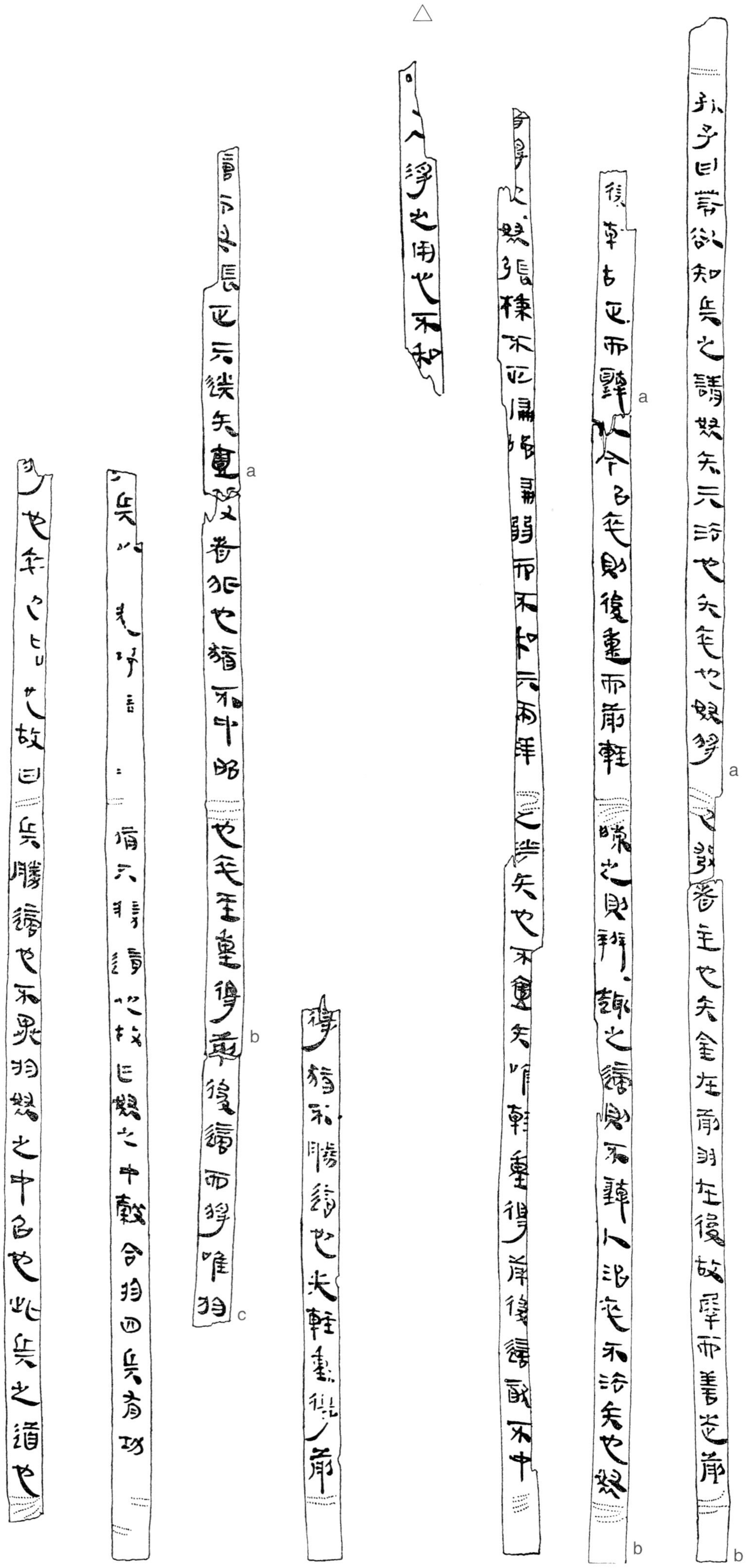

一　二　三　四　五　六　七　八

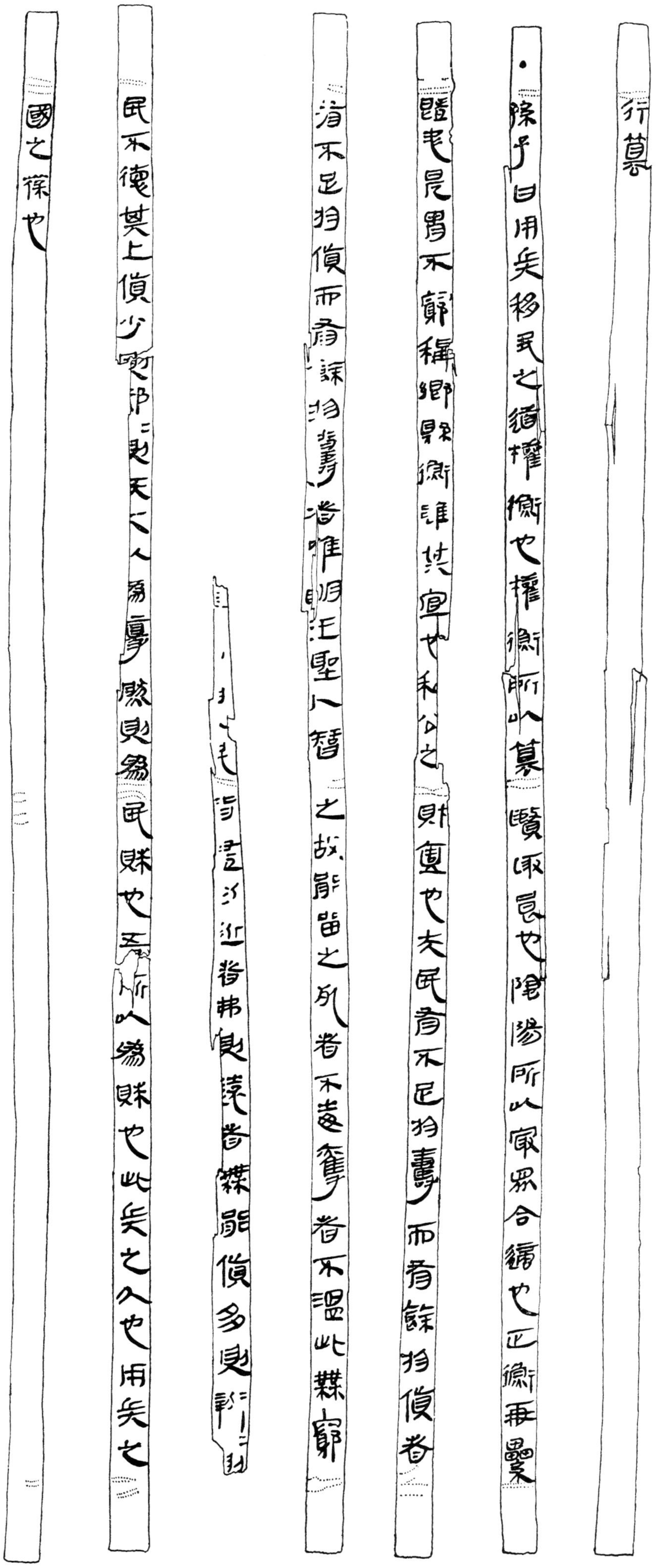
行篹
•孫子曰用兵移民之道權衡也權衡所以篹賢取良也陰陽所以聚衆合敵也正衡再累
既忠是謂不窮稱鄉縣衡雖其宜也私公之財壹也夫民有不足於壽而有餘於貨者
有不足於貨而有餘於壽者唯明王聖人智之故能留之死者不毒奪者不慍此無窮
皆盡力近者弗則遠者無能貨多則辨
民不德其上貨少則天下人為尊然則為民賕也吾所以為賕也此兵之久也用兵之
國之寶也

六　五　四　三　二　一　一背

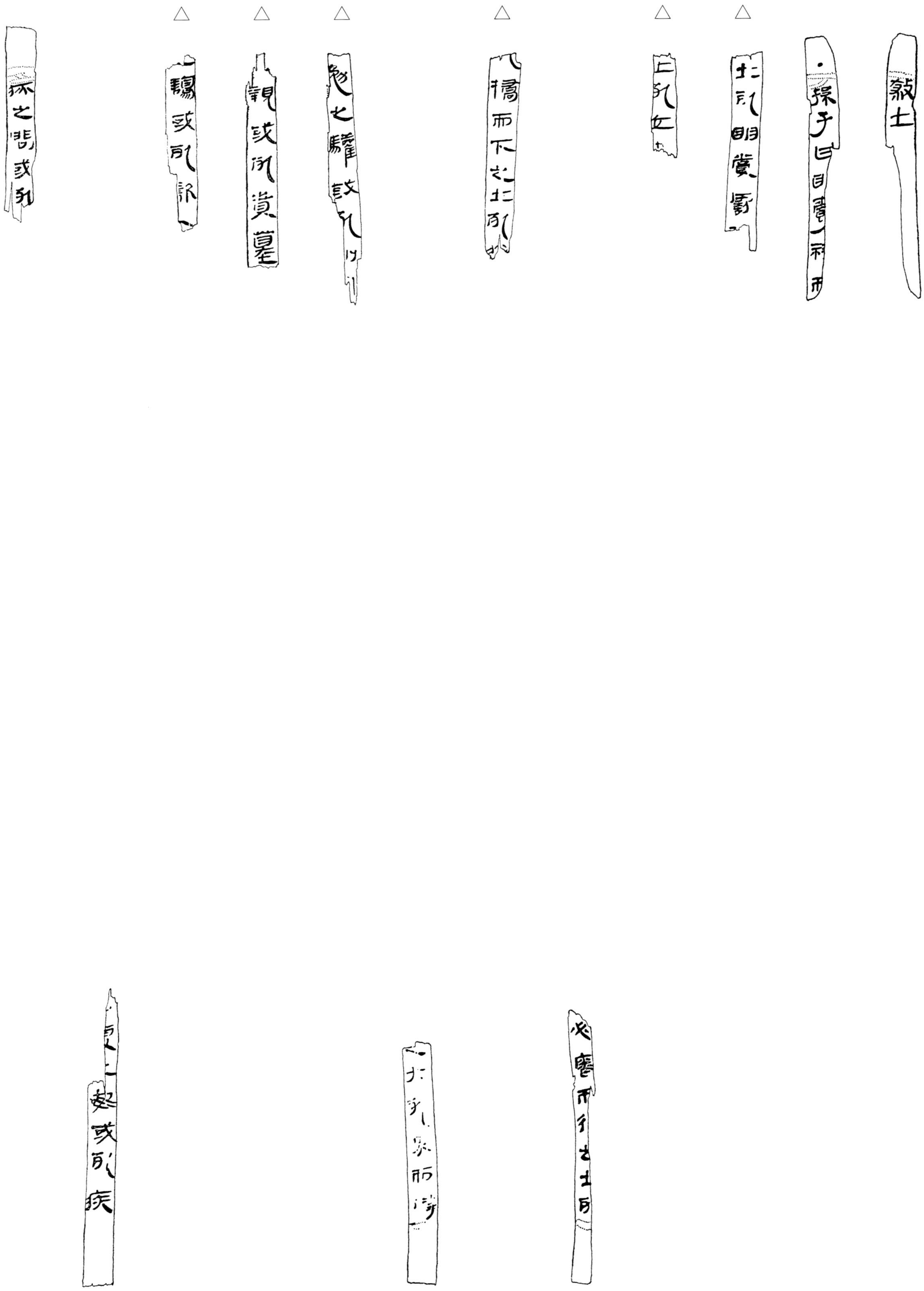

一一　一〇　九　八　七　六　五　四　三　二　一　一背

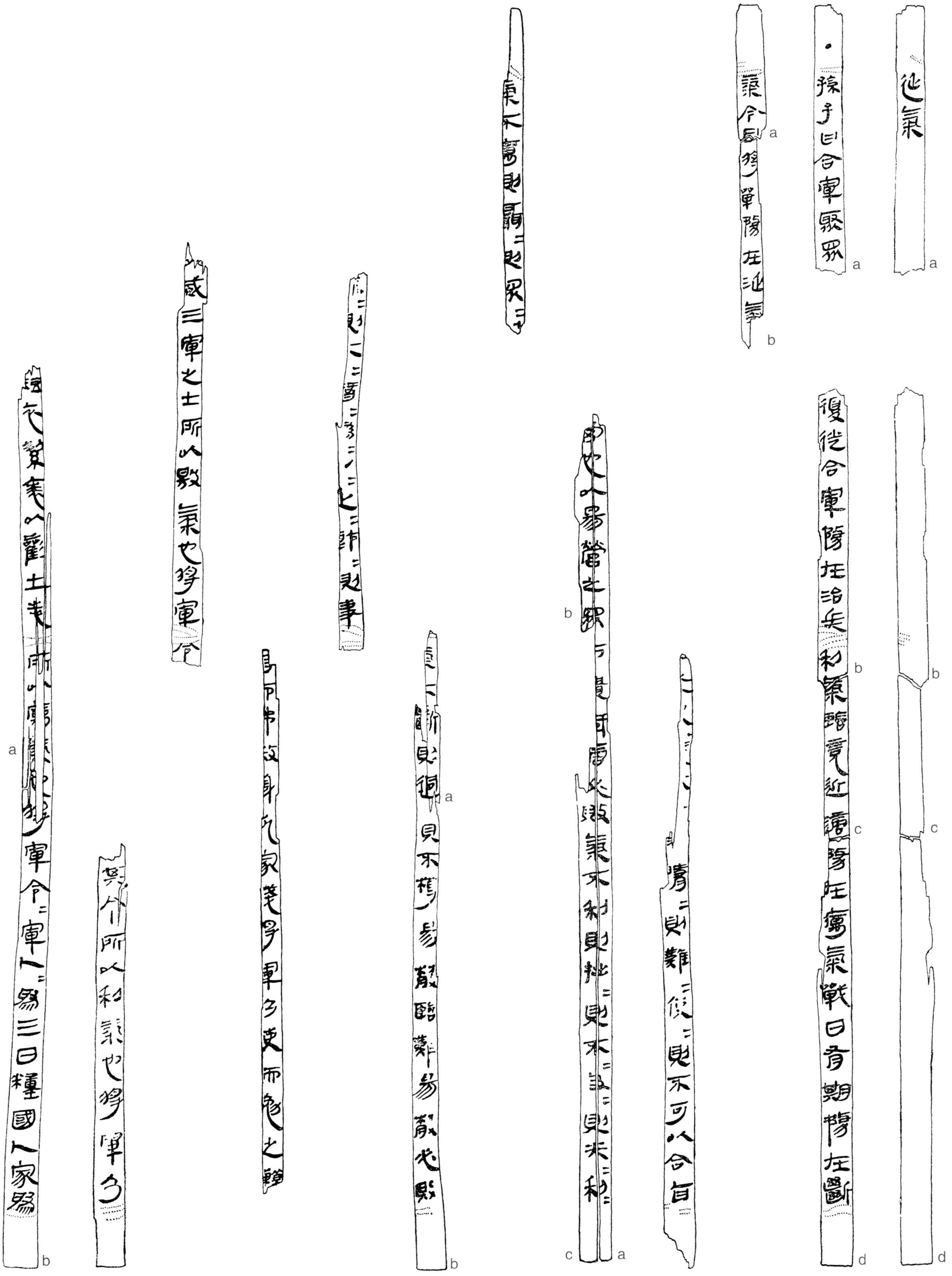

一二　一〇　九　八　七　六　五　四　三　二　一　一背

a

b

一二

一三

a

b

一四

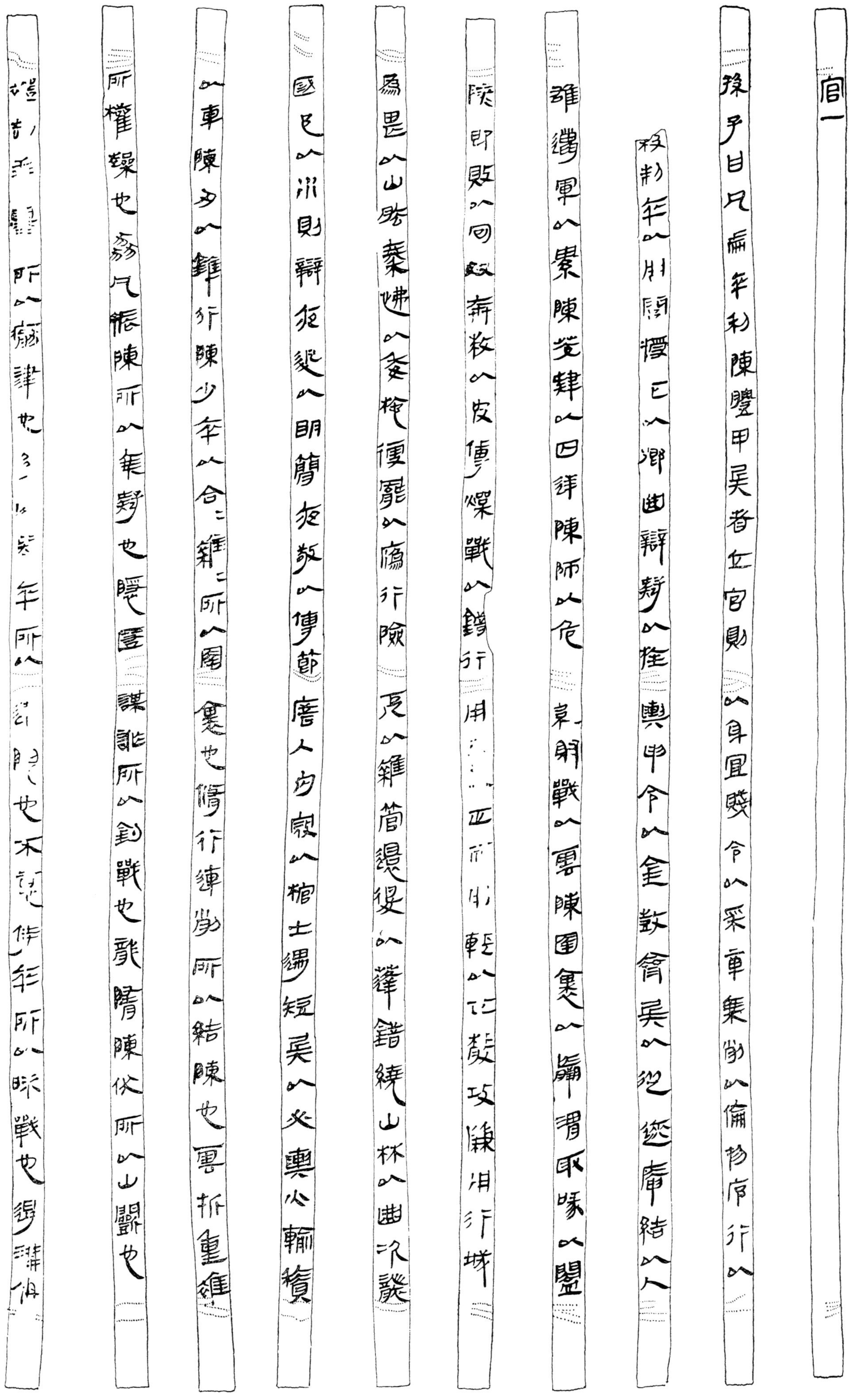

一背　一　二　三　四　五　六　七　八　九

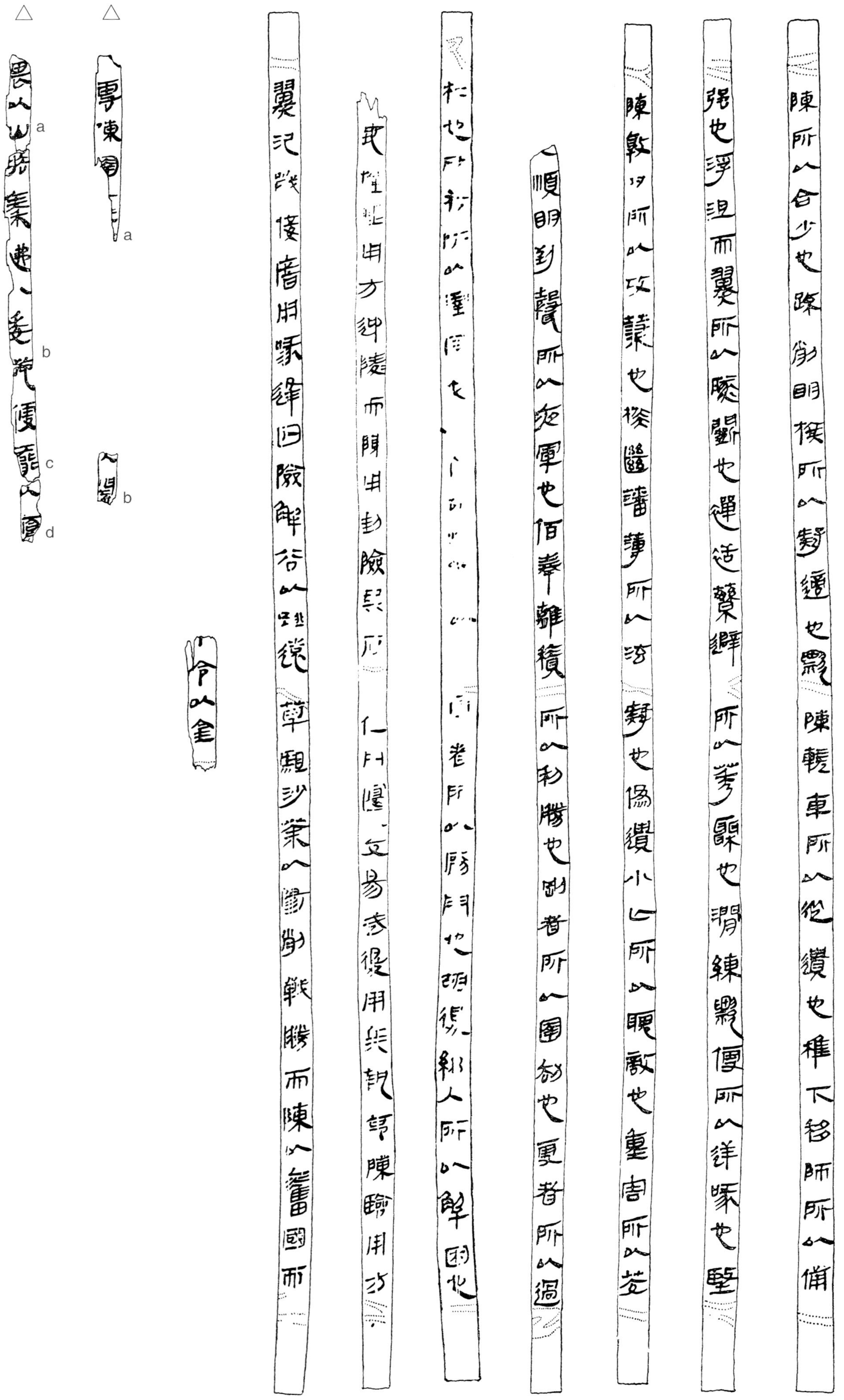

一一〇 一一一 一一二 一一三 一一四 一一五 一一六 一一七 一一八 一一九

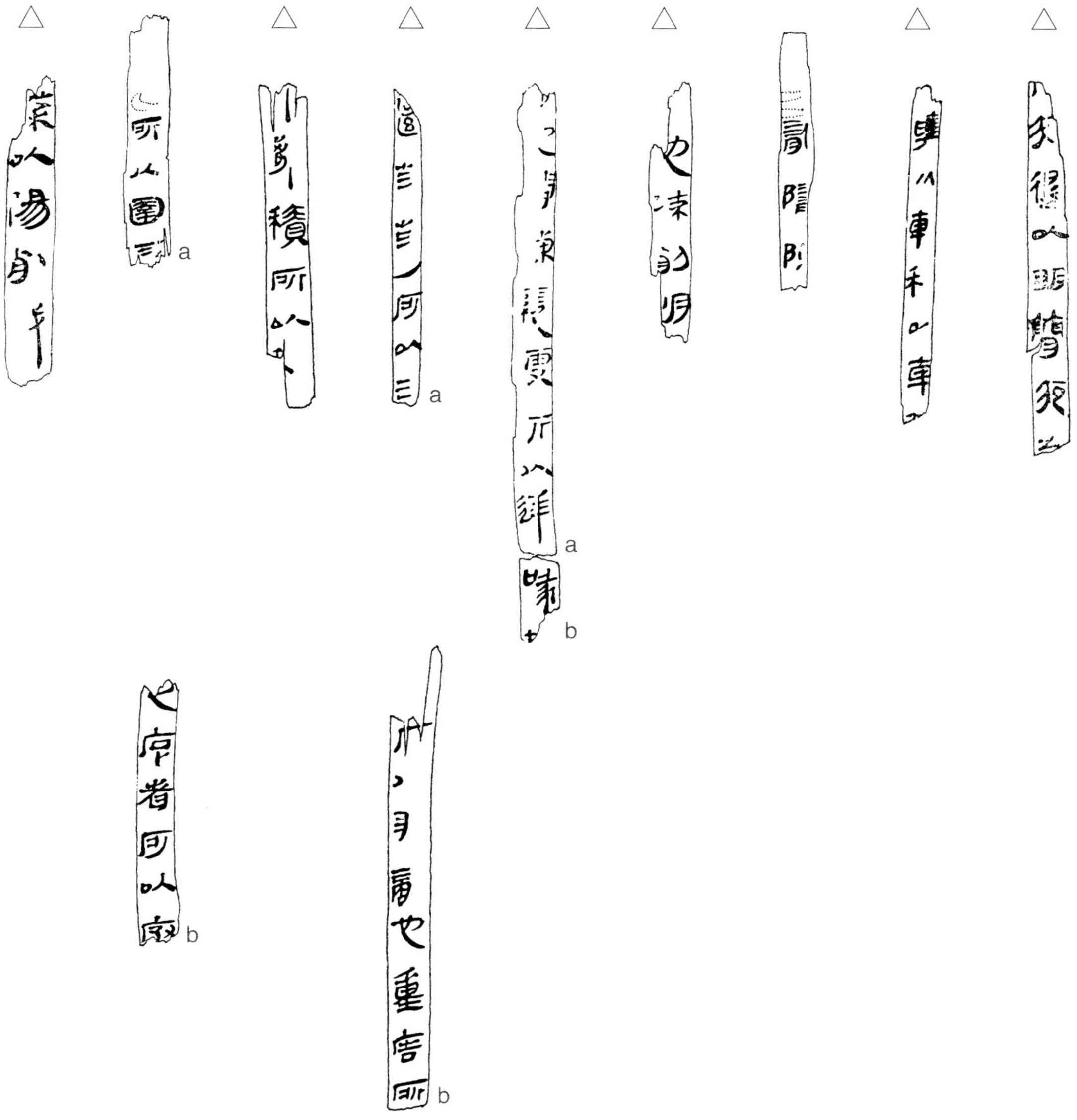

二〇　二一　二二　二三　二四　二五　二六　二七　二九

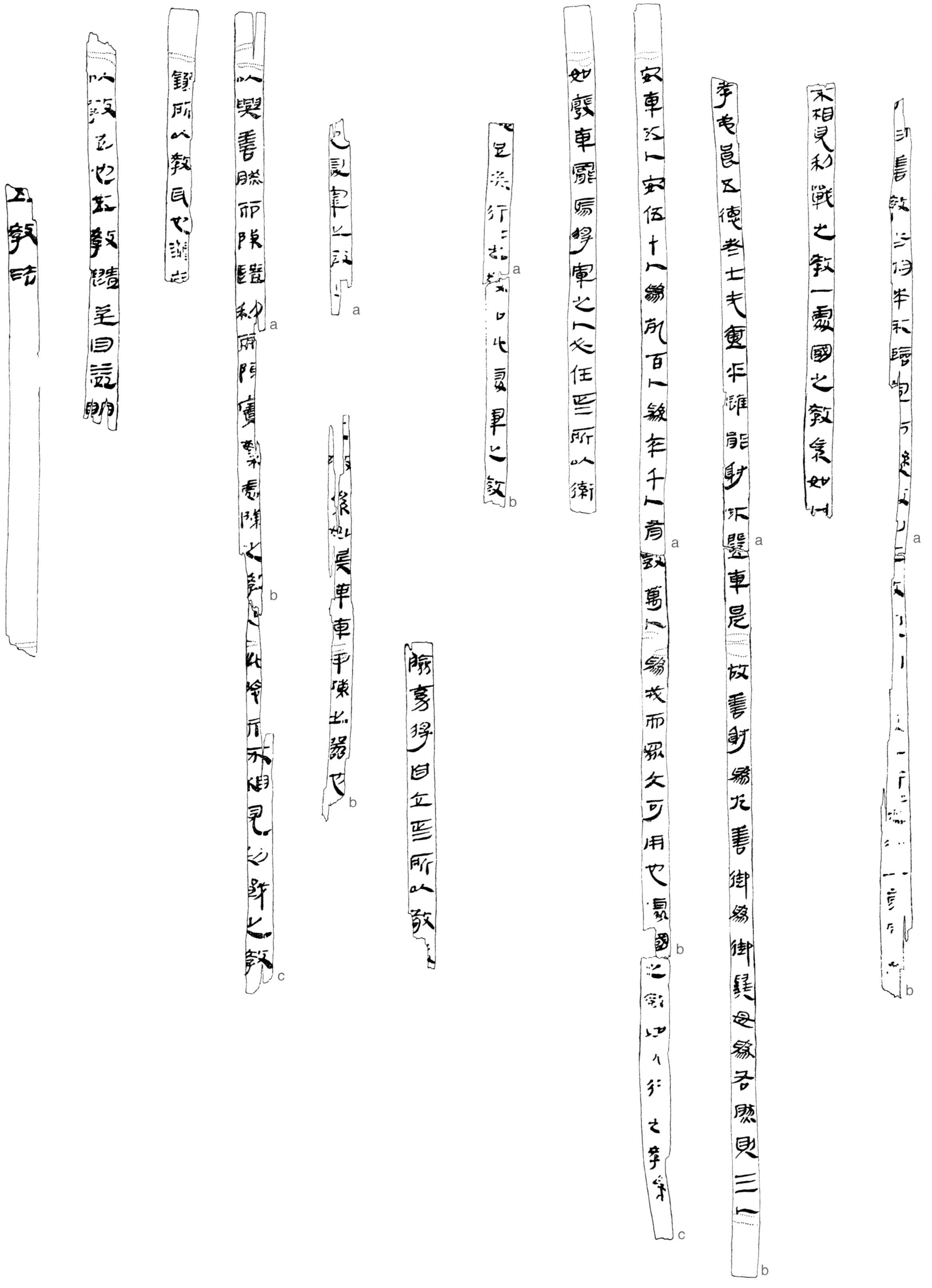

一 二 三 四 五 六 七 八 九 一〇 一一 一二 一三

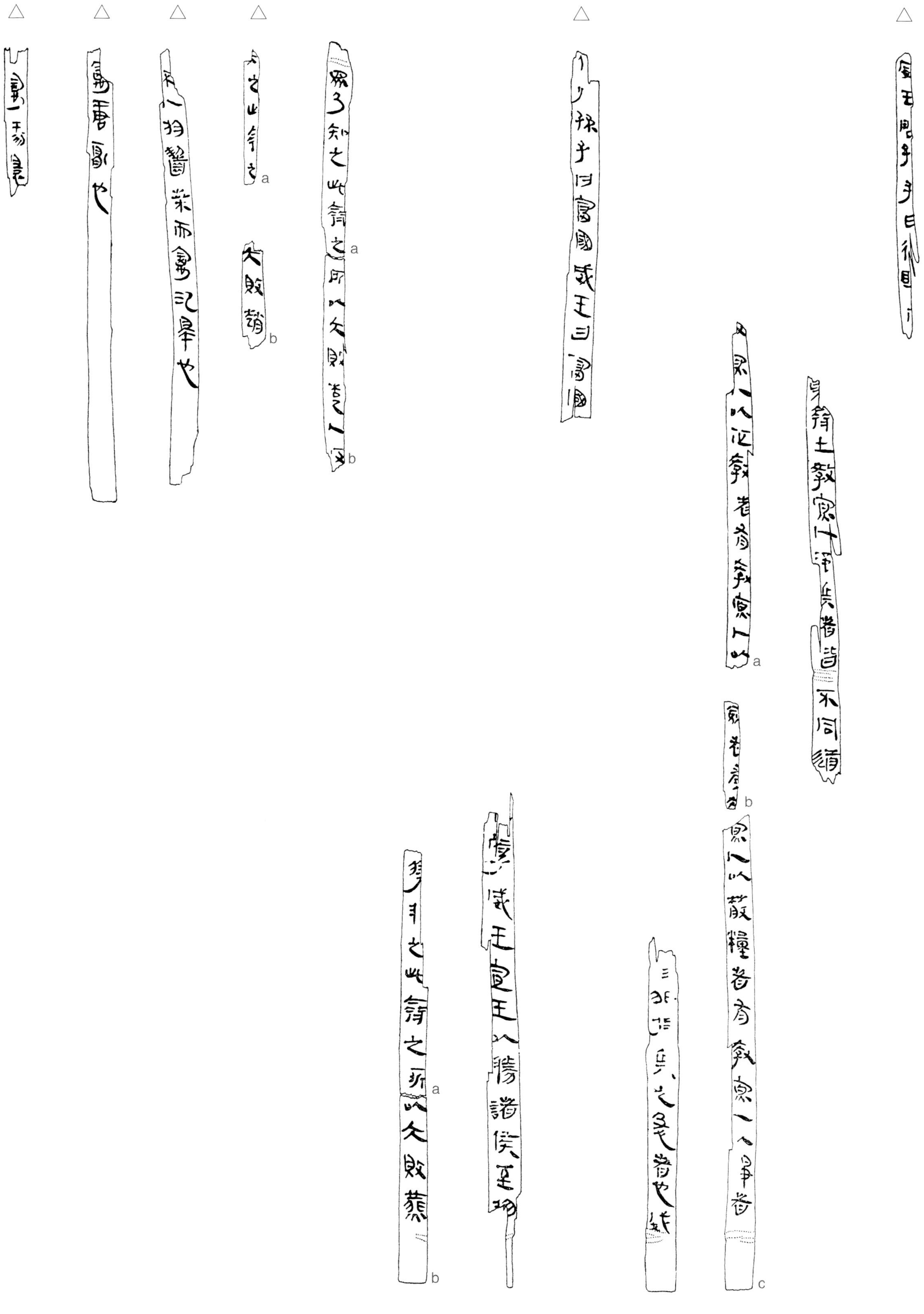

一　二　三　四　五　六　八　九　一〇　一一　一二　一三

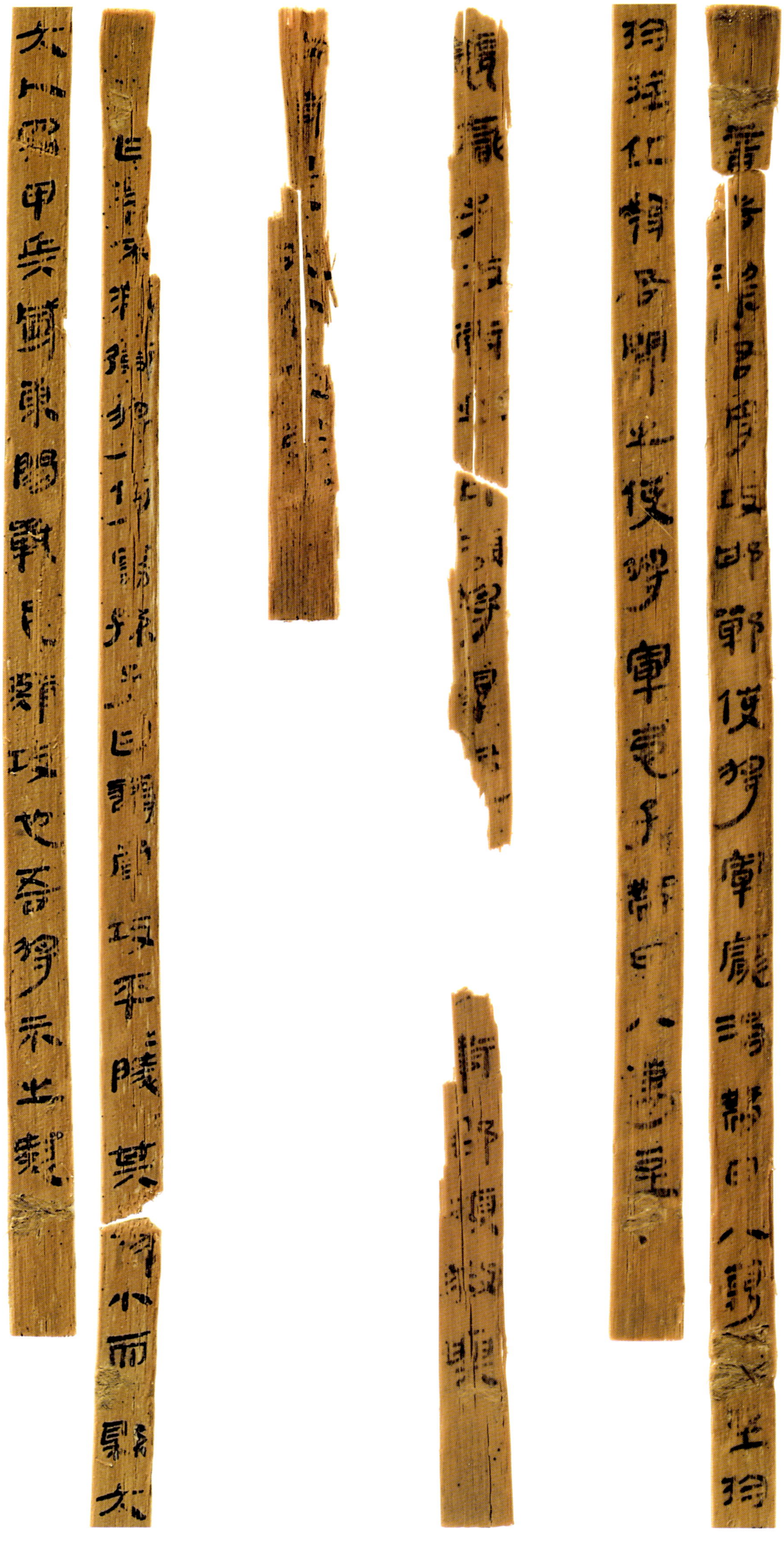

四 三 二 一

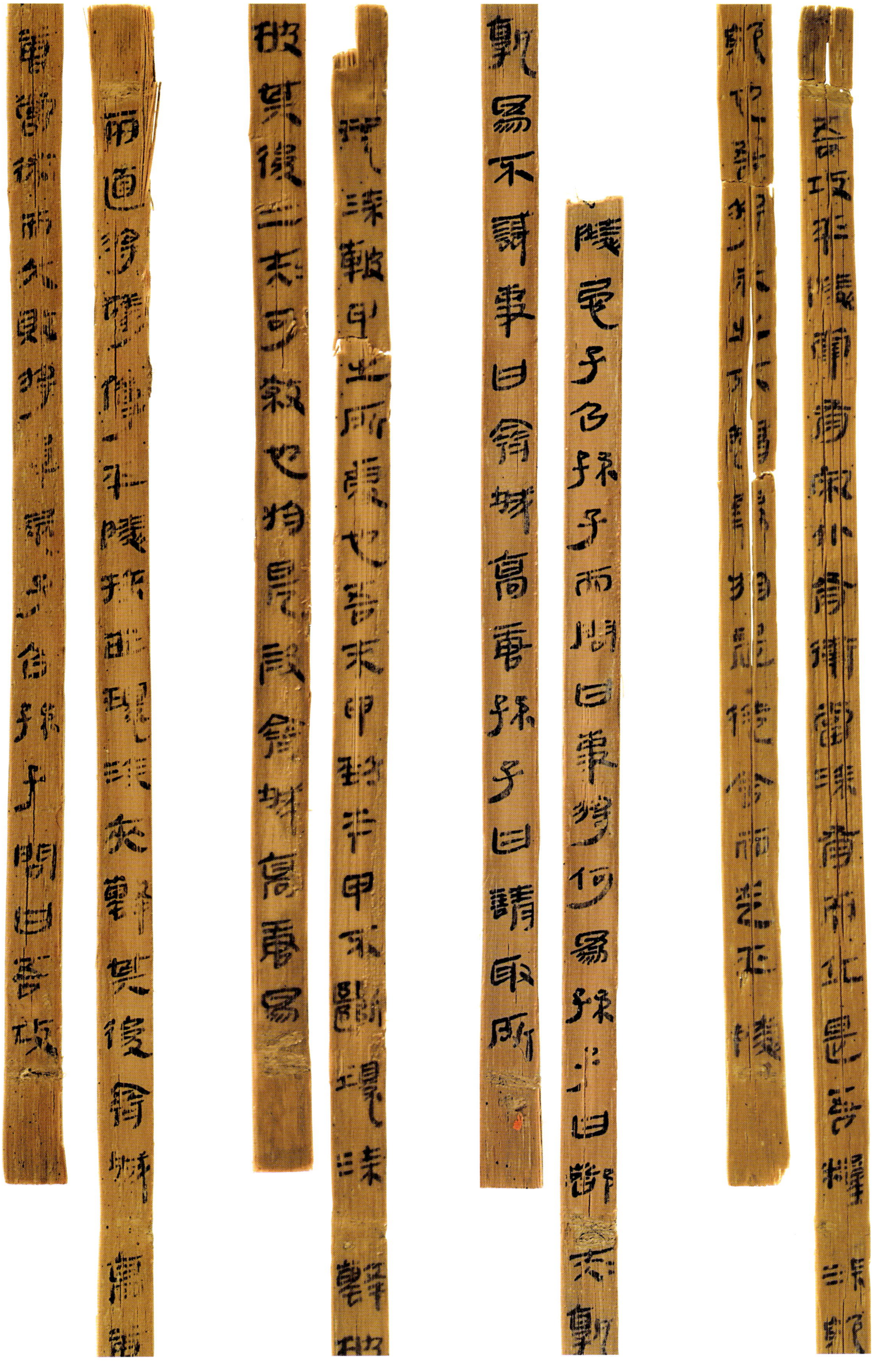

九　八　六　五

一背　三　二　一〇

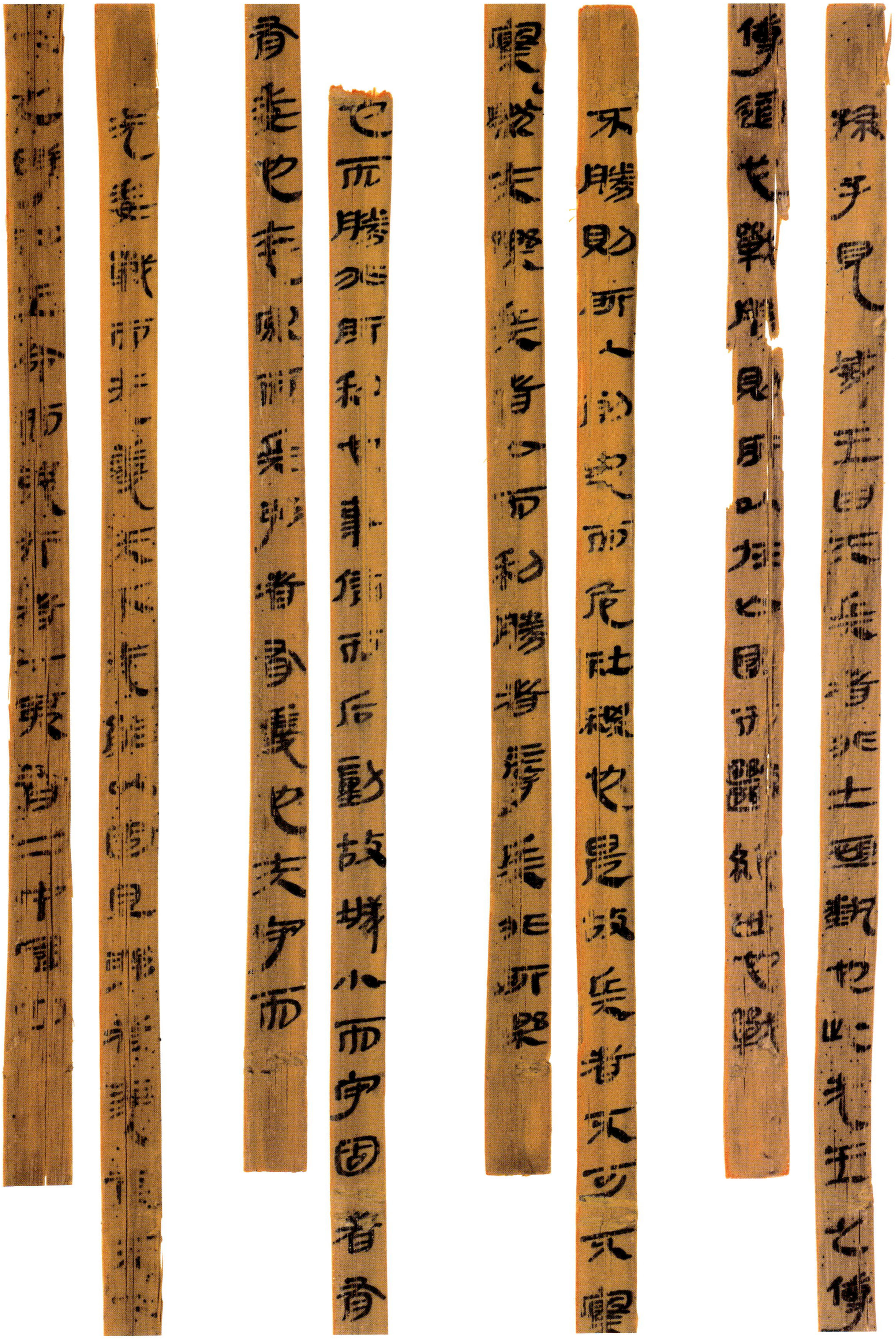

四　三　二　一

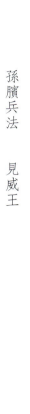

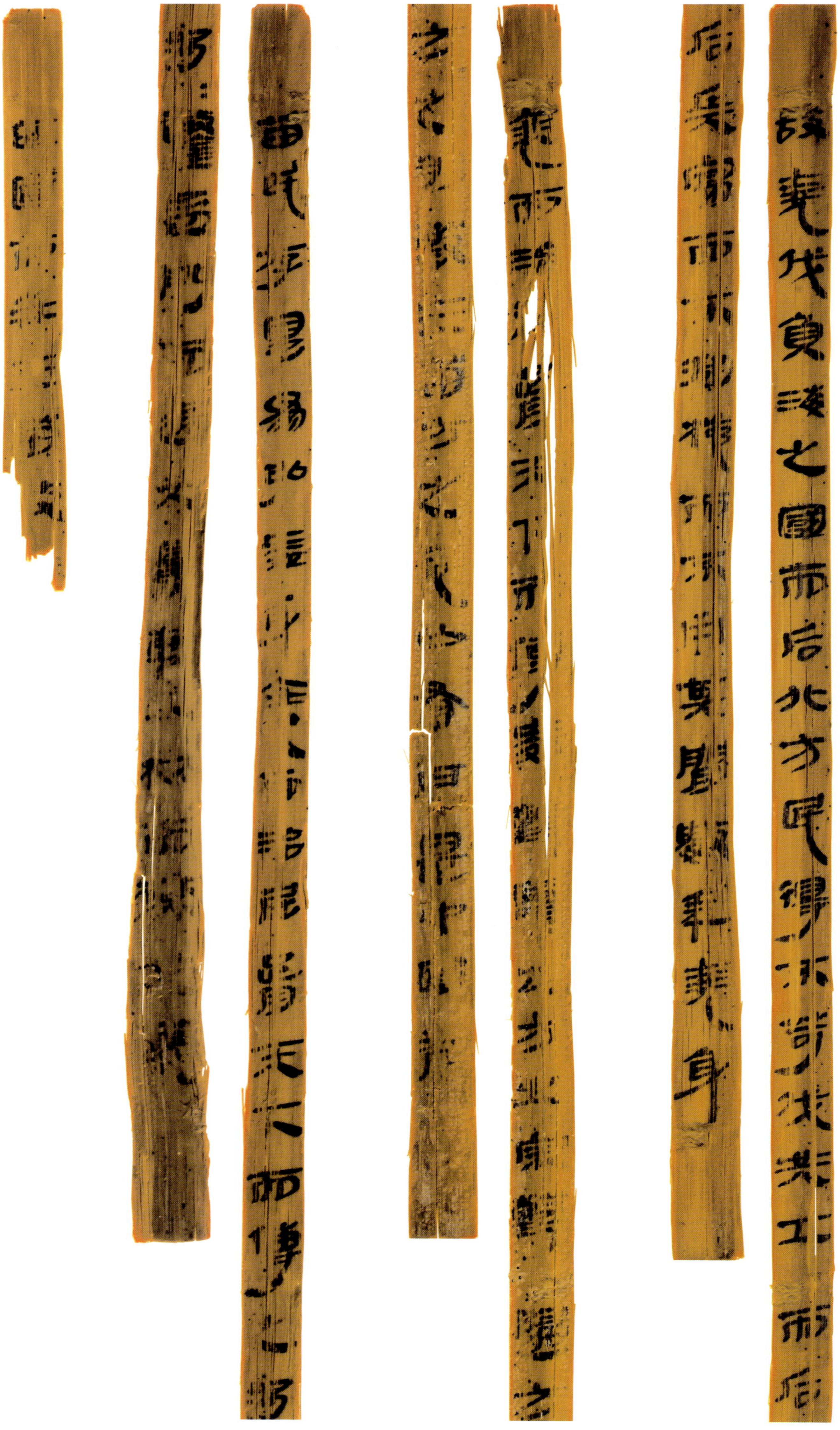

八　七　六　五

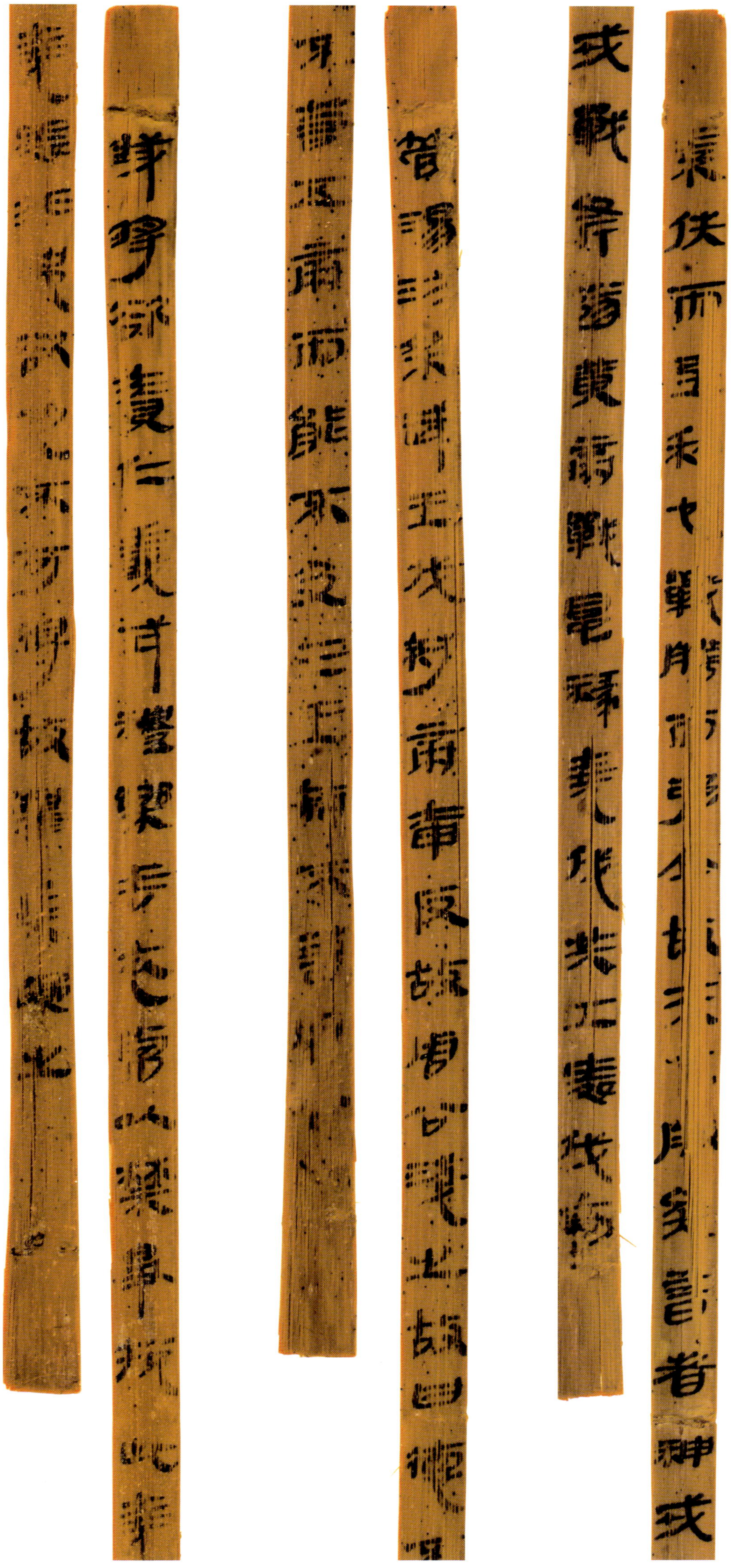

一一　　一〇　　九

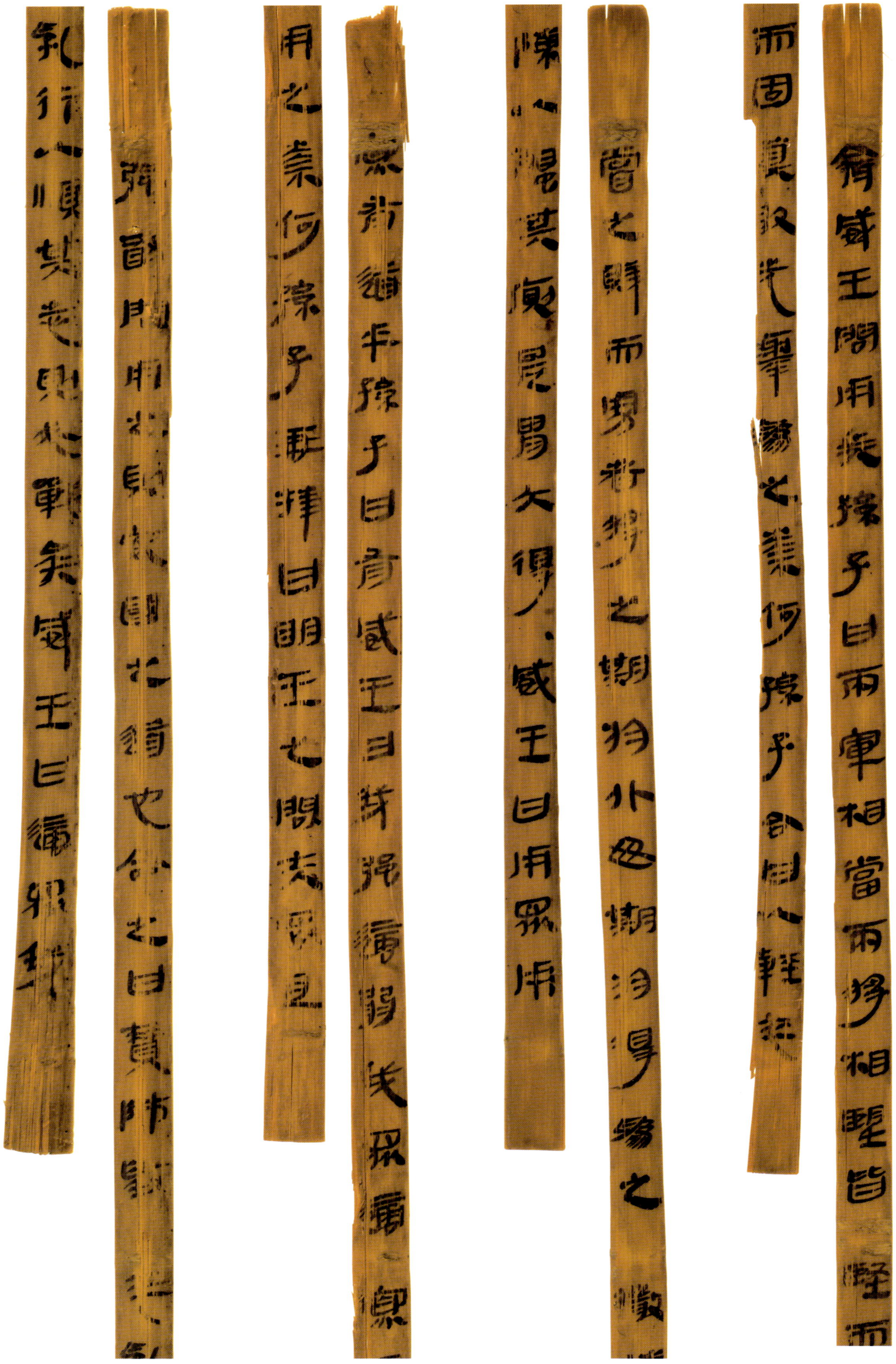

四　　三　　二　　一

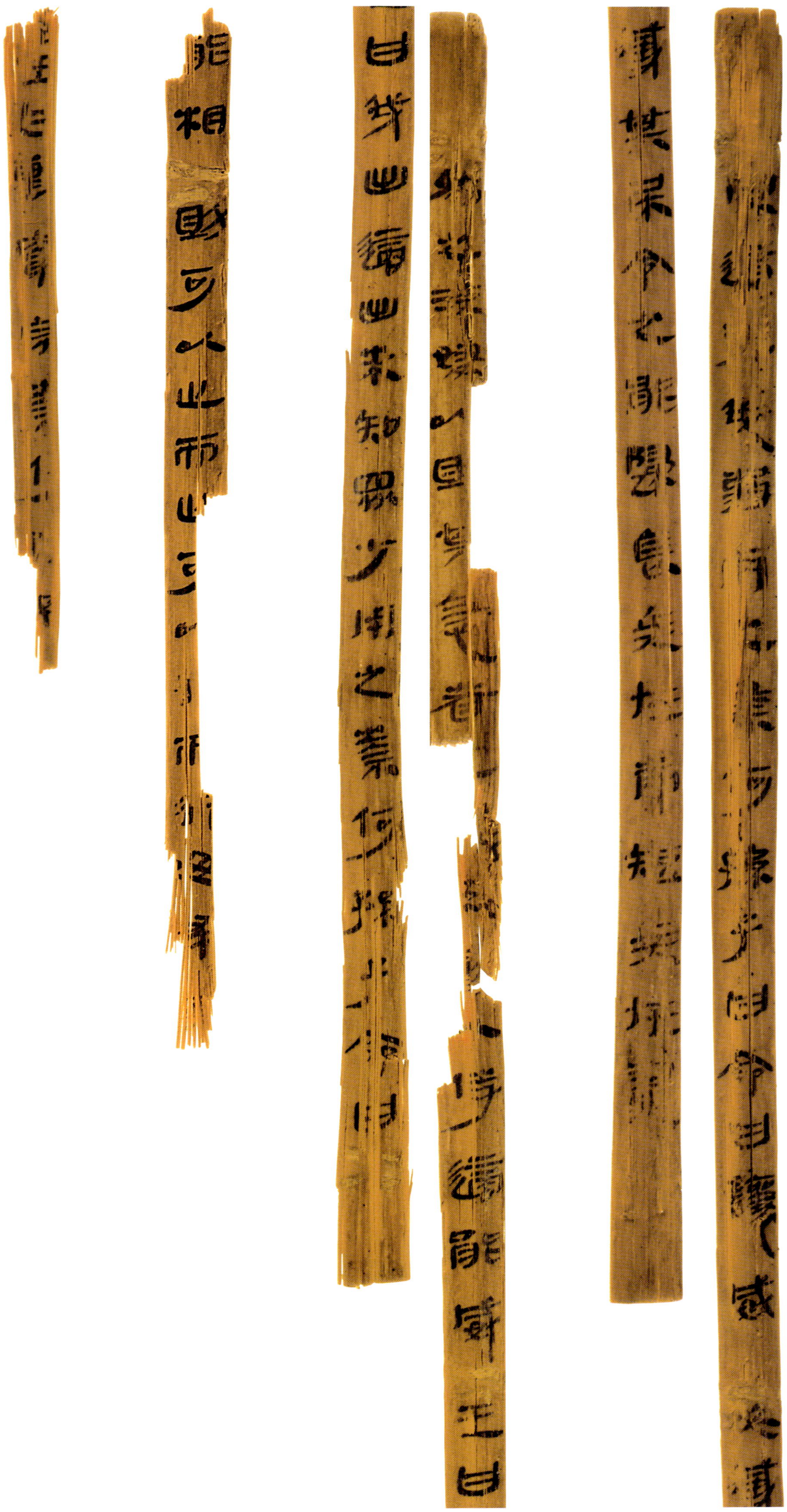

八　七　六　五

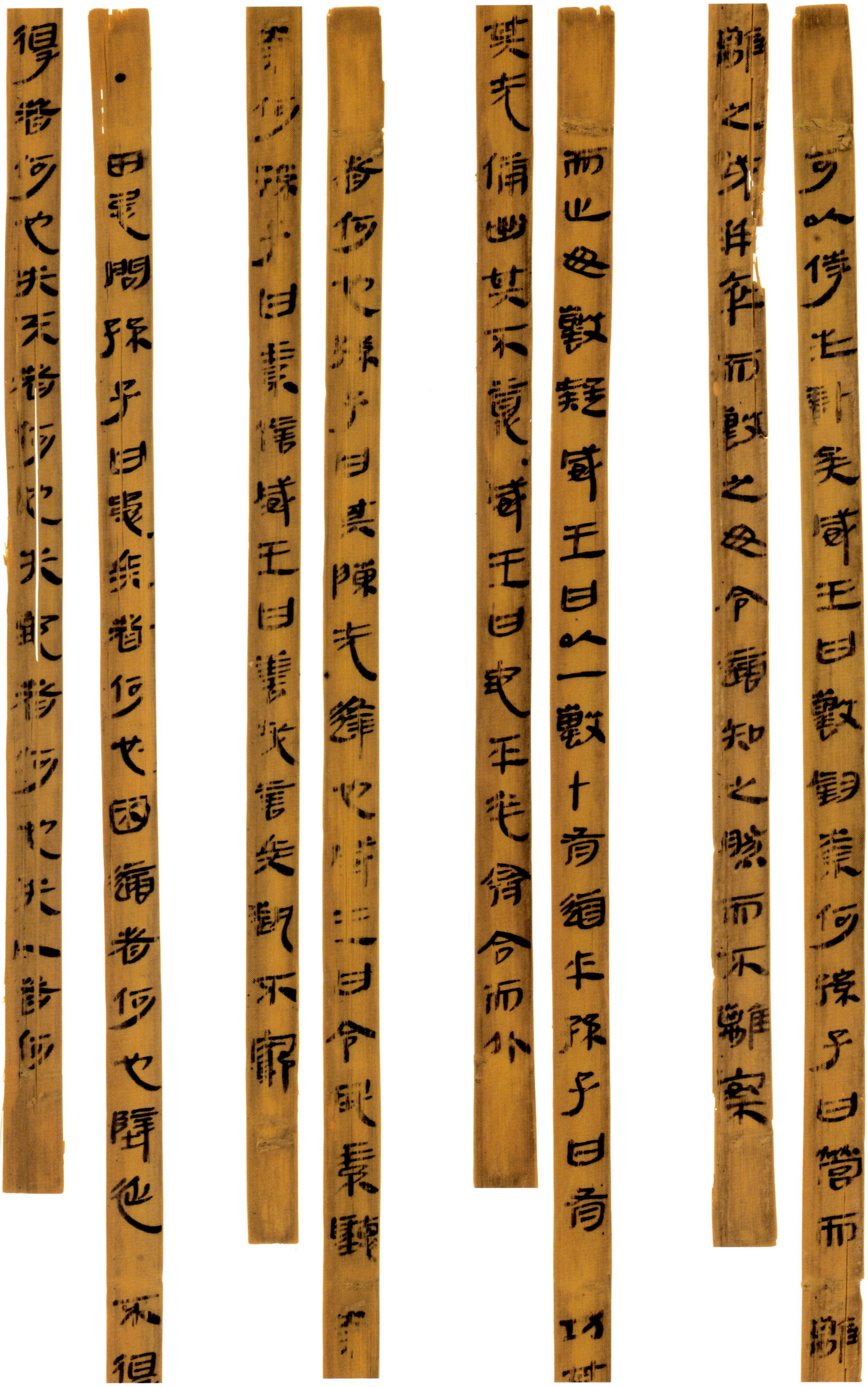

一二　一一　一〇　九

今士卒所也罰者所以正氣不瓩後□□而

曰賞罰者兵之急者師孫子曰狙夫賞者所以喜衆
　
□而今士卒軥隶□孫子曰險而視□禾□田受

恭侍孫子曰敷而坐之十而揗之田忌曰行陳已定

□□□摶□□圜□　□□苗太甲故曰□失者郎□□□□陷也辟

雷□騎也攺曰三里籍□□□　也□問山林□卷有道□

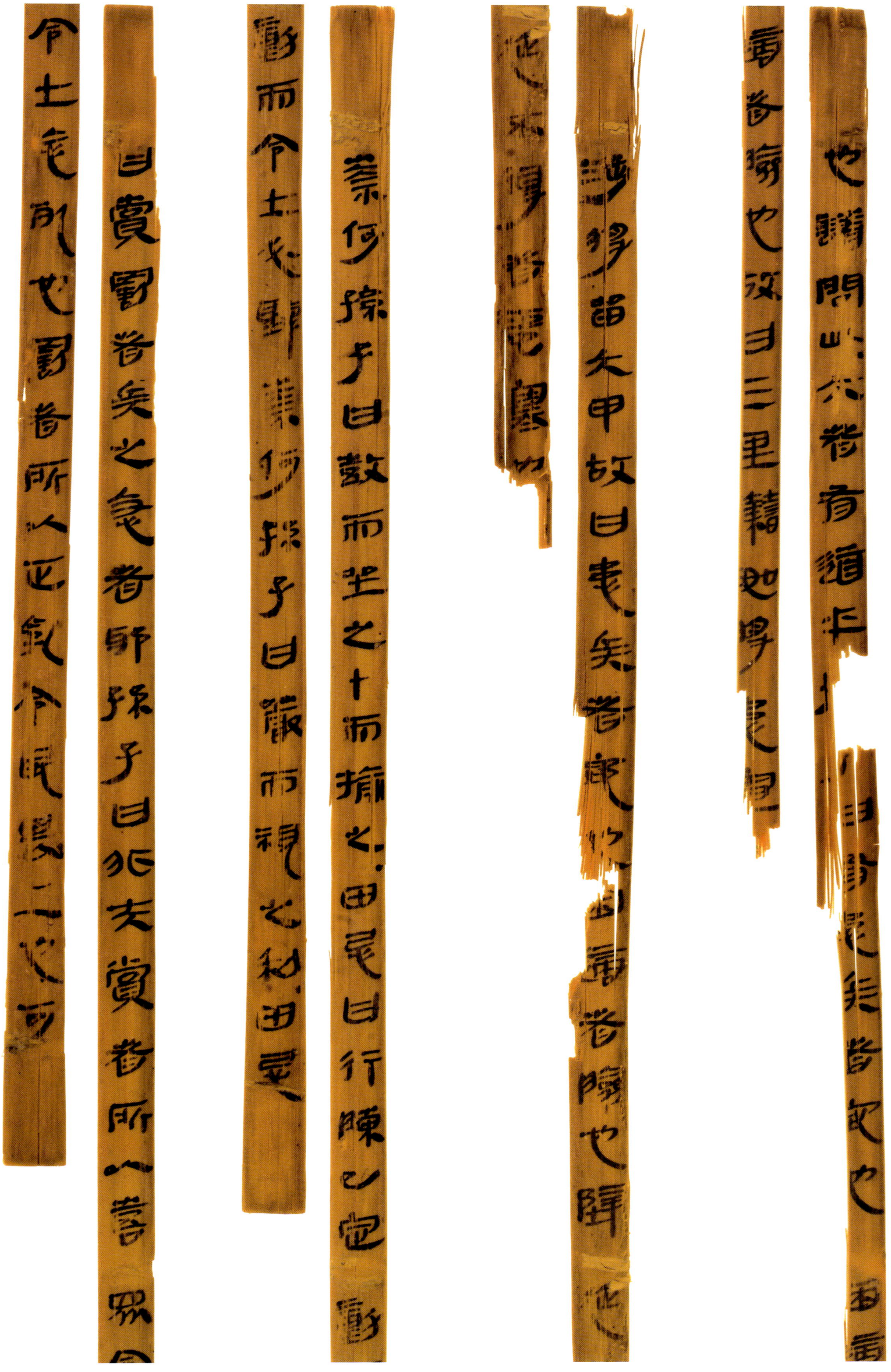

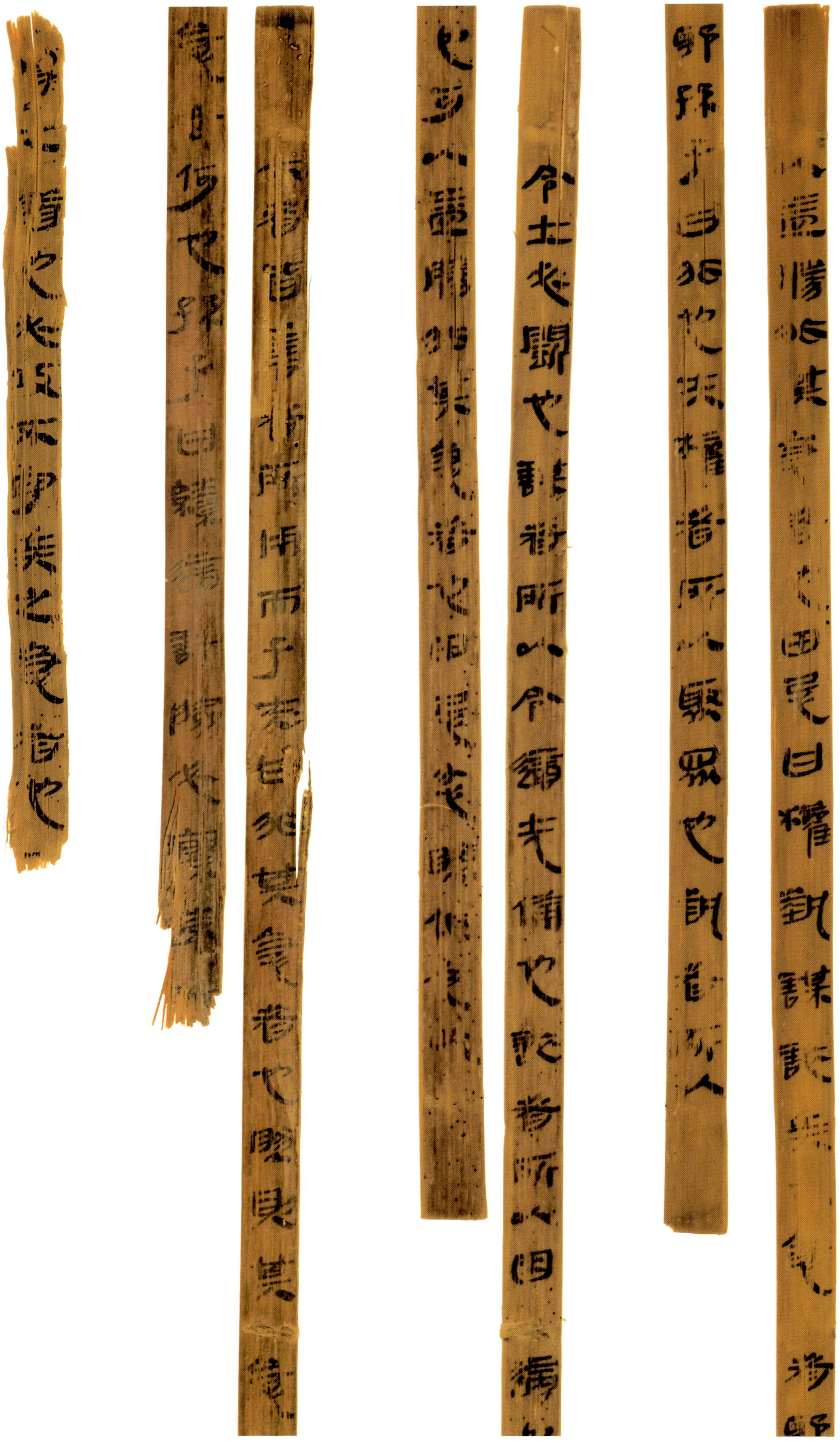

二〇　一九　一八　一七

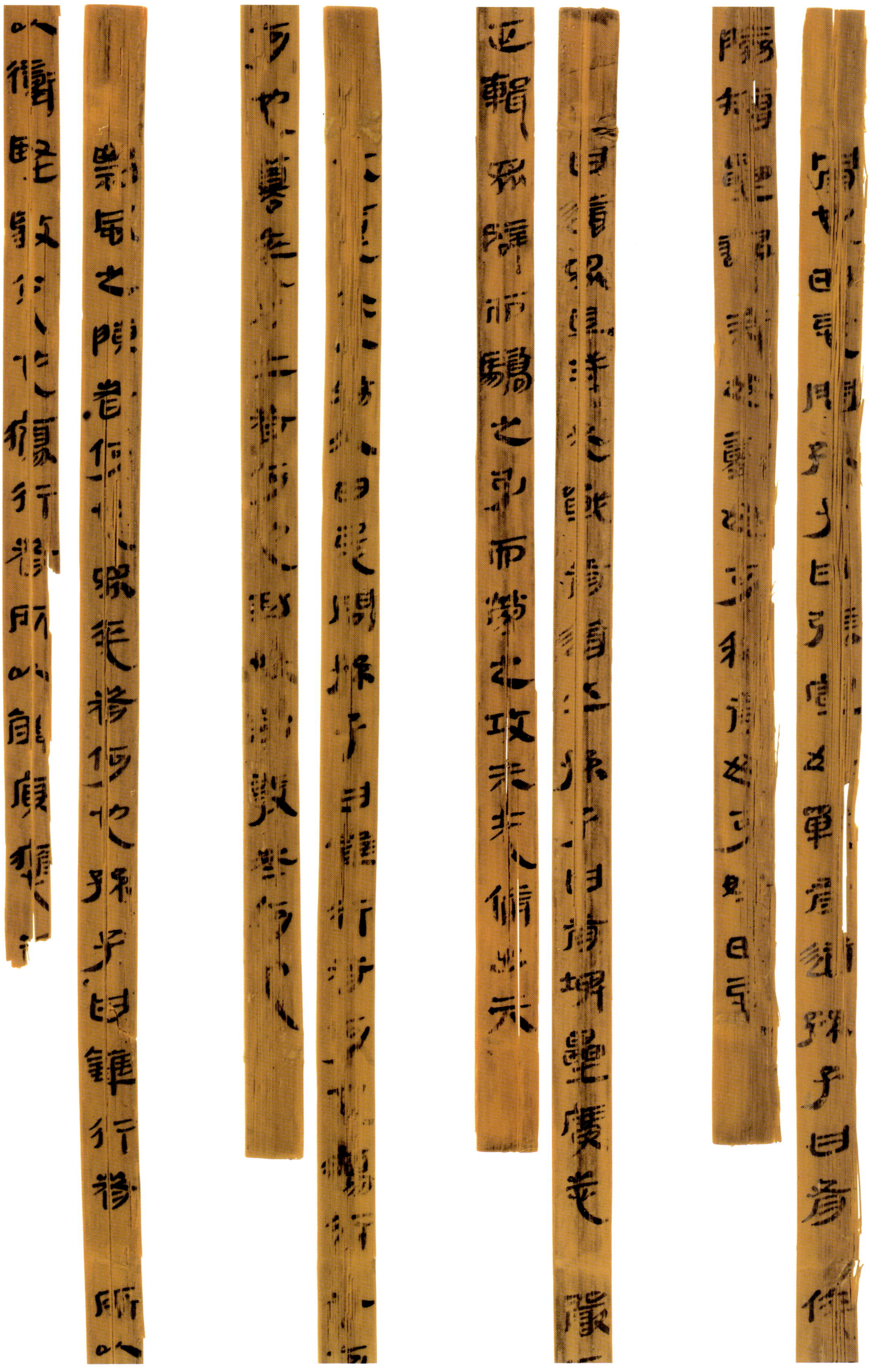

二一　二二　二三　二四

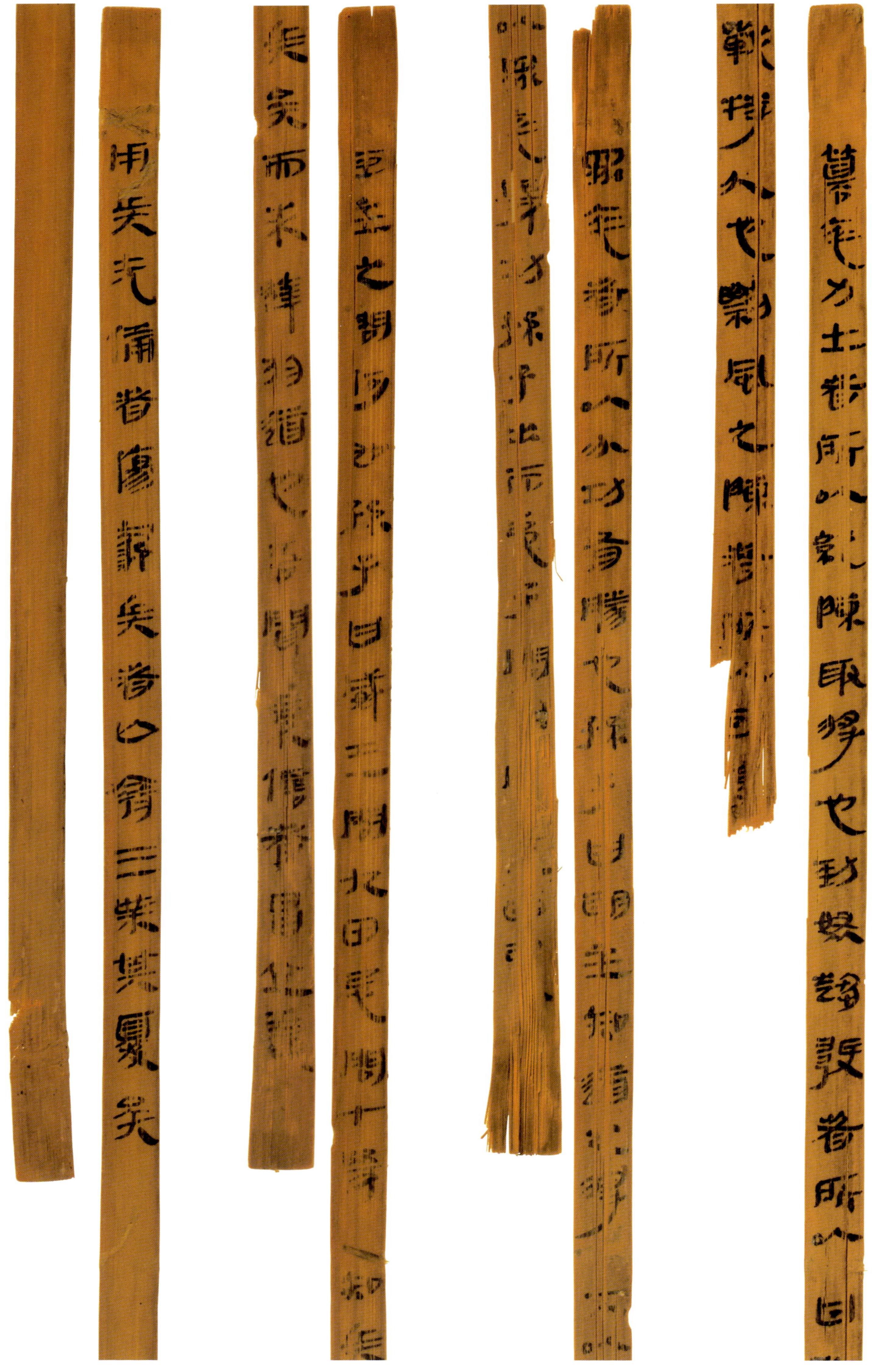

二八　二七　二六　二五

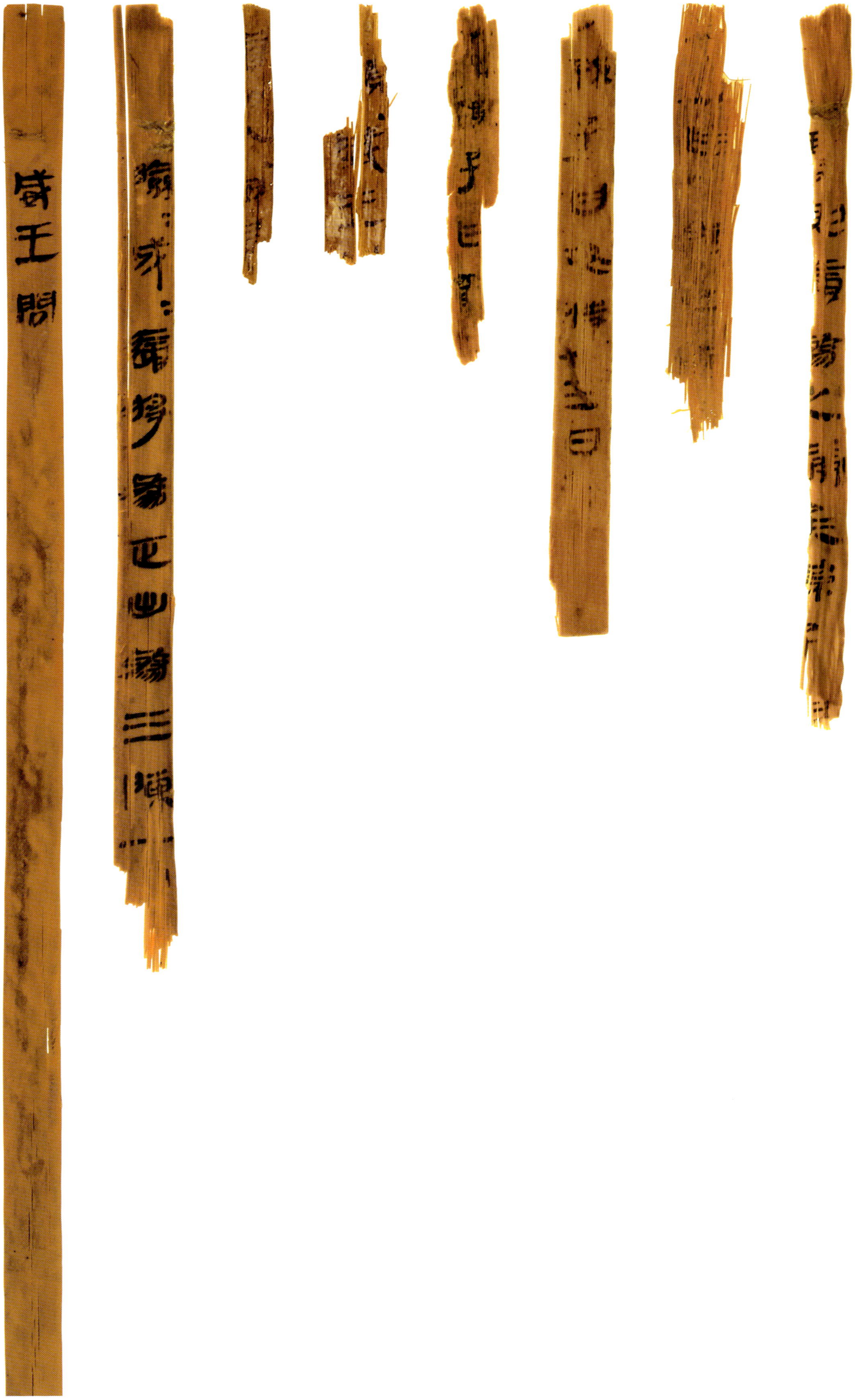

一背　三五　三四　三三　三二　三一　三〇　二九

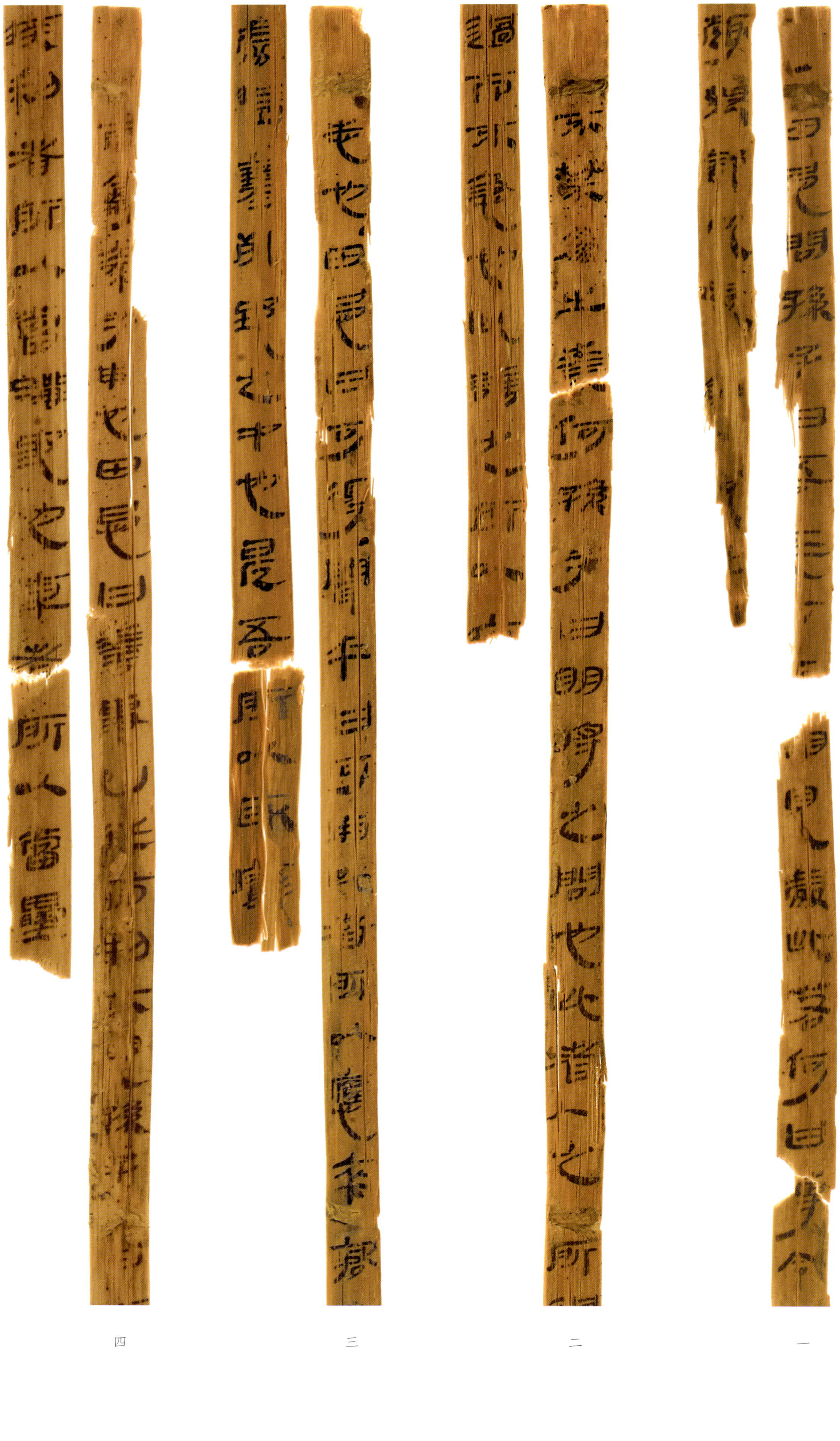

四 三 二 一

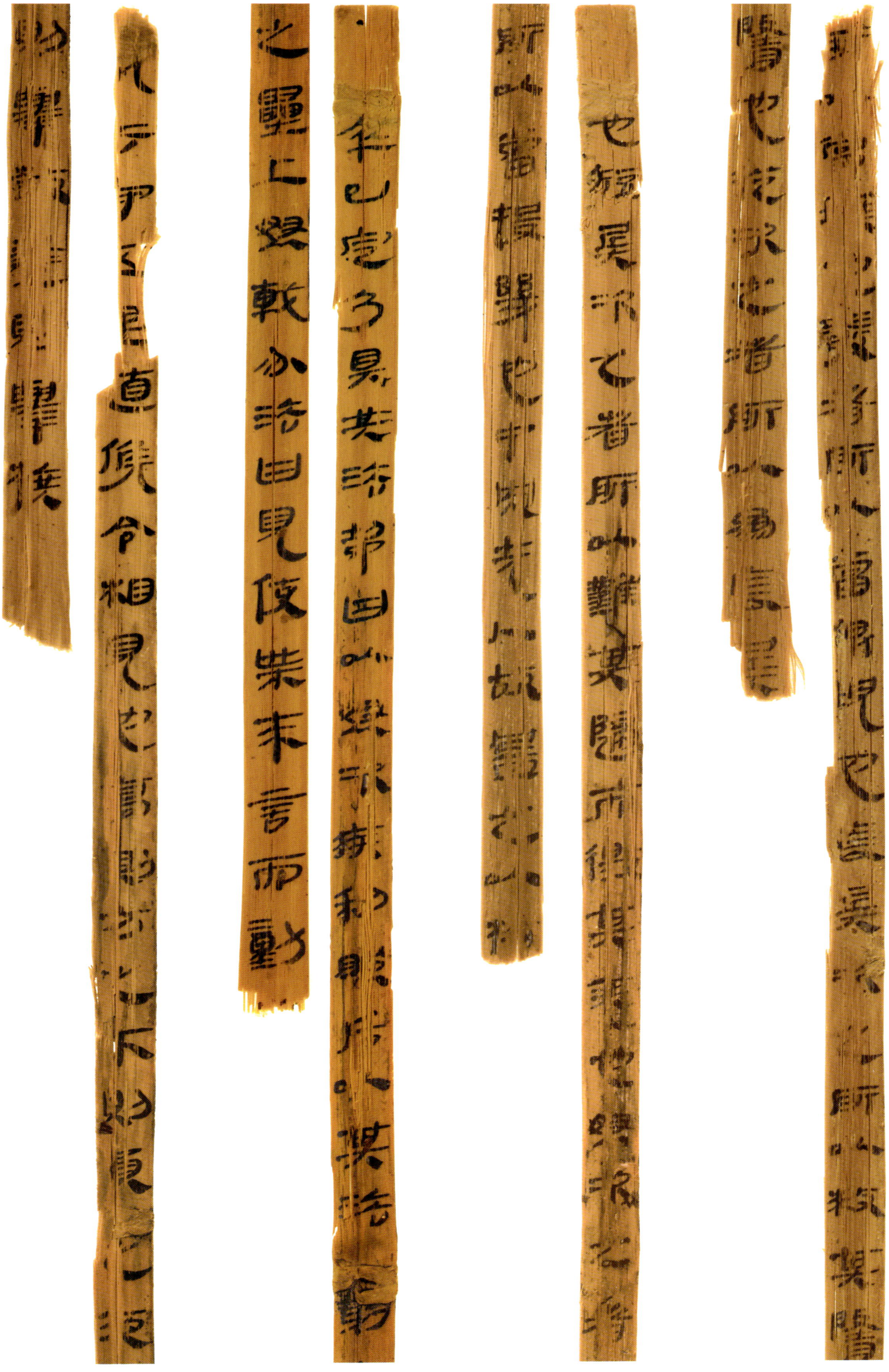

八　七　六　五

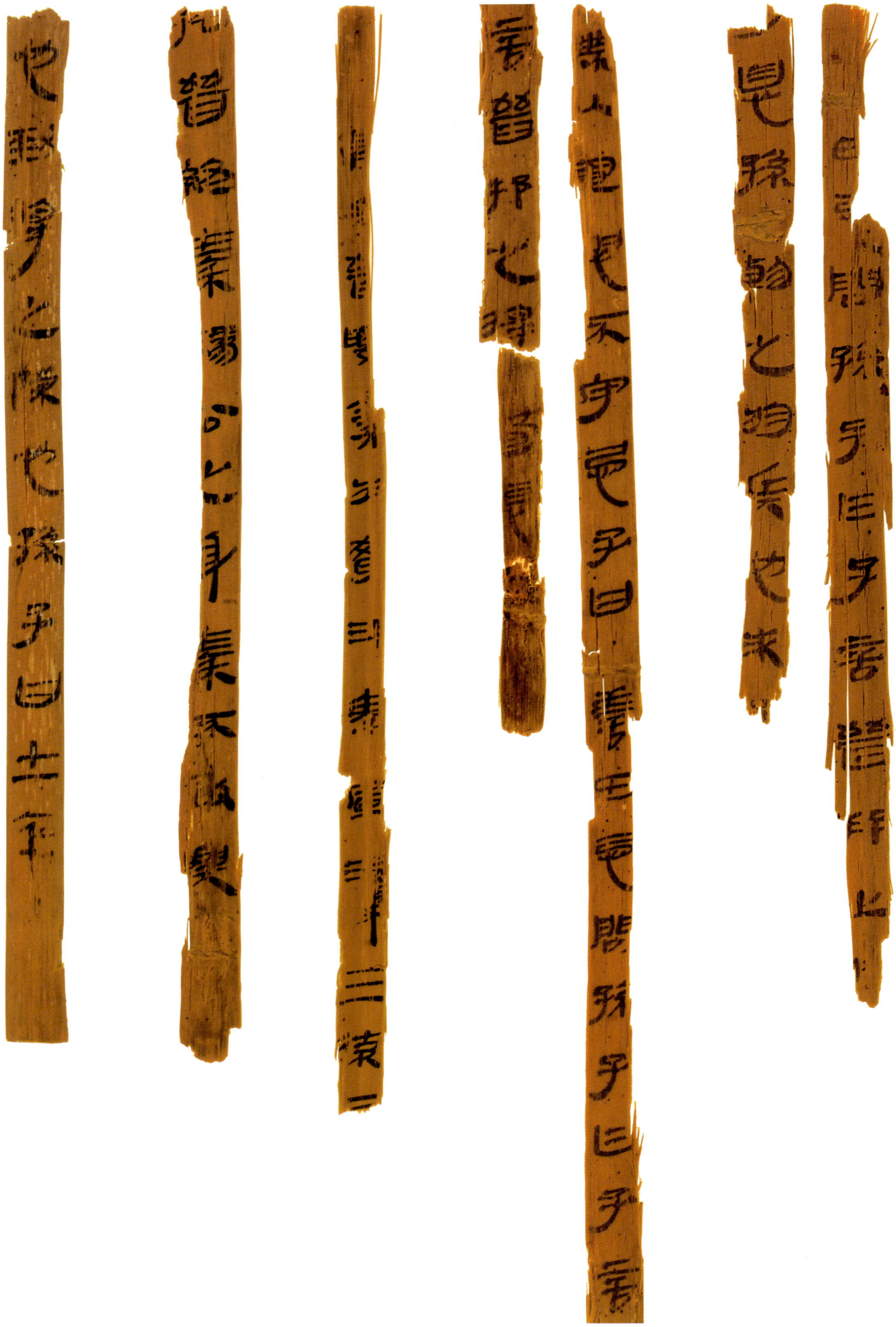

一三　一二　一一　一〇　九

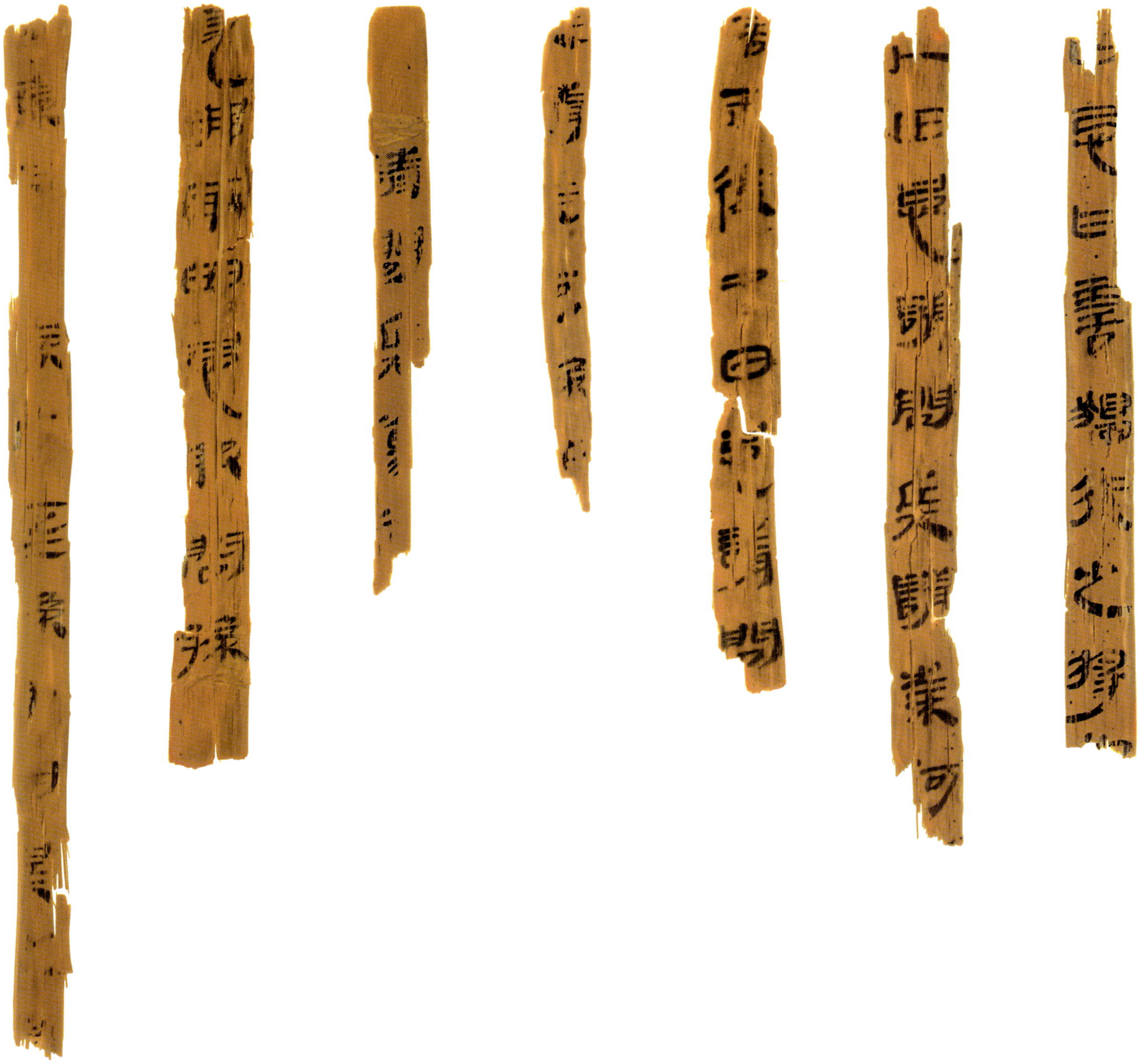

一四　一五　一六　一七　一八　一九　二〇

二六　二五　二四　二三　二二　二一

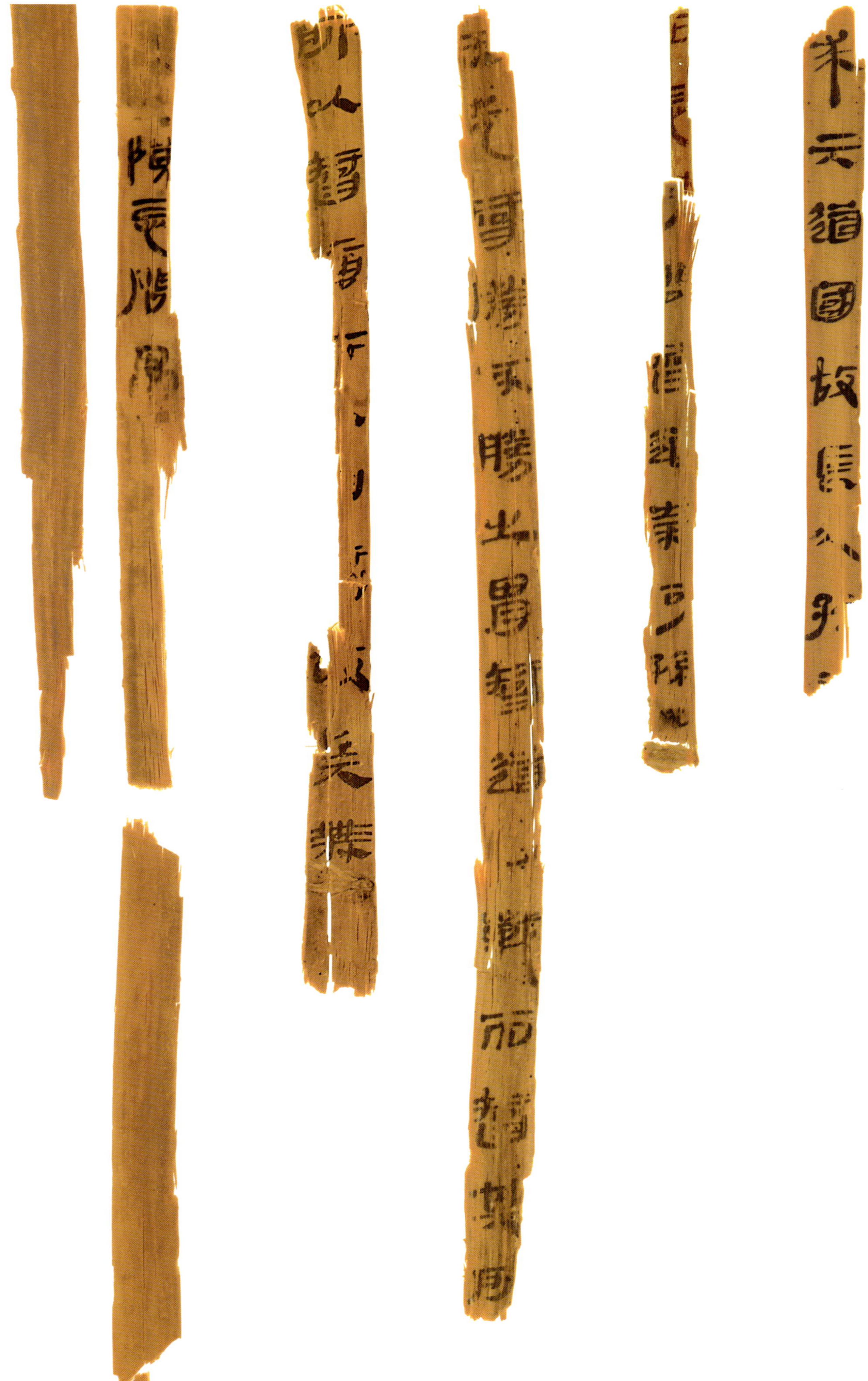

二七　二八　二九　三〇　一背

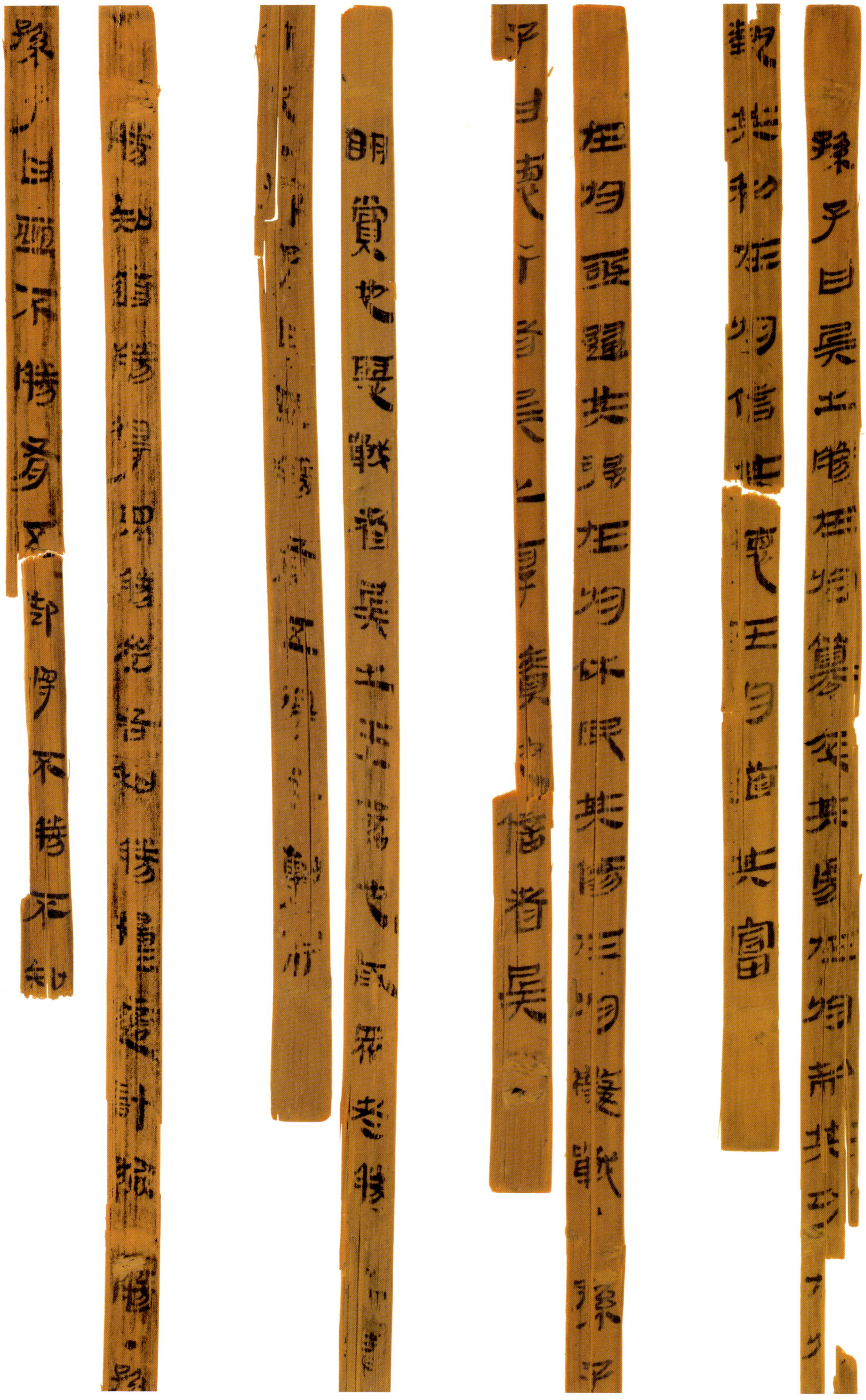

四　三　二　一

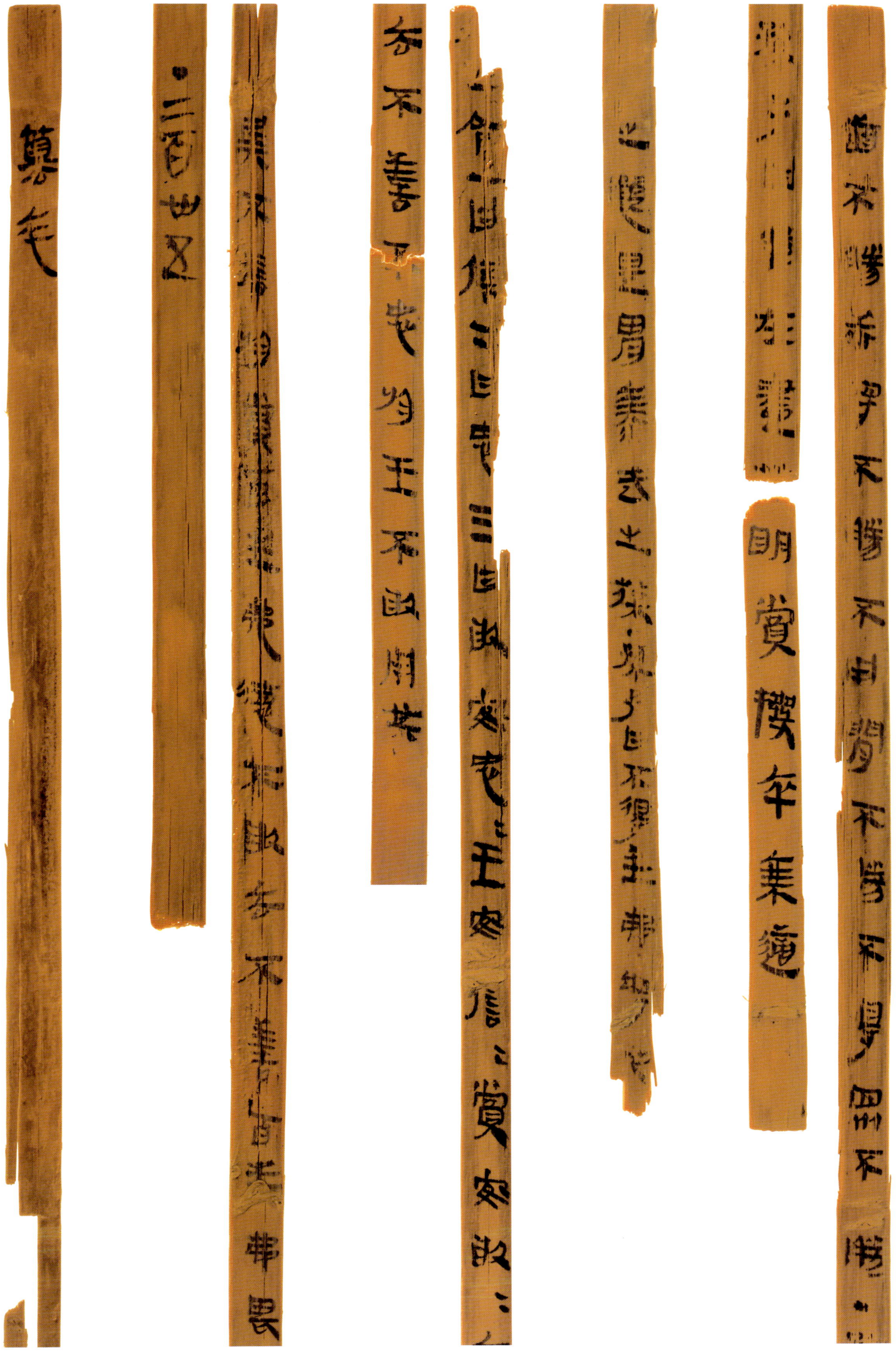

一背　八　七　六　五

四　三　二　一

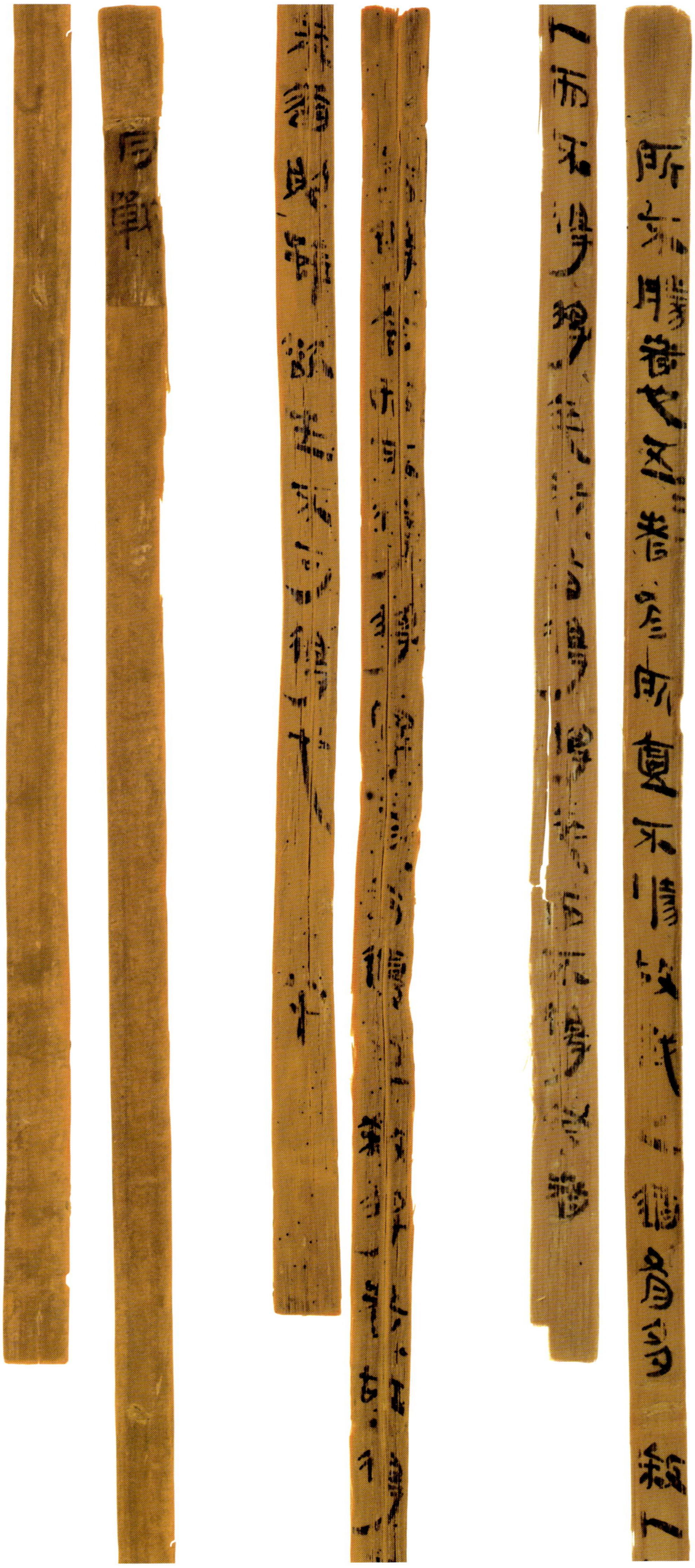

一背　六　五

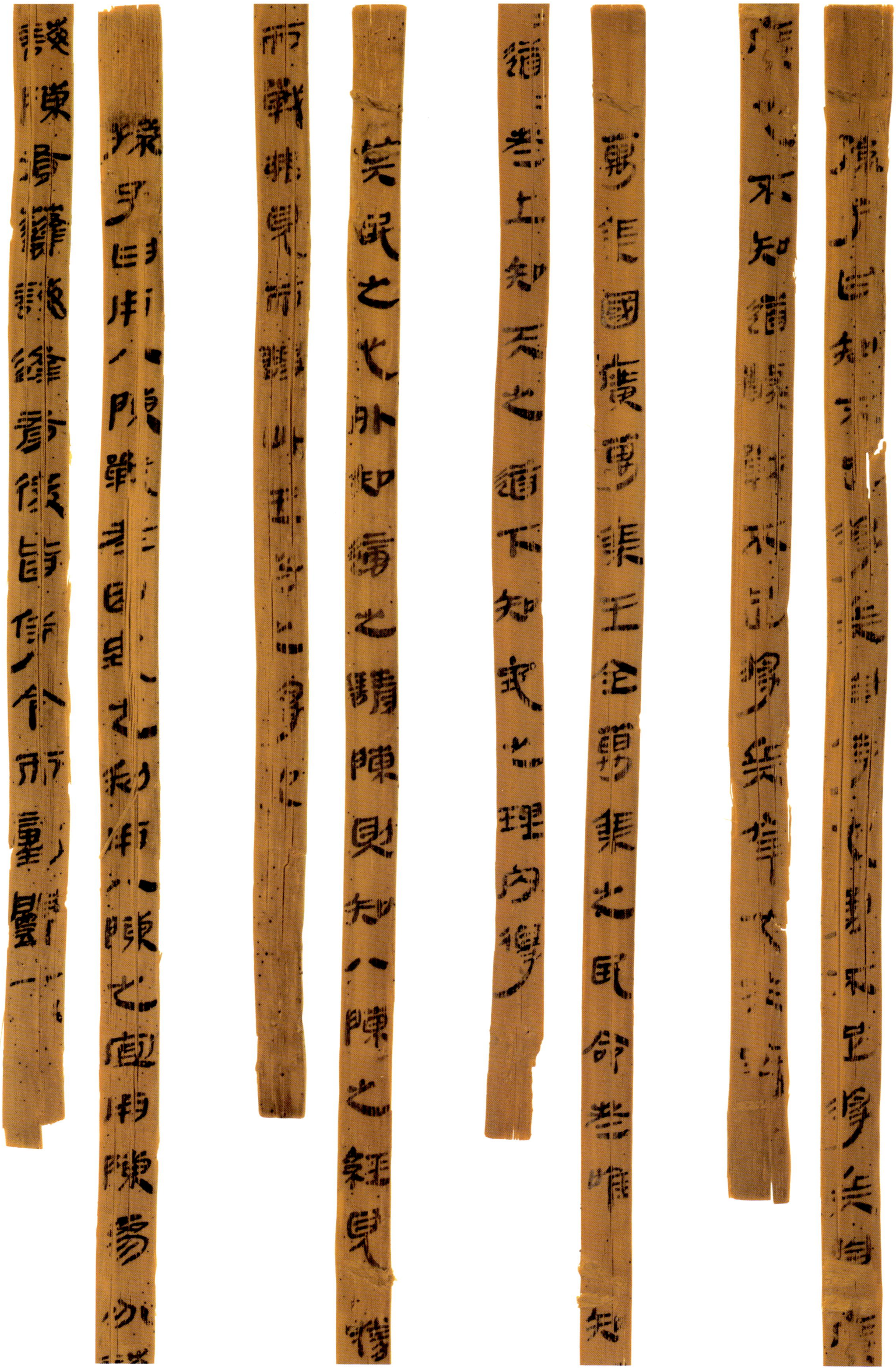

四 三 二 一

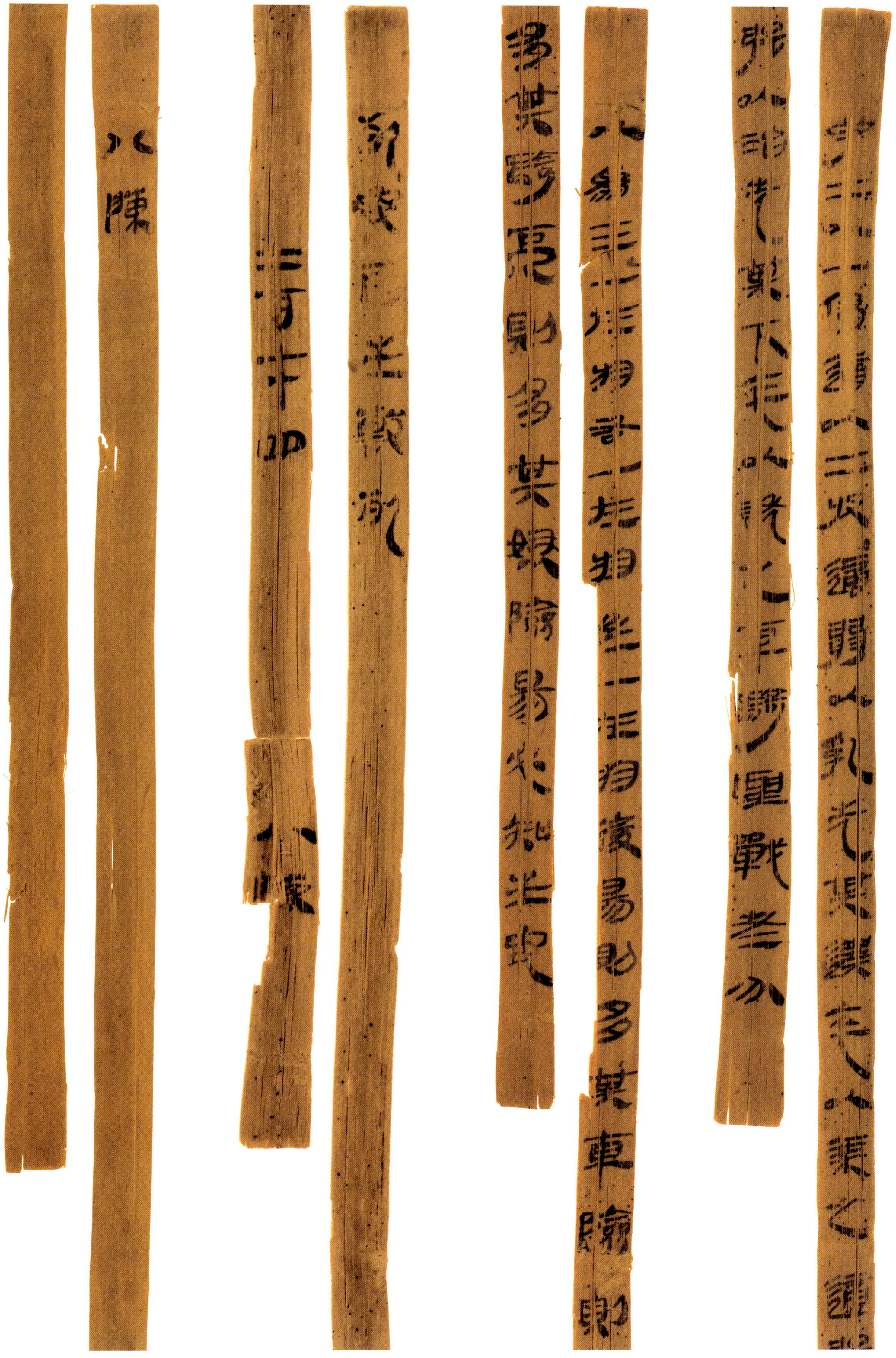

一背　七　六　五

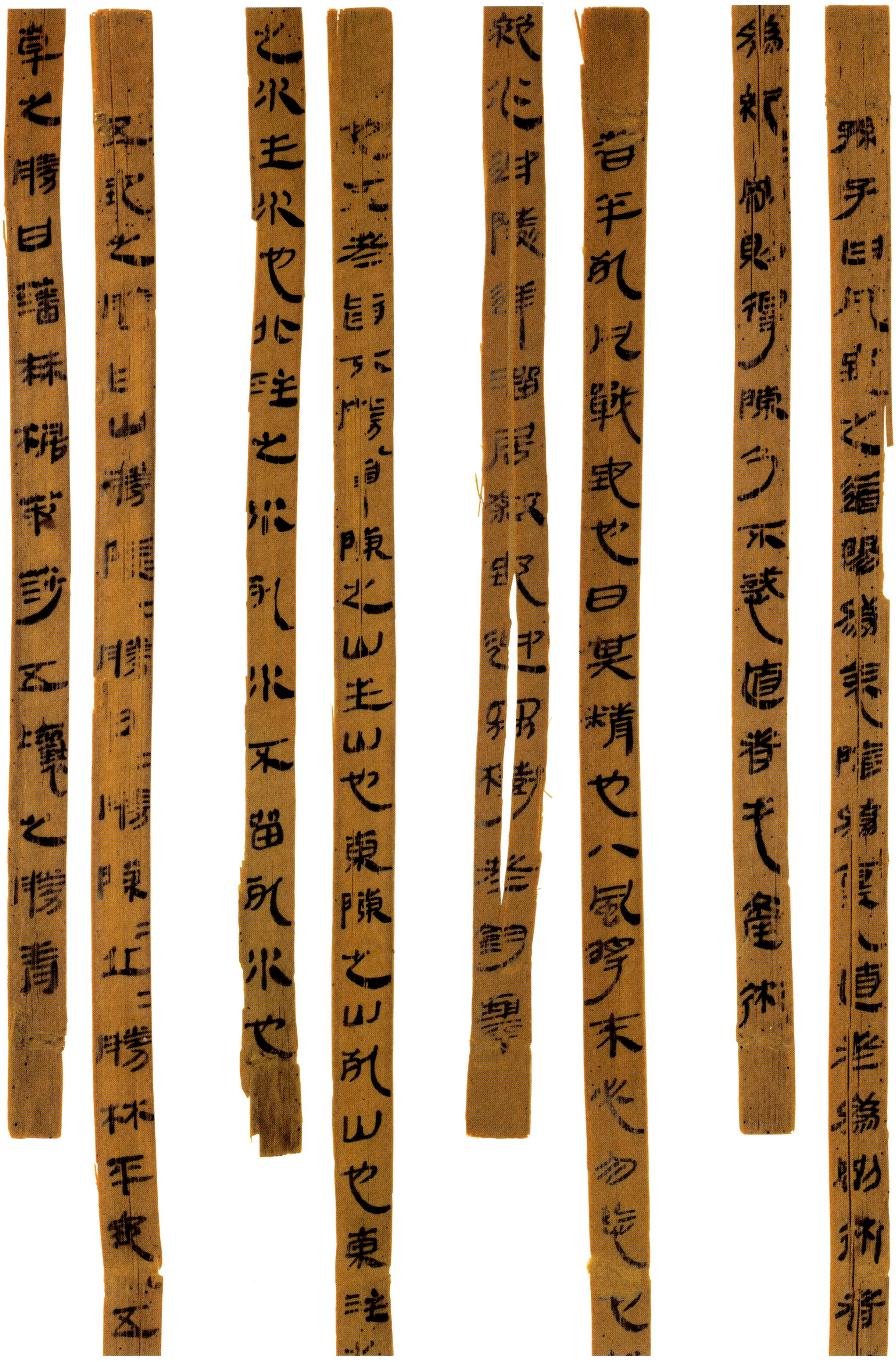

四 三 二 一

五

六

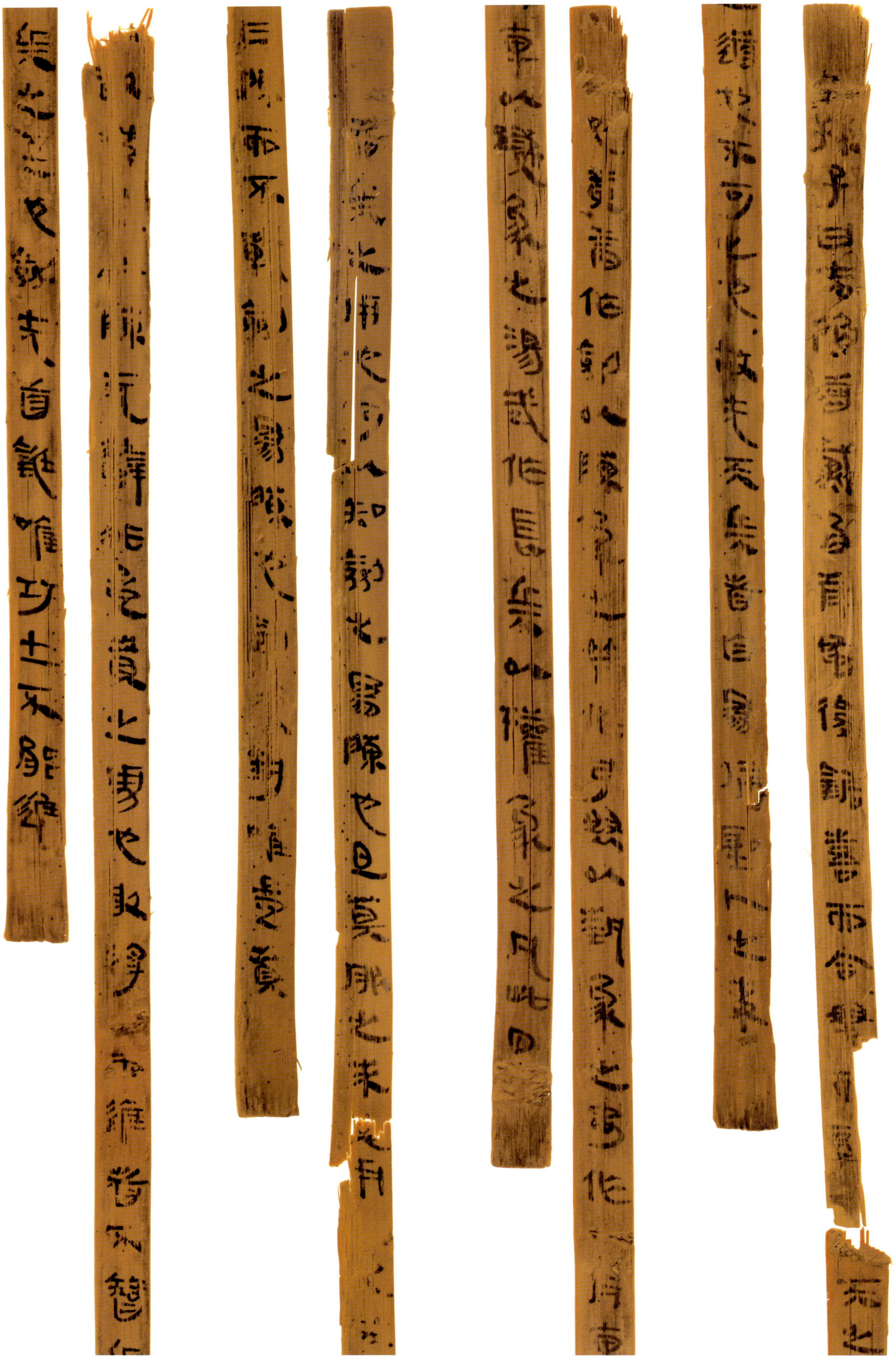

四　三　二　一

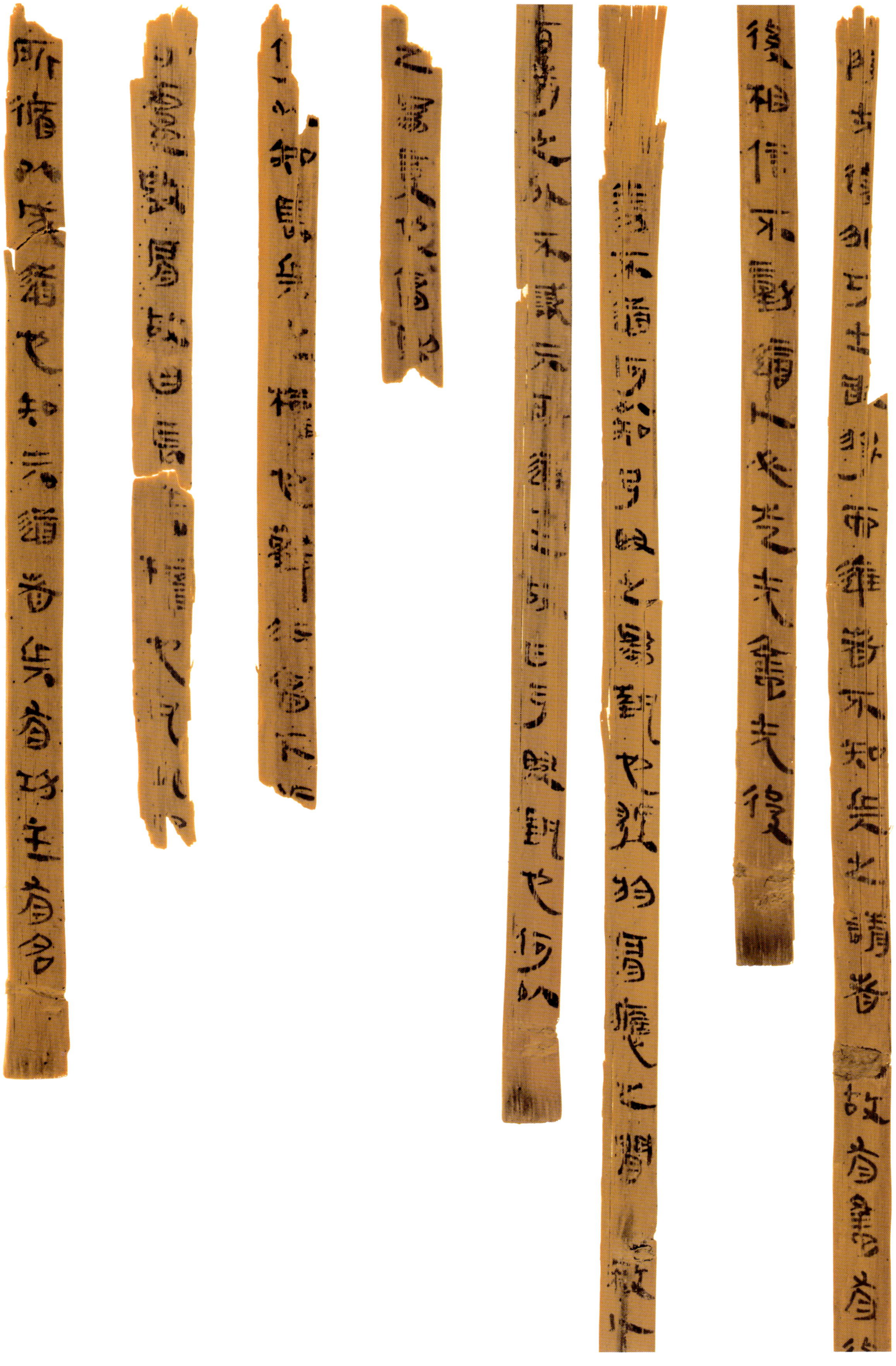

一〇　九　八　七　六　五

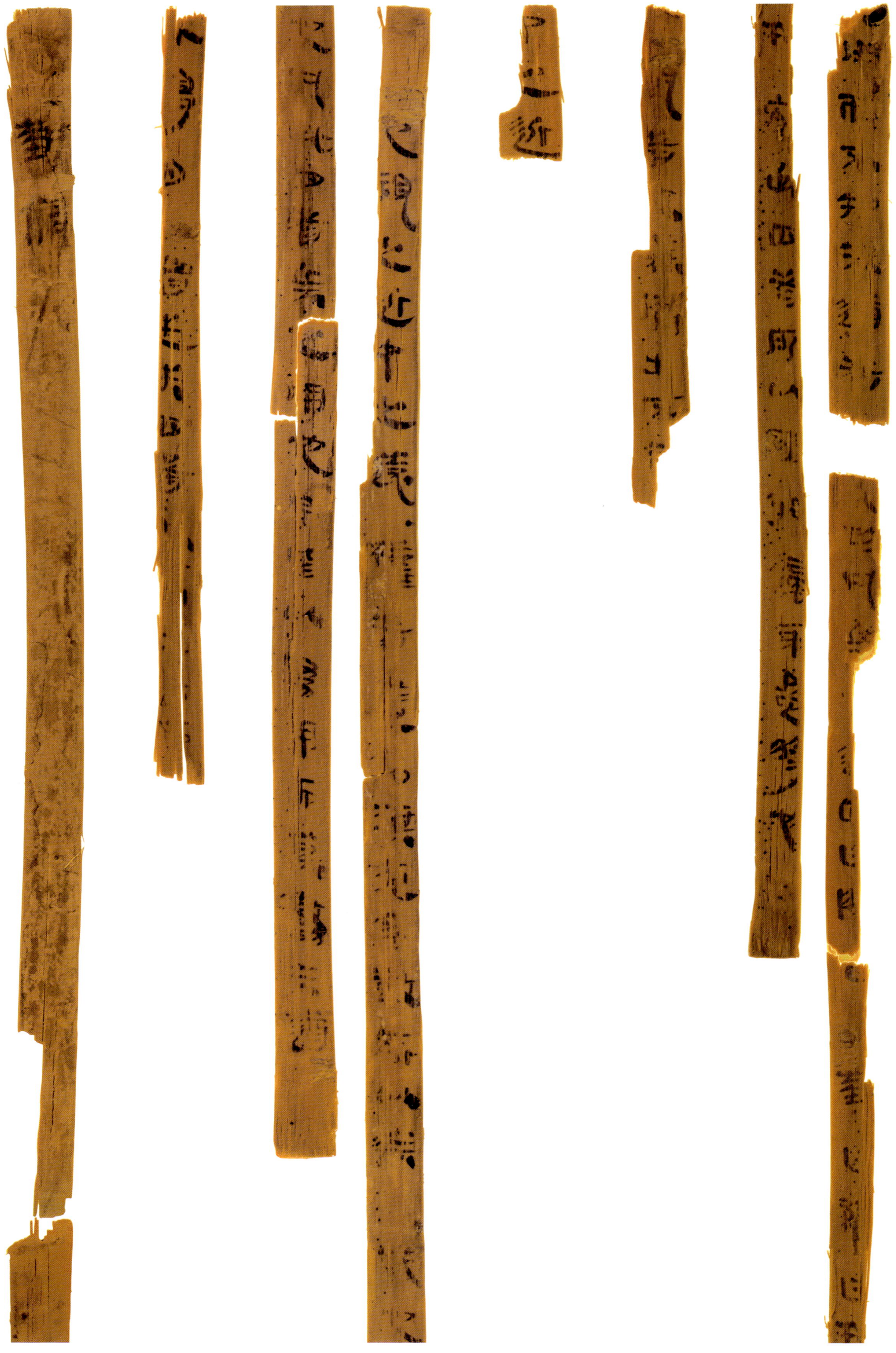

一背　一五　一四　一三　一二　一一

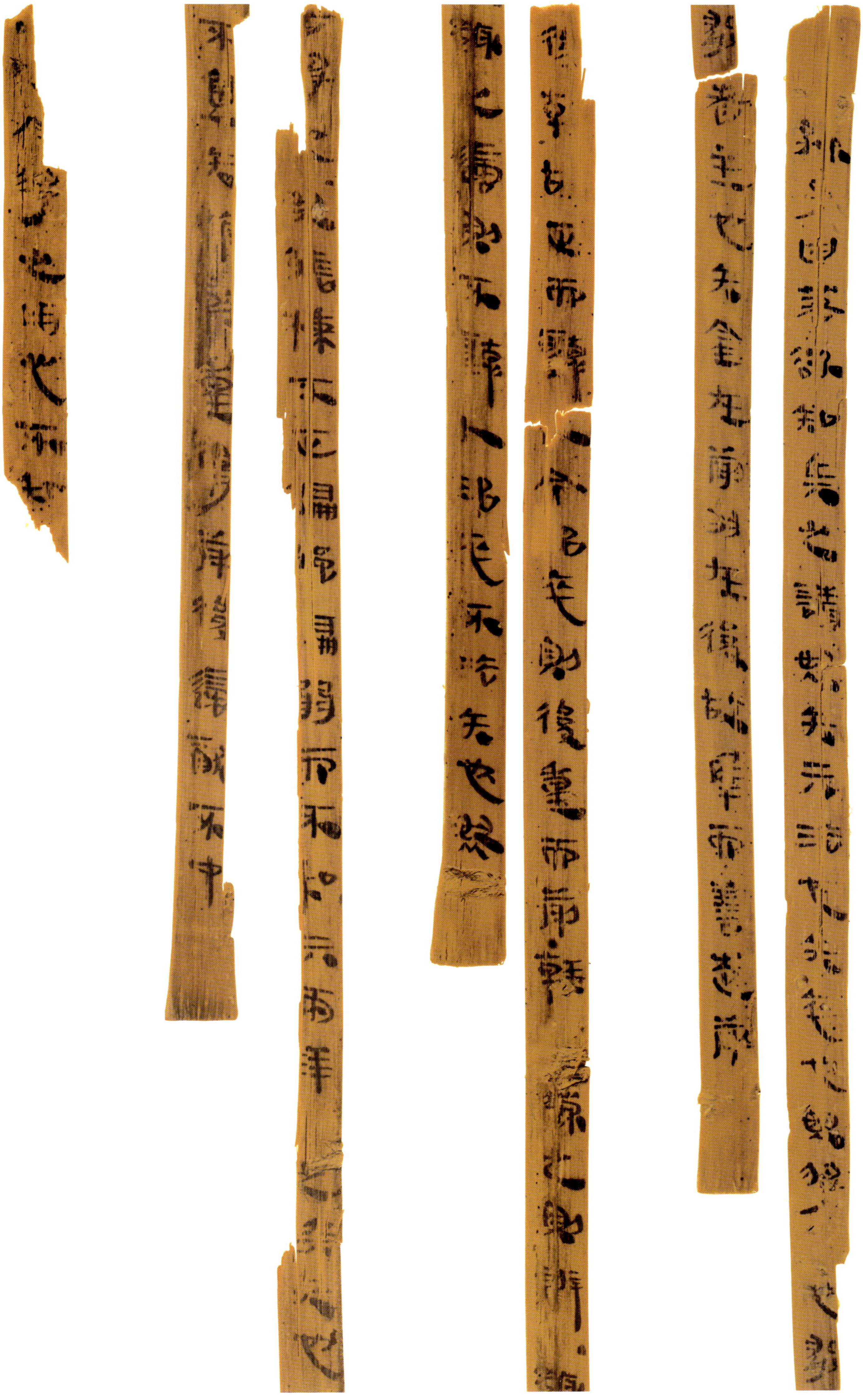

四　三　二　一

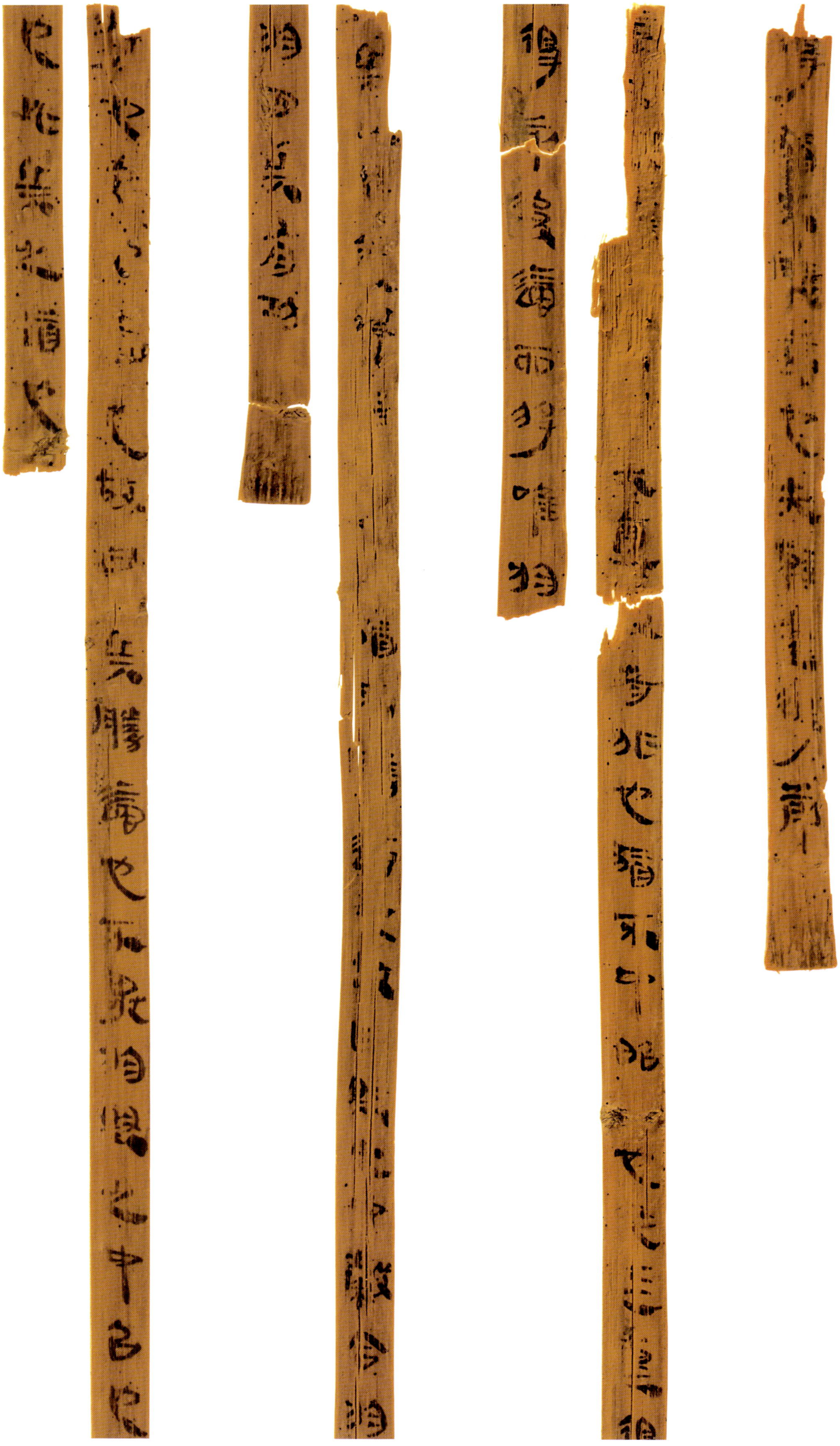

八　　七　　六　　五

四　三　二　一

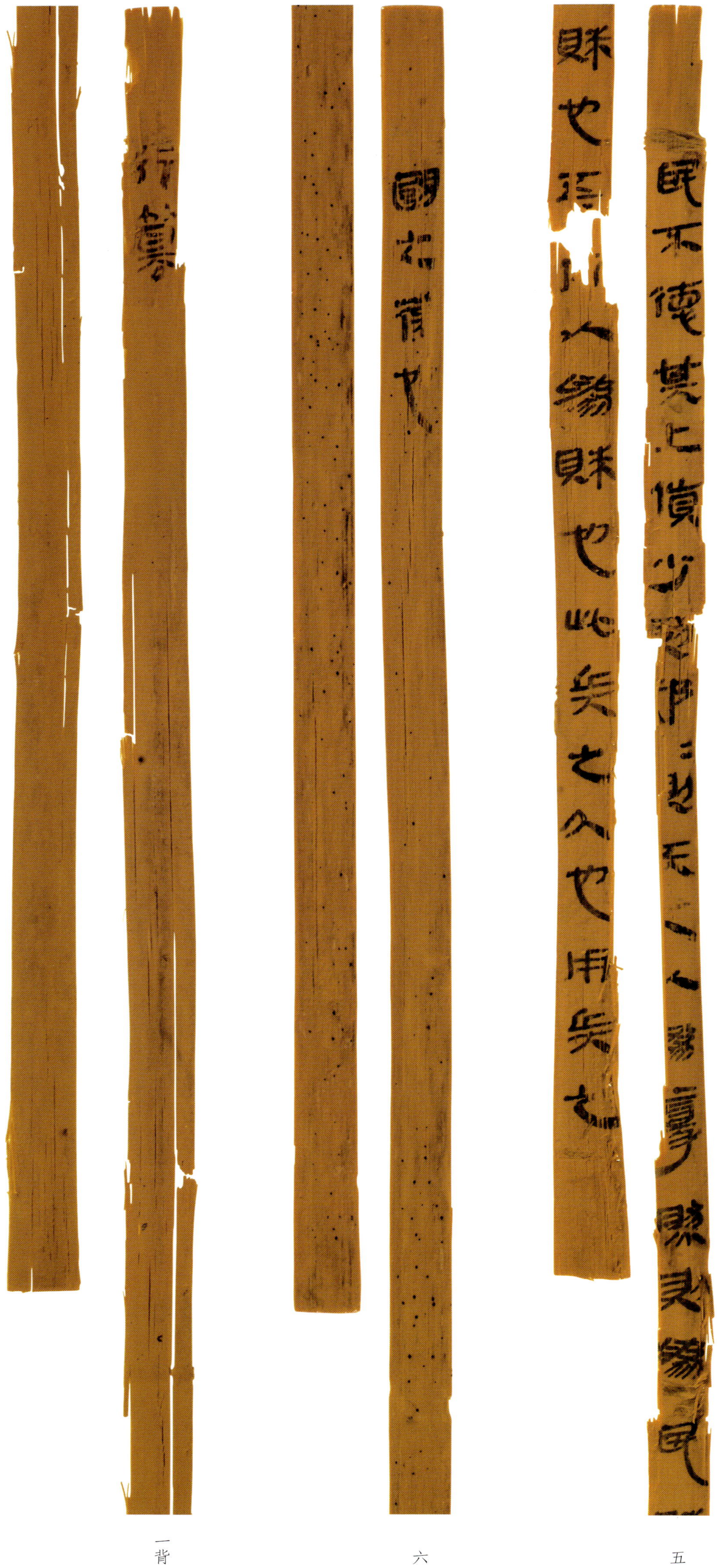

一背　六　五

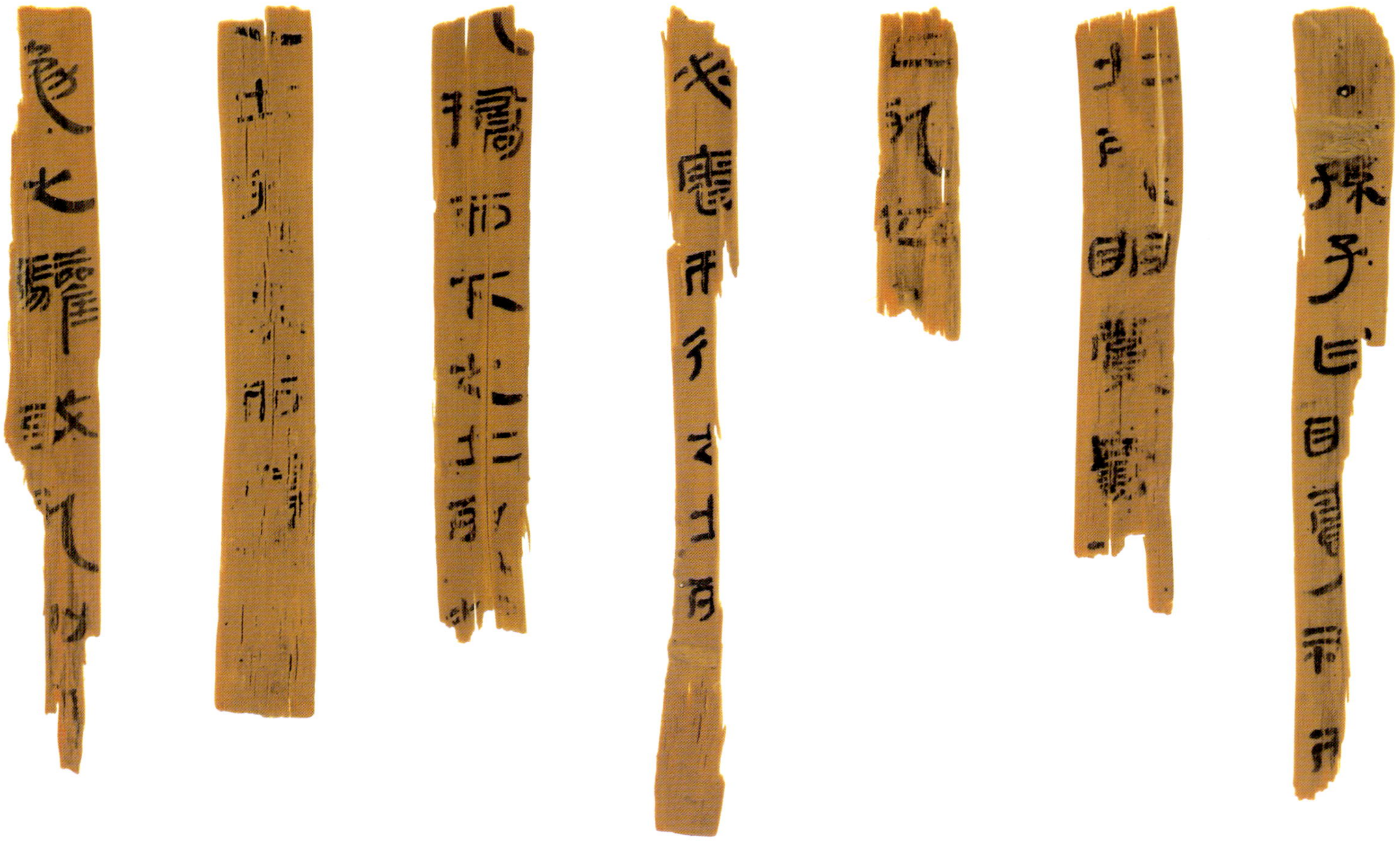

七　六　五　四　三　二　一

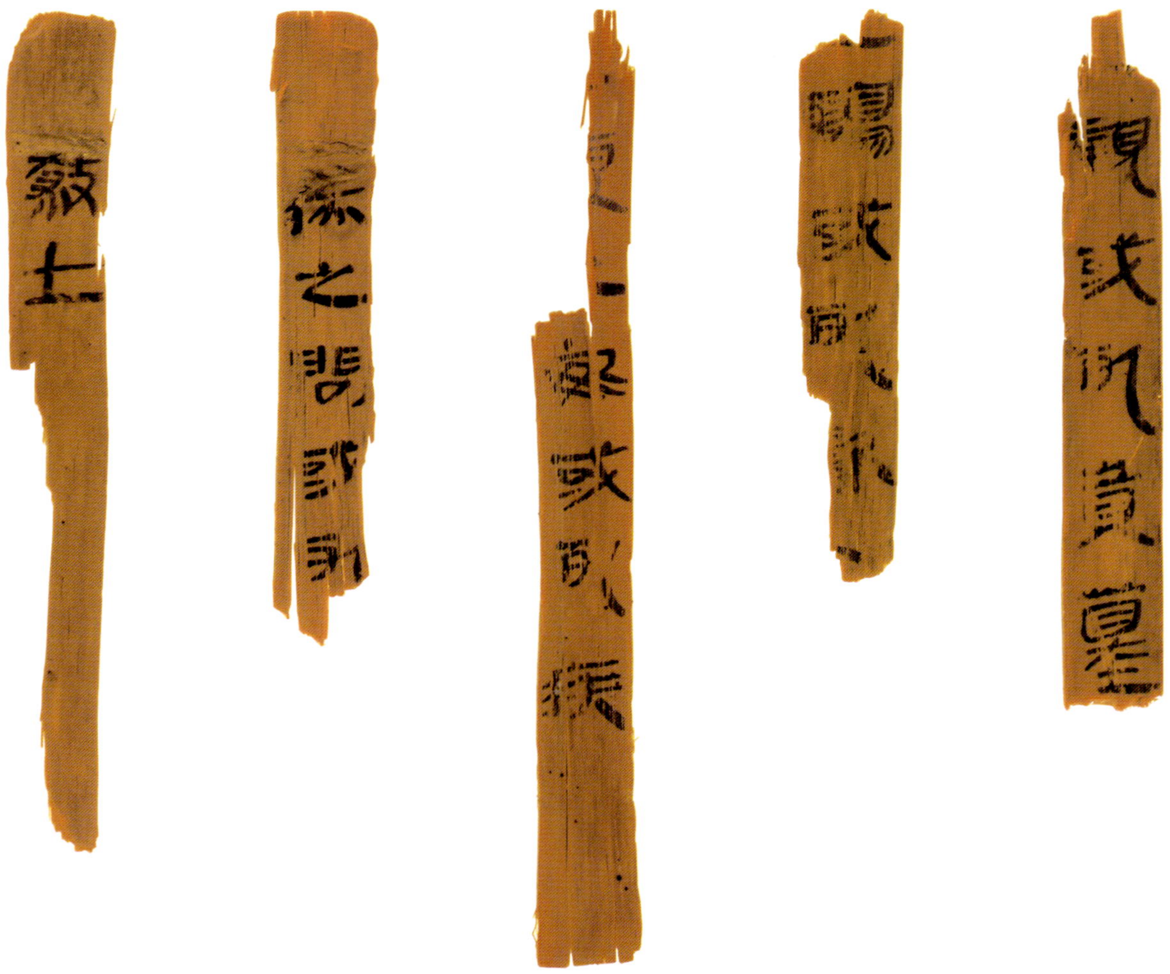

八　九　一〇　一一　一背

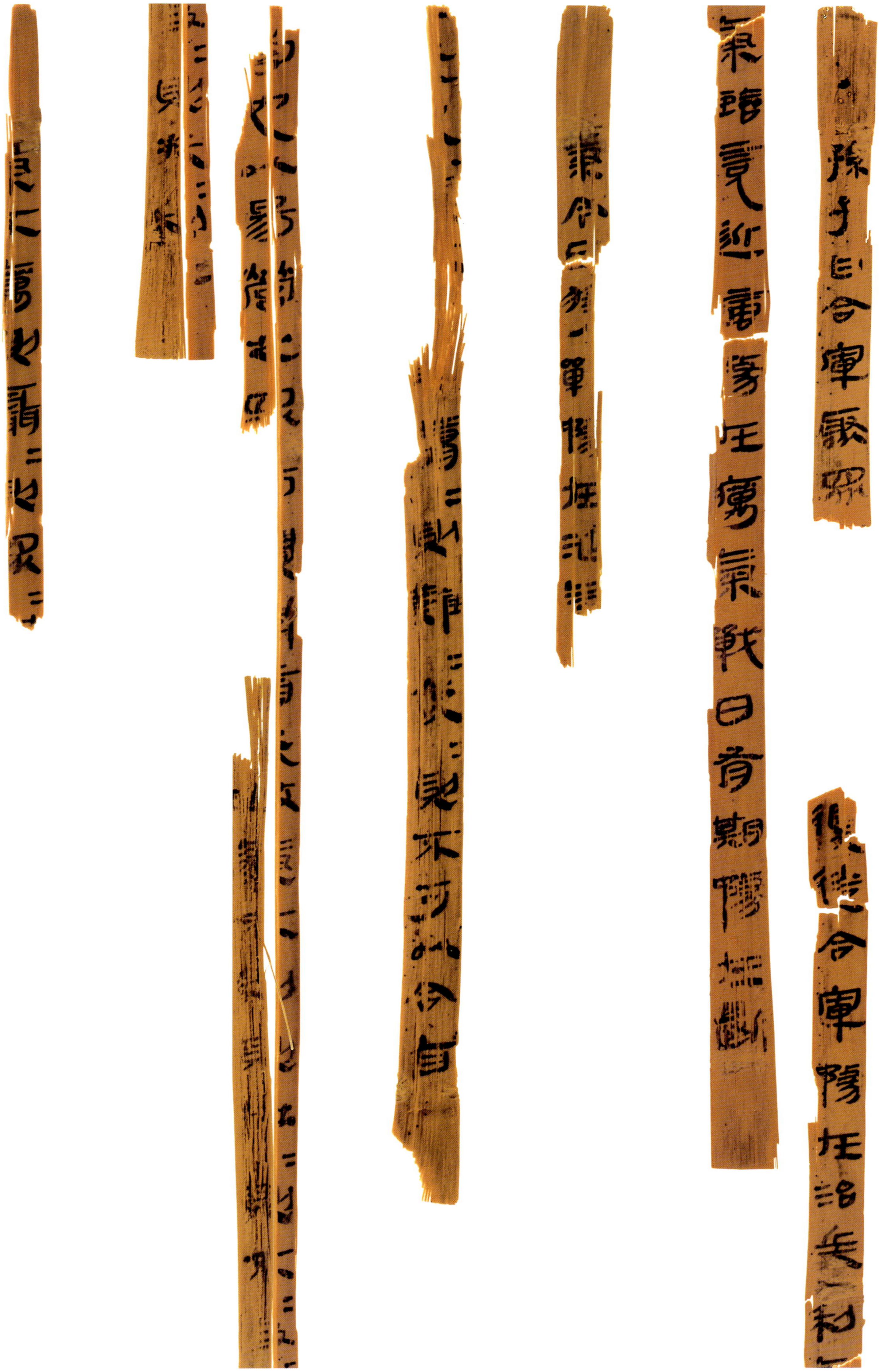

五　四　三　二　一

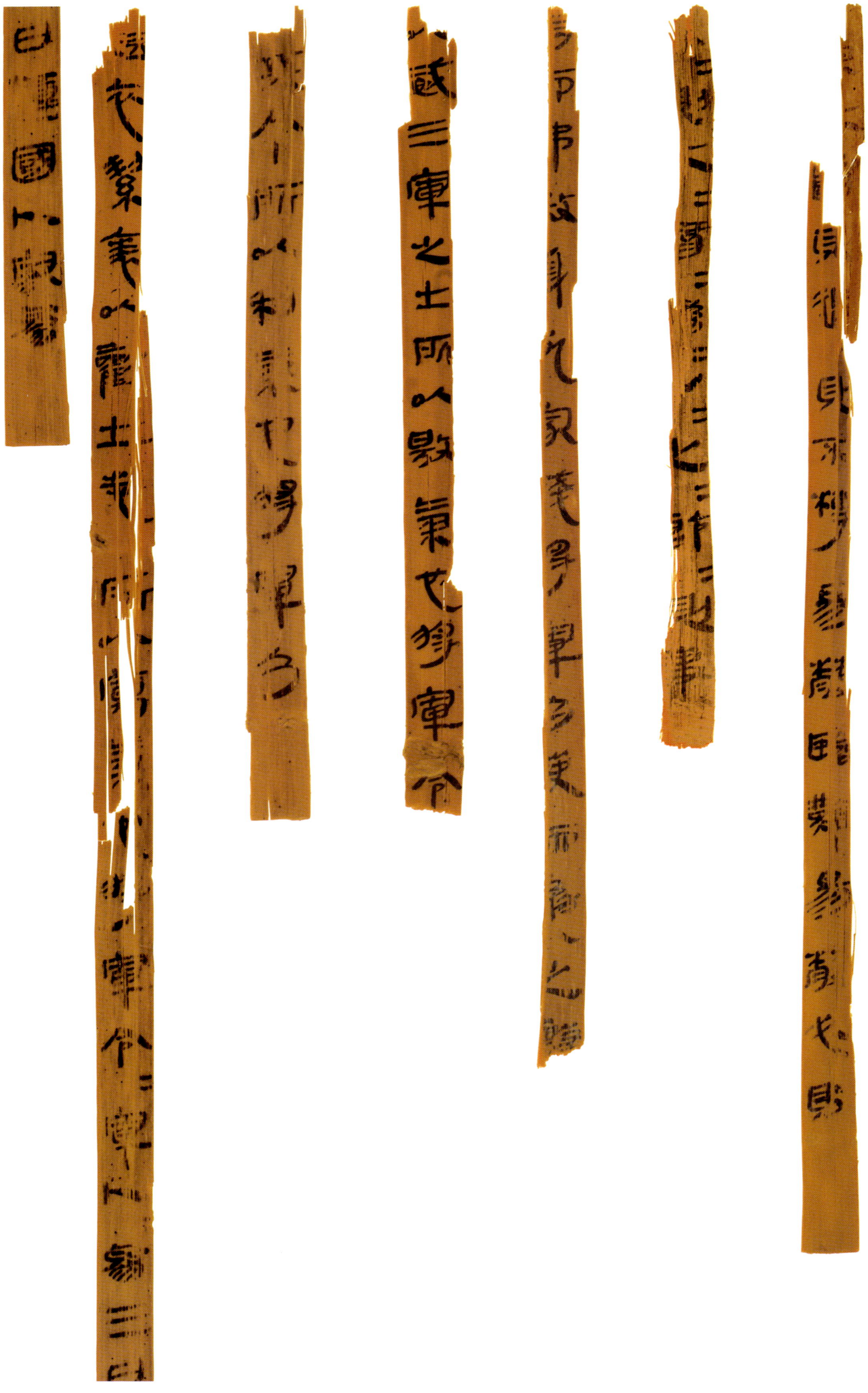

一一　一〇　九　八　七　六

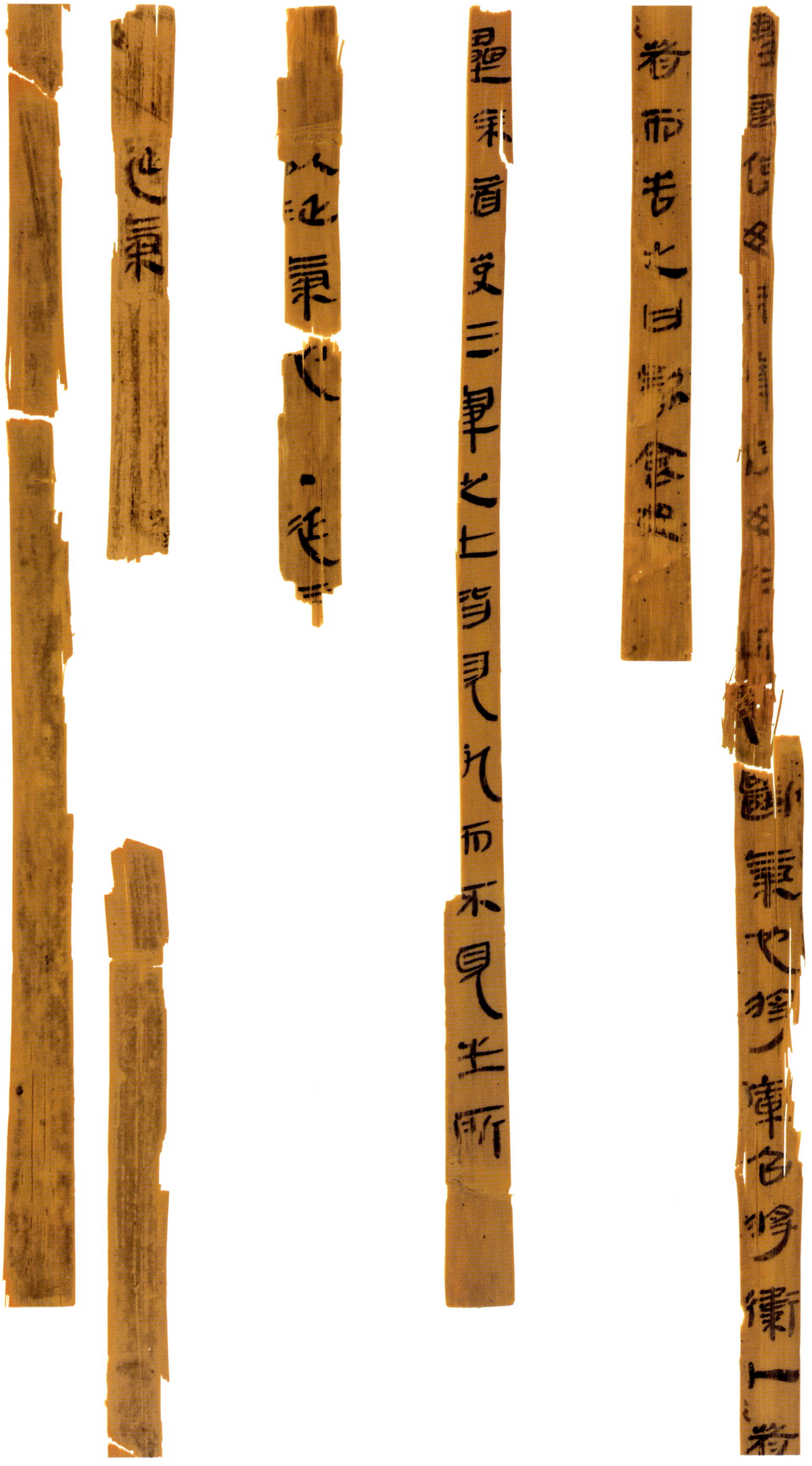

一背　一四　一三　一二

四　三　二　一

八　七　六　五

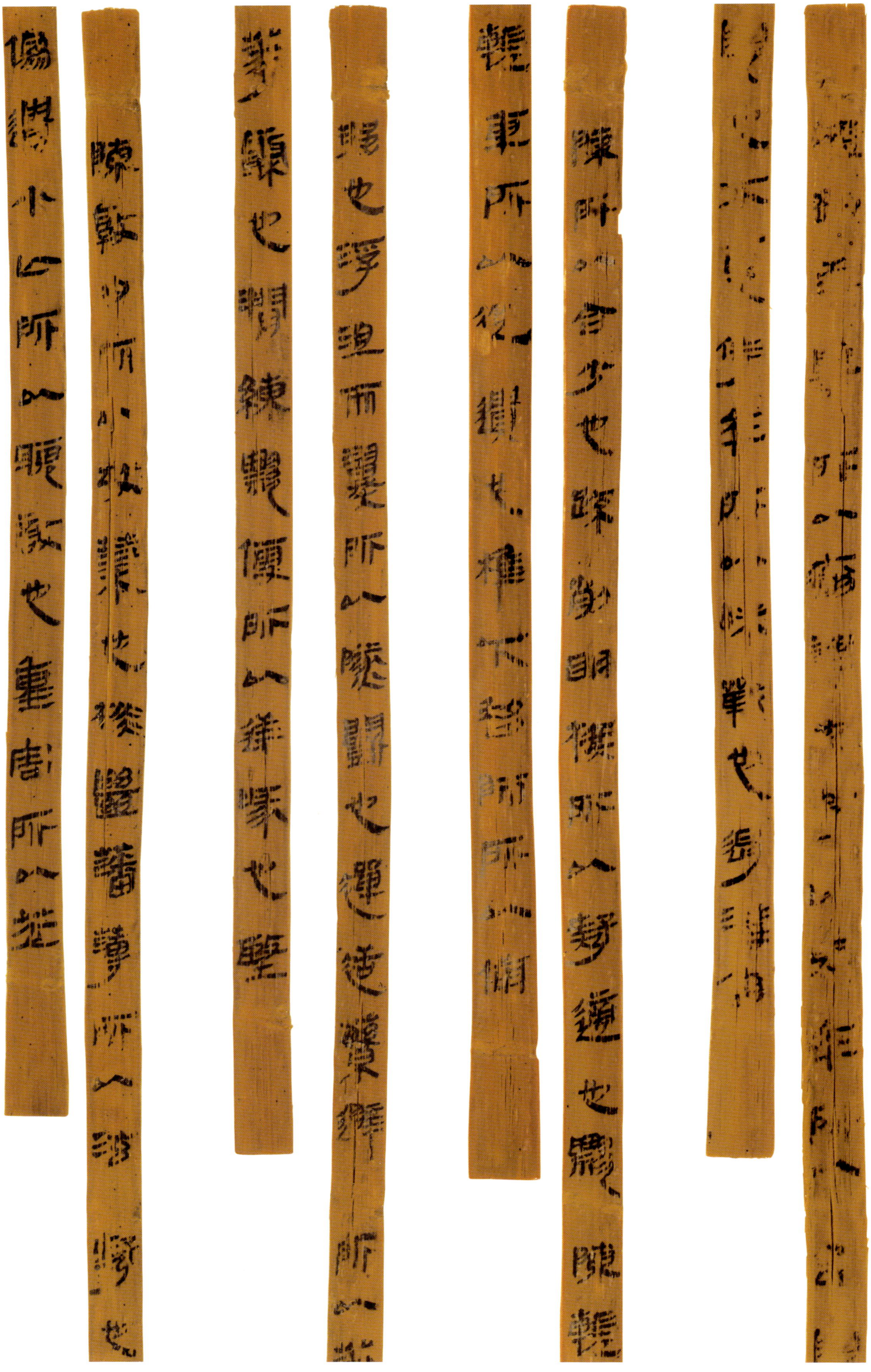

一二　一一　一〇　九

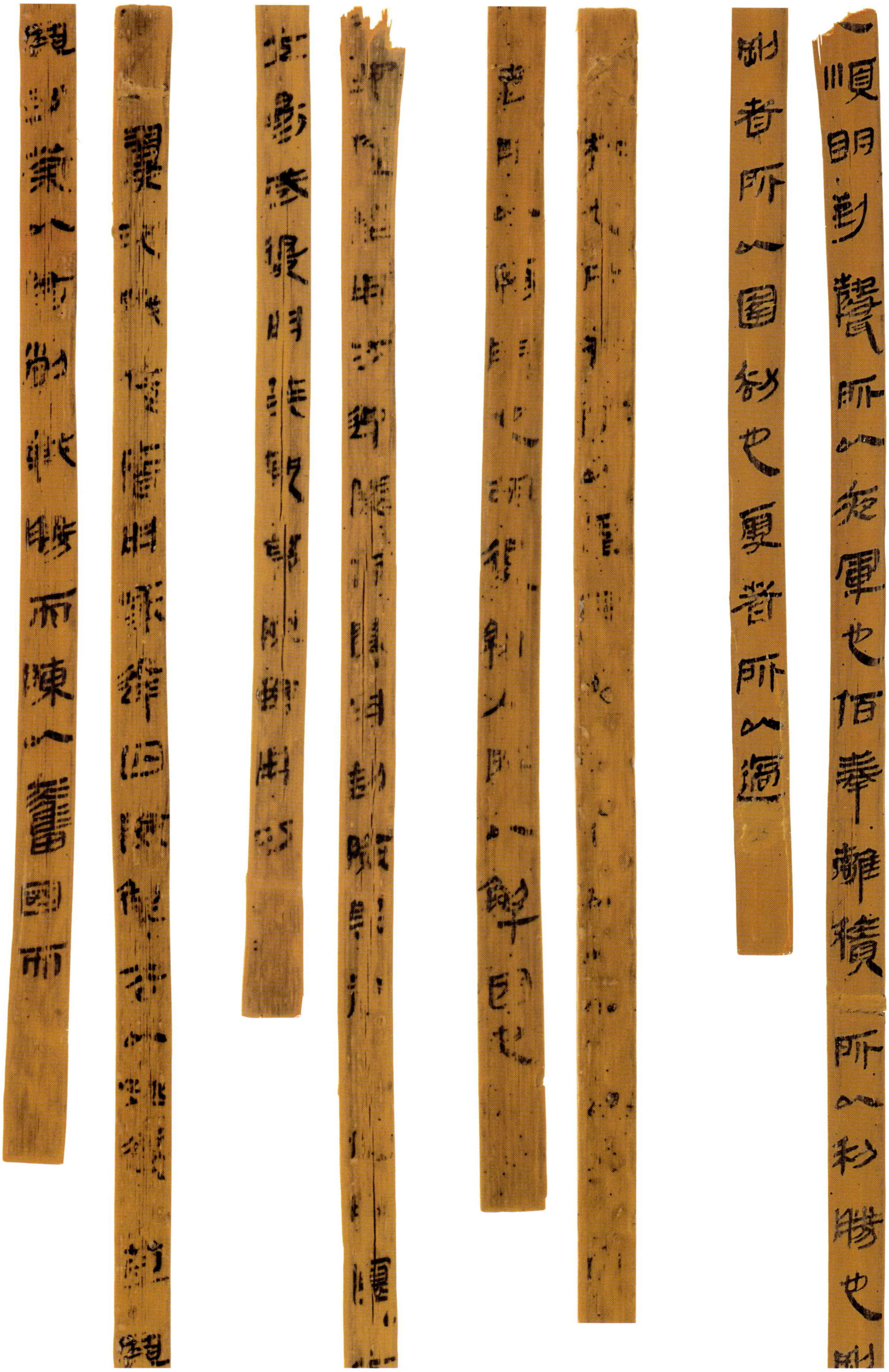

一六　一五　一四　一三

一七　一八　一九　二〇　二一　二二　二三

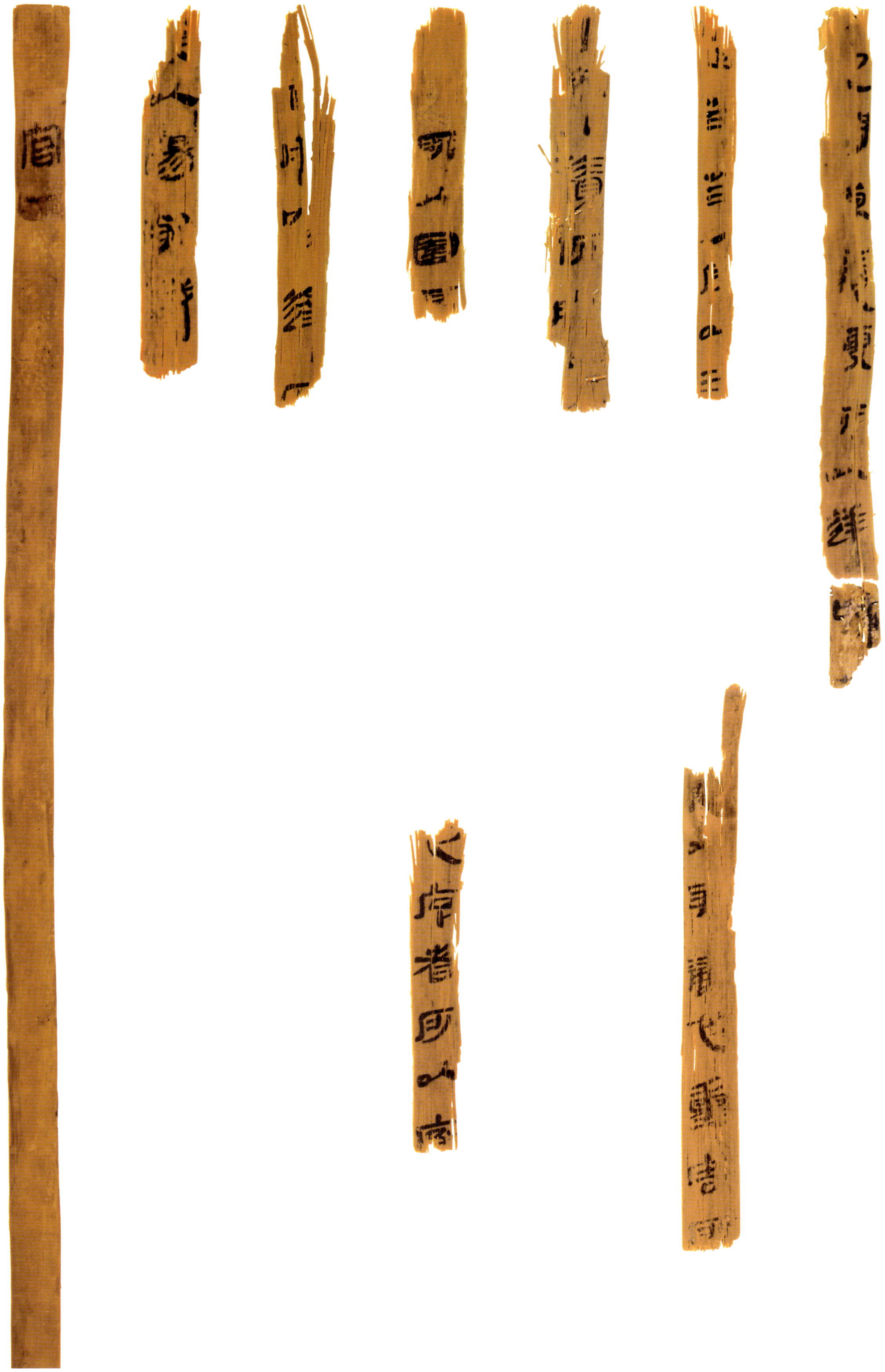

一背　二九　二八　二七　二六　二五　二四

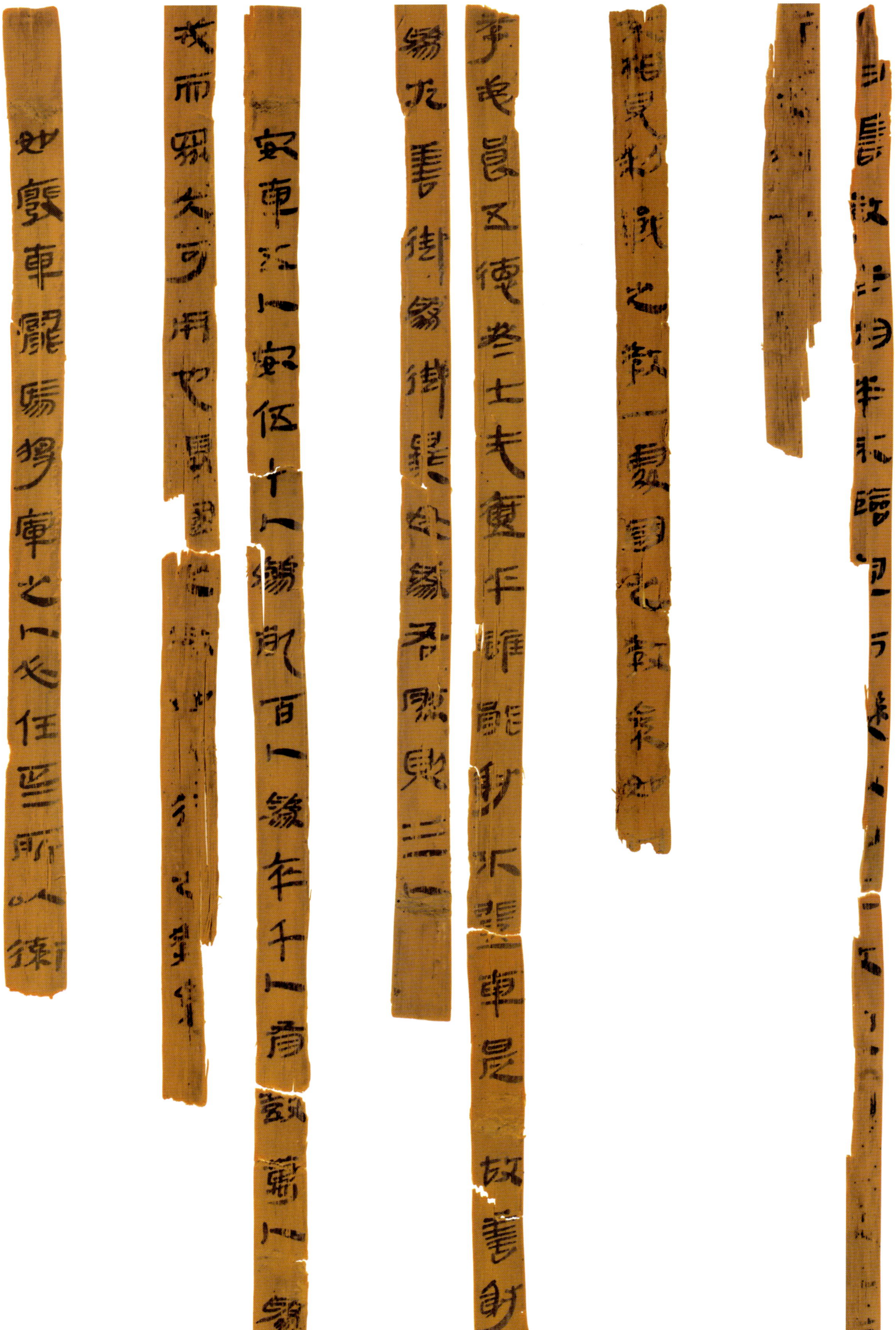

五　四　三　二　一

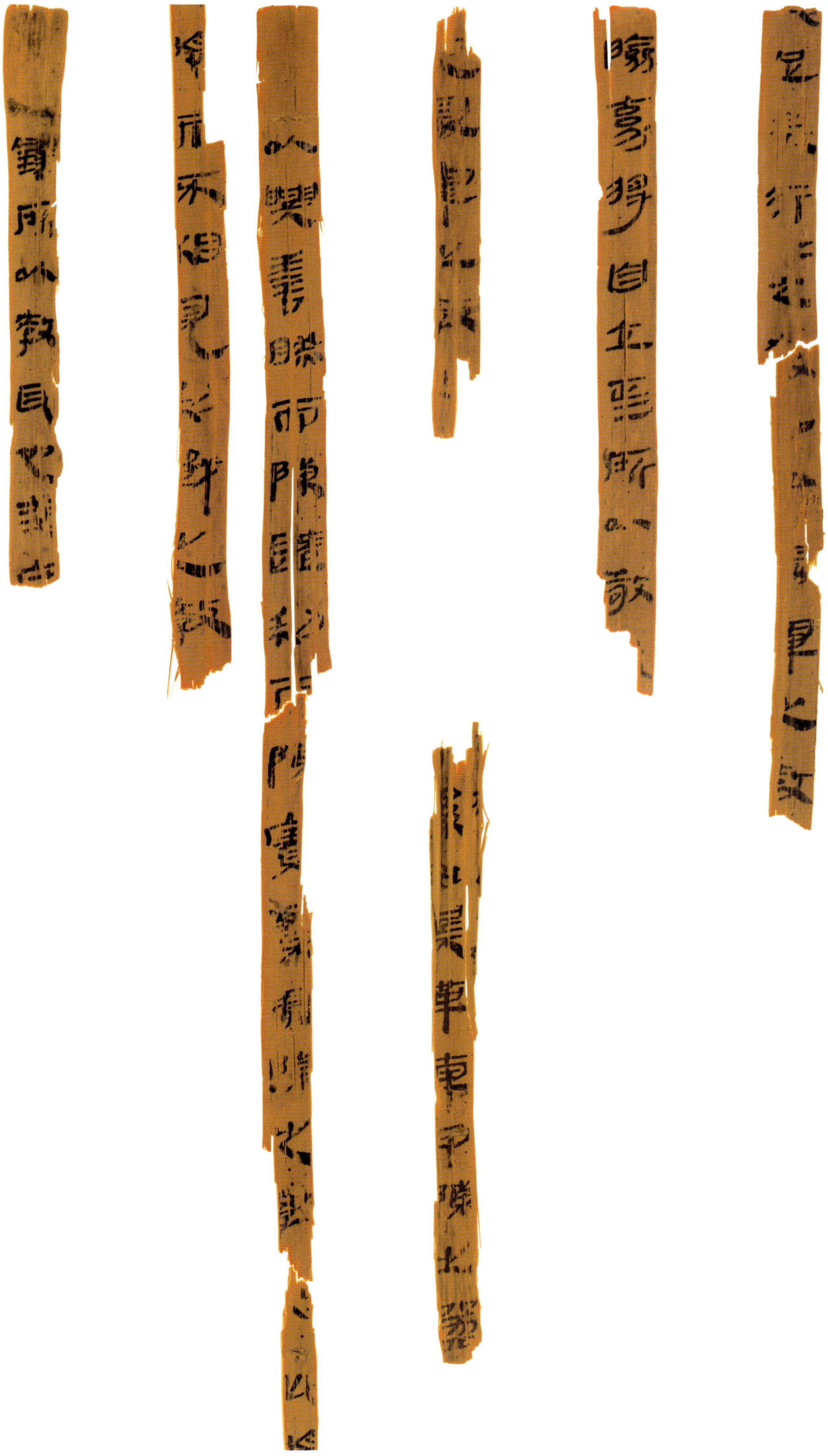

一〇　九　八　七　六

二

三

六　五　四　三　二　一

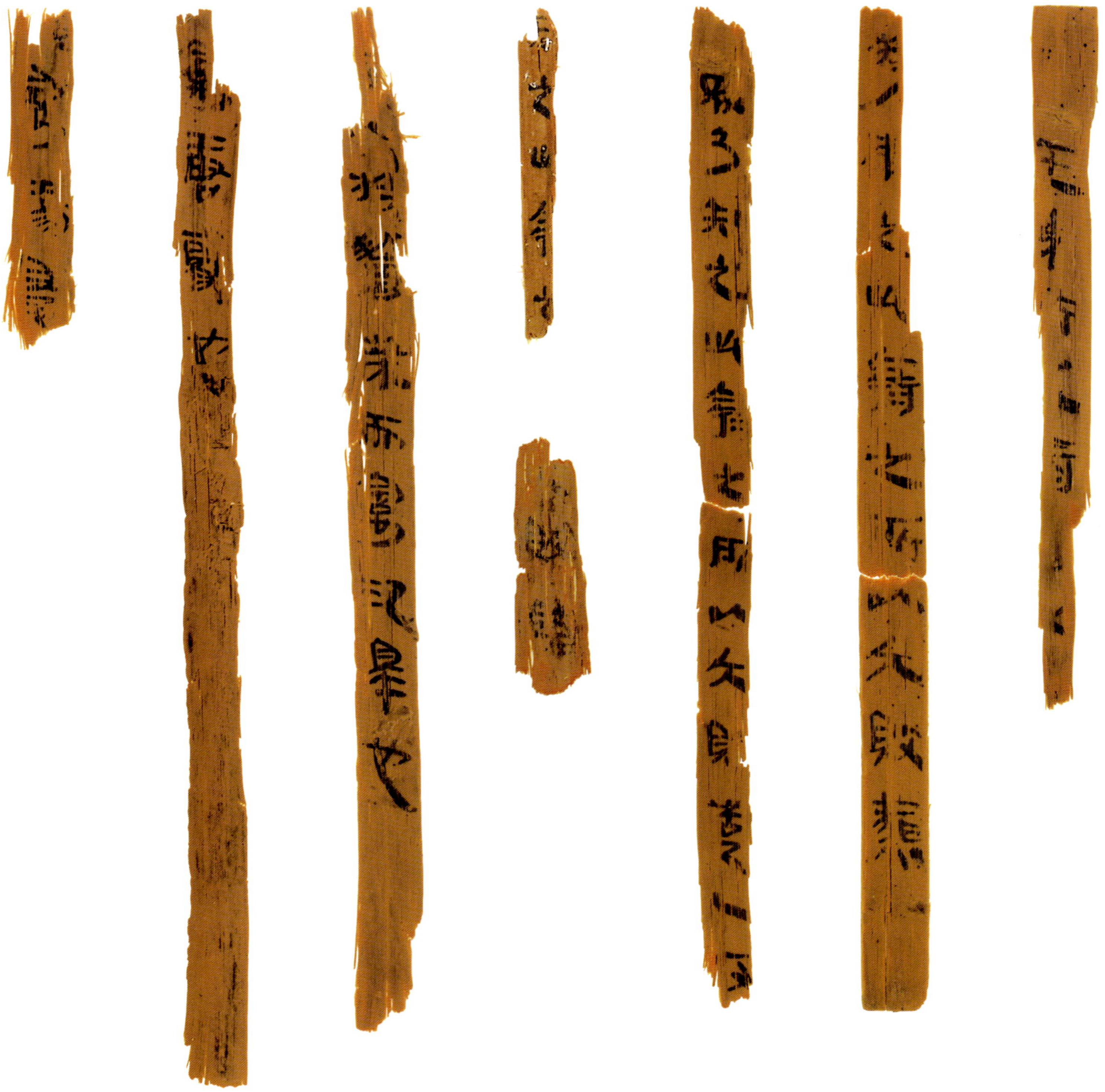

七 八 九 一〇 一一 一二 一三

釋文　注釋

孫臏兵法

禽龐涓

「禽龐涓」是原簡篇題，寫在第一簡簡背。簡文主要記述孫臏在「圍魏救趙」之戰中，用避强攻弱、誘敵深入等計謀，在桂陵大破魏軍，俘獲龐涓之事。簡文所記戰爭亦見於《史記》《戰國策》等傳世古書，但關於戰爭過程的描述互有异同。本篇原整理者編有十三个簡號，其中九簡完整，一簡殘損兩字，三簡殘損過半，簡背有劃痕。最後一簡空白處有「四百六」三字，原注：「此所記爲本篇總字數。本篇所收整簡共十枚（二四〇號簡〔引按：今簡六〕基本完整，只在頂端殘去兩字，故亦視爲整簡），除最末之二四六號簡（引按：今簡一二）只十字外，各簡字數最少者爲三十四字，最多者爲三十九字，多數爲三十五六字（皆不計重文，以後各篇計算簡文字數時同此），總計此十簡共爲三百三十一字，較本篇所記總字數少七十五字。由此可見本篇原文當共有十二簡。前收二三六與二三七號兩殘簡（引按：今簡二下部與簡三）皆爲簡尾，原當分屬二簡。二三五（引按：今簡二上部）與二三六號兩殘簡，據文義當是一簡之折，因斷處不連，未予綴合。十枚整簡加此簡及二三七號簡，正爲十二簡，可見本篇無缺簡。」今根據簡背劃痕、茬口、編繩等信息，將原二三五、二三六號簡綴合爲一簡（即今簡二），故全篇有十二个簡號。另簡九劃痕在簡背下部，其他簡的劃痕均在簡背上部，劃痕并不連貫。若將簡九旋轉一八〇度，簡背劃痕即可與其他簡背劃痕連貫，可能是書寫者書寫時倒持竹簡所致。

禽（擒）龐涓一背〔一〕

昔者，粱（梁）君將攻邯鄲，〔二〕使將軍龐涓、帶甲八萬至於茬丘。〔三〕齊君聞之，〔四〕使將軍忌子、〔五〕帶甲八萬至一【□】競（境）。龐子攻衛之□□，〔六〕將軍忌【子……】□衛□□救與二〔七〕☐救衛是失令。」田忌三曰：「若不救衛，將何爲？」孫子曰：「請南攻平＝陵＝（平陵。〔八〕平陵）其城小而縣大，〔九〕人衆甲兵盛，東陽戰邑，〔一〇〕難攻也。吾將示之疑。四吾攻平陵，南有宋，〔一一〕北有衛，當涂（途）有市丘，〔一二〕是吾糧涂（途）絶也。吾將示之不智（知）事。」於是徙舍而走平陵。〔一三〕五【□】□陵，忌子召孫子而問曰：「事將何爲？」孫子曰：「都夫＝（大夫）孰爲不識事？」〔一四〕曰：「齊城、高唐。」〔一五〕孫子曰：「請取所六□□□□□□□□□二夫＝（大夫）□以□□□臧□□〔一六〕都横卷〔一七〕四達環涂〔一八〕□〔一九〕横卷所□陳也。七環涂軗甲之所處也。〔二〇〕吾末甲勁，本甲不斷，〔二一〕環涂擊柀其後，〔二二〕二夫＝（大夫）可殺也。」〔二三〕於是段齊城、高唐爲八兩，〔二四〕直將蟻傅平陵。〔二五〕挾茁環涂夾擊其後，〔二六〕齊城、高唐當術而大敗。〔二七〕將單〔二八〕忌子召孫子問曰：「吾攻九平陵不得而亡齊城、高唐，當術而厥（蹶）。〔二九〕事將何爲？」孫子曰：「請遣輕車西馳粱（梁）郊，〔三〇〕以怒其氣。分卒而一〇從之，示之寡。」〔三一〕於是爲之。龐子果棄其輜重，兼取舍而至。〔三二〕孫子弗息而毄（擊）之桂陵，而禽（擒）龐涓。〔三三〕故＝曰，孫子之所以爲者盡矣。〔三四〕　四百六二

〔一〕原注：此是篇題，寫在本篇第一簡簡背。以下各篇凡有篇題寫在簡背者，不再加注。關於孫臏與龐涓的事迹，請參閲本書所附《孫臏資料輯録》。

今按：《孫臏資料輯録》已逐入本輯附録（一）。

〔二〕原注：梁君，指魏惠王（公元前三六九年至前三一九年在位）。魏國在惠王時遷都大梁（今河南開封），故魏又稱梁。邯鄲，趙國國都，在今河北邯鄲。《史記·魏世家》：「（惠王）十七年（公元前三五四年，據《竹書紀年》推算，此年當爲惠王十六年。）……圍趙邯鄲。」

〔三〕原注：帶甲，指兵士。《史記·蘇秦列傳》：「地方二千餘里，帶甲數十萬。」茬丘，地名，其地未詳。

張震澤（一九八四）：《漢書·地理志》東郡有茬平縣，地在今山東茬平西。茬音池，今寫作茌。這一帶多以茌爲地名，茬丘可能在今茌平境内。

李均明（一九九二）：「帶甲」，穿戴鎧甲的士卒，此處泛指軍隊。

〔四〕原注：齊君，指齊威王（公元前三五六年至前三二〇年在位）。

〔五〕原注：忌子，即田忌，齊將，曾推薦孫臏於威王。

〔六〕原注：衛，國名，原建都朝歌（今河南淇縣），春秋時遷都帝丘（今河南濮陽）。此簡「衛」字下第二字殘存右半「邑」旁，第三字殘存右半「頁」旁，與下第二三六號簡（引按：今簡二下部）「衛」字下兩字殘存部份相合，疑爲同字，或即龐涓所攻衛地之名。魏之伐趙，本以趙伐衛爲導火綫。《竹書紀年》記梁惠王十六年：「邯鄲（指趙國）伐衛，取漆富丘，城之。」（《水經注·濟水》）《戰國策·秦策四》：「昔者趙氏亦嘗强矣。……當是時，衛危於累卵。……於是天下有稱伐邯鄲者，莫不令朝行。魏伐邯鄲，因退爲逢澤之遇。」但《竹書紀年》又記梁惠王十七年，「宋景鼓、衛公孫倉會齊師圍我襄陵」（《水經注·淮水》），可見衛國後來轉向齊、趙。龐涓攻衛之時，衛國可能已附於齊、趙。

〔七〕原整理者已指出綴合爲簡二的兩段殘簡（原整理號二三五、二三六）當是一簡之折，因斷處不連，未予綴合（詳見本篇説明）。我們將此二簡綴合，主要是因爲根據相關信息基本可以確定二三五號簡的位置。二三六號簡是簡尾，位置固定，二三五號簡上未見編繩痕迹，所以其位置只能在第一道與第二道編繩或第二道與第三道編繩之間。因爲二三五與二三六號簡綴合長度超出第二道與第三道編繩之間的長度，所以二三五號簡的原本位置只能在第一道與第二道編繩之間。本篇有簡背劃痕，但二三五號簡未見，根據前後簡劃痕位置大致可以推測出這枚簡的劃痕位置應該在第一道編繩下，大約相當於本篇每簡第一個字的位置，所以二三五號簡的原本位置應該在簡背劃痕下與第二道編繩之間；又因爲二三五號簡上部的茬口與二三四號簡 b 段的茬口基本對稱，推測這兩段殘簡上部的茬口是由同一次壓迫造成的，這樣二三五號簡的位置可以根據二三四號簡 b 段上部茬口形狀大致編排一下。如果上述論述可信，二三五號簡上部可能只缺一字，根據上文來看，有可能是「於」字。

〔八〕原注：下文言「吾攻平陵，南有宋，北有衛」，則平陵應在今山東省西南角或與之毗連之河南省東緣。古書所見以平陵爲名之地

皆與此不合。《史記·田敬仲完世家》記魏惠王圍邯鄲，趙求救於齊，齊威王聽其臣之謀，不逕救邯鄲，而使田忌南攻襄陵（《戰國策·齊策一》略同）。《竹書紀年》於魏惠王十七年亦記齊與宋、衛共圍襄陵之事（見前注）。簡文之「南攻平陵」與《史記》之「南攻襄陵」疑即一事。《水經注·淮水》謂此襄陵在「襄邑縣故城南」，爲今河南睢縣地。睢縣在大梁東南，宋之西，作爲簡文所言平陵之所在地，似嫌偏南。《史記·田敬仲完世家》正義則謂「襄陵故城在兗州鄒縣」。同書《魏世家》：「（文侯）三十五年，齊伐取我襄陵。」集解引徐廣曰：「今在南平陽縣也。」南平陽縣即唐代鄒縣之前身，故徐説與正義實同，其地在今山東鄒縣（引按：今山東鄒城市）。《水經注·泗水》謂南平陽縣即《竹書紀年》「梁惠成王二十九年齊田肦及宋人伐我東鄙圍平陽者也」，可知其地在戰國時亦有平陽之稱。簡文平陵可能即平陽异名，但其地又嫌偏東。故平陵之確切地點尚無法斷定。

〔九〕黄盛璋（一九七七）：可以和平陵相當的就是平丘。從字義上説，丘和陵意思差不多，至今還丘、陵連稱，古代地名早就有丘、陵互稱之例，所以平陵亦可稱爲平丘。

李家浩（一九八七）：「縣」應是指平陵城所屬的「縣鄙」，即城邑四周的地區。此句的意思是説平陵縣城的規模小，而縣的轄區大。

〔一〇〕原注：此文謂平陵爲東陽之軍事重鎮，東陽當爲地區之名。春秋戰國時以東陽爲名之地頗多。馬王堆三號漢墓所出占書記星宿分野，以「魏之東陽」與「魏之南陽」「魏之朱縣」并舉，簡文所謂東陽當指魏之東陽地區。

〔一一〕原注：宋，國名，原建都商丘（今河南商丘），戰國初遷都彭城（今江蘇徐州）。《戰國策·宋衛策》：「梁王伐邯鄲而征師於宋，宋君使使者請於趙王曰：『……請受邊城，徐其攻而留其日，以待下吏之有城而已。』」據此，宋國在此次戰争開始時似持騎墻態度。

〔一二〕原注：市丘之名見於古書。《吕氏春秋·應言》：「白圭謂魏王曰：市丘之鼎以烹鷄……。」《戰國策·韓策一》：「五國約而攻秦，楚王爲從長，不能傷秦，兵罷而留於成皋（今河南汜水）。魏順謂市丘君曰：『五國罷，必攻市丘，以償軍費……。』」其確切地點無考。《吕氏春秋》高誘注謂市丘爲「魏邑」，恐亦揣測之詞。有人認爲上引《吕氏春秋》及《戰國策》之市丘，皆爲「帝丘」之誤，故簡文市丘也可能與文獻之「市丘」無關，待考。

〔一三〕原注：徙舍，拔營。《國語·吴語》：「明日徙舍，至於御兒。」走，急趨。

〔一四〕原注：都大夫，治理都的長官。古稱大城邑爲都，與後來所謂國都的意義不同。戰國時，各國多行郡縣制，但齊國仍沿用都的名稱。簡文所説的「都大夫」，似指率領自己都邑的軍隊跟從田忌參加戰争的都大夫。

〔一五〕原注：齊城、高唐皆齊國都邑。傳世的齊國兵器有齊城戟，即齊城所造之器。《史記·項羽本紀》正義引《括地志》：「青州臨菑縣地即古臨菑地也，一名齊城。」簡文及戟銘之齊城可能即指臨淄。高唐，故城在今山東禹城、高唐之間。《史記·田敬仲完世家》：「威王曰：『……吾臣有肦子者，使守高唐，則趙人不敢東漁於河。』」

〔一六〕原注：此字似投字或扱字。

〔一七〕張震澤（一九八四）：横、卷是二邑名，上冠都字，甚明。横，借爲黄，戰國魏有黄邑，也有卷邑。邑與都，古多通稱。

〔一八〕原注：環涂，下文屢見，似爲魏軍駐地或將領之名。《吕氏春秋·自知》：「鑽荼、龐涓、太子申不自知而死。」高注：「鑽荼、龐涓，魏惠王之將。」環、鑽二字音近，環涂可能即鑽荼。一説環涂當讀爲環途，迂回之意。

〔一九〕原注：此字似從衣從隹。「隹」之位置偏上，疑是「襍（雜）」之壞字。

〔二〇〕原注：軷，疑當讀爲彼此之彼。一説軷當讀爲被，被甲指兵士。

〔二一〕原注：末甲，似指前鋒部隊。本甲，似指後續部隊。

李均明（一九九二）：「末甲」，後備部隊。「本甲」，主力部隊。

今按：「本」「末」亦見於《銀雀山漢墓竹簡〔貳〕·十陣》：「錐行之陳（陣），卑（譬）之若劍，末不閱（鋭）則不入，刃不溥（薄）則不剸，本不厚則不可以列陳（陣）。是故末必閱（鋭），刃必溥（薄），本必鳪（鴻）。」原注：「本，疑指劍身，比喻軍隊的主力。」

〔二二〕原注：柀，疑當讀爲破。

張震澤（一九八四）：「柀」讀爲「披」，《左傳》成公十八年：「而披其地」，注：「猶分也」。

〔二三〕原注：孫臏之意似欲犧牲「不識事」之二大夫，使魏軍産生齊軍軟弱無能之錯覺。

〔二四〕原注：段，疑當讀爲斷。意謂將齊城、高唐二大夫帶領的軍隊分成兩部。一説「段」當釋「叚」，讀爲「假」。下文「直將」二字當屬此句。假齊城、高唐爲兩直將，意謂暫時任命齊城大夫與高唐大夫爲「兩直（疑當讀爲「側」或「翼」）」之將。

〔二五〕原注：蟻傅，同蟻附，指攻城。《孫子·謀攻》：「攻城之法爲不得已……將不勝其忿而蟻附之，殺士三分之一而城不拔者，此攻之災也。」

李均明（一九九二）：「蟻傳」，指軍隊攻城時如螞蟻附壁而攀。

〔二六〕原注：挾苴，疑亦魏軍駐地或將領之名。苴字當爲葉之异體。一説挾苴當讀爲浹渫，連續、周洽之意。

〔二七〕原注：術，道路。意謂齊城、高唐二大夫的軍隊在行軍道路上大敗。

〔二八〕「單」，陳劍疑是「軍」之誤寫。李均明讀「單」爲「戰」，并在其後斷讀。

〔二九〕原注：蹶，倒，敗。

〔三〇〕原注：輕車，輕便的戰車。《戰國策·齊策一》：「使輕車鋭騎衝雍門。」此句意謂派遣輕車向西直趨魏都大梁城郊。

〔三一〕原注：從，就也。意謂分散部隊以就敵，使對方覺得齊軍兵力單薄。

李均明（一九九二）：「分」，分散。「從」讀爲「縱」，放縱。《六韜·龍韜·奇兵》：「縱卒亂行者，所以爲變也。」

〔三二〕原注：取舍，似當讀爲趣舍。趣，趨。舍，止。趣舍，指行軍。兼趣舍，急行軍，晝夜不停。《司馬法·用衆》：「凡戰背風背高……兼舍環龜。」《北堂書鈔》卷一一八引此文有注曰：「兼舍者，晝夜行也。」

〔三三〕原注：桂陵，在今山東菏澤。《竹書紀年》於梁惠王十七年（公元前三五三年）記：「齊田忌敗我桂陵。」（見《史記·孫子吳起列傳》索隱）《史記·孫子吳起列傳》：「其後魏伐趙，趙急，請救於齊。……田忌欲引兵之趙。孫子曰：『……君不若引兵疾走大梁，據其街路，衝其方虚，彼必釋趙而自救。是我一舉解趙之圍而收弊於魏也。』田忌從之。魏果去邯鄲，與齊戰於桂陵。大破梁軍。」《史記》於此傳記桂陵之役頗詳，但根本未提及龐涓。至十三年後之馬陵之役（據《竹書紀年》當在桂陵之役後十一年或十二年），方謂龐涓自殺，魏惠王之太子申被俘。此外，《史記》於《魏世家》《田敬仲完世家》等篇皆言及桂陵、馬陵二役，所記事實與《孫子吳起列傳》基本相同，唯不言龐涓自殺而言齊殺龐涓爲异。又《戰國策·齊策一》謂「田忌爲齊將，係梁太子申，禽龐涓」，本書《陳忌問壘》篇亦有「取龐□而禽太子申」之語，但皆未明言爲何次戰役。本篇簡文謂孫臏擒龐涓於桂陵，與《史記》顯然矛盾。考《竹書紀年》記梁惠王：「二十七年十二月，齊田朌敗梁馬陵。」（見《史記·孫子吴起列傳》索隱，又《魏世家》索隱引作：「二十八年，與田朌戰於馬陵。」）《紀年》爲戰國時魏國官方史書，紀事較可信，則是役齊之主將應爲田朌。《史記》或謂齊之主將是田忌（《孫子吴起列傳》《魏世家》），或謂是田忌、田嬰（《田敬仲完世家》《孟嘗君列傳》），皆與《紀年》不合；《六國年表》於齊宣王二年（按：《史記》紀年有誤）記「敗魏馬陵，田忌、田嬰、田朌將，孫子爲師」，似有意調和二説，亦不足信。故田忌、孫臏是否參加過馬陵之役，尚有問題。《戰國策·魏策二》：「魏惠王起境内衆，將太子申而攻齊。客謂公子理之傅曰：『……田朌，宿將也，而孫子善用兵……。』」其意似謂馬陵之役中齊方之主要人物爲田朌及孫臏。然他書從未言及孫臏曾輔佐田朌，此條孤證似難遽信。總之，從現有材料看，孫臏之擒龐涓確有可能在桂陵而不在馬陵。桂陵、馬陵二役皆爲齊、魏二國間之大戰，戰争過程亦頗相似。魏國於此二役中皆遭慘重失敗，而馬陵之打擊尤爲巨大。因此，桂陵之役的事件被後人誤認爲馬陵之役的事件，是有可能的。

〔三四〕原注：盡，極，至。

【見威王】

本篇未見原簡篇題，「見威王」是原整理者所擬。簡文記孫臏初見齊威王時，陳述自己對戰争的看法，認爲必須慎重對待戰争，不可「樂兵」和「利勝」。

孫子見威王，曰：「夫兵者，非士恒埶也。〔一〕此先王之傅（敷）道也。〔二〕戰勝，則所以在亡國而繼絶世也。〔三〕戰一不勝，則所以削地而危社稷（稷）也。〔四〕是故兵者不可不察。然夫樂兵者亡，〔五〕而利勝者辱。〔六〕兵非所樂二也，而勝非所利也。事備而后（後）動，故城小而守固者，有委也；〔七〕卒寡而兵强者，有義也。夫守而三无（無）委，戰而无（無）義，天下无（無）能以固且强者。堯有天下之時，詘（黜）王命而弗行者七，夷有二，中國四。〔八〕四故堯伐負海之國而后（後）北方民得不苛，〔九〕伐共工而后（後）兵寑（寢）而不起，〔一〇〕施（弛）而不用。其間數年，堯身五衰而治屈，〔一一〕胥天下而傳舜＝（舜。〔一二〕舜）擊讙收（兜），方（放）之宗（崇）；擊歸（鯀），方（放）之羽；〔一三〕毄（擊）三苗，方（放）之危；〔一四〕亡有户（扈）是（氏），〔一五〕中國有六苗氏存，蜀（獨）爲弘。〔一六〕舜身衰而治屈，胥天下而傳之禹＝（禹。〔一七〕禹）鑿孟門而通大夏，〔一八〕斬八林而焚九□。〔一九〕七西面而并三苗□□☐〔二〇〕八素佚而至（致）利也。〔二一〕戰勝而强立，故天下服矣。昔者，神戎（農）戰斧（補）遂；

〔二二〕黄帝戰蜀（涿）禄（鹿）；〔二三〕堯伐共工；舜伐剶九管；湯汸（放）桀；武王伐紂；〔二四〕帝〈商〉奄反，故周公淺之。〔二五〕故曰，德不若五帝，〔二六〕而能不及三王，〔二七〕知（智）不若周公，曰一〇我將欲責（積）仁義，式禮樂，〔二八〕垂衣常（裳），〔二九〕以禁争挩（奪）。此堯舜非弗欲也。不可得，故舉兵□之。」〔三〇〕一一

〔一〕原注：士，疑讀爲「事」或「恃」。意謂軍事上不能倚賴固定不變的形勢。《孫子·虚實》：「故兵無常勢，水無常形；能因敵變化而取勝者，謂之神。」

郭永秉（二〇〇九）：疑「埶」應讀爲「設」。「恒設」，就是古書裏常見的「常設」。此句大概是説士不以兵爲常設，這正可與下文「樂兵者亡，而利勝者辱」呼應。

〔二〕原注：傅，疑是「傳」字誤寫。傳道之語見《周禮》及《鶡冠子》等書。《周禮·夏官·訓方氏》「誦四方之傳道」，鄭注：「傳道，世世所傳説往古之事也。……故書傳爲傅。杜子春云傅當作傳，書亦或爲傳。」《鶡冠子·道端》：「故先王傳道以相效屬也。」《周禮》「傳」字或誤作「傅」，正與竹簡同例。一説「傅」非誤字，當讀爲「敷」，布也。

今按：原注「一説」可從。

〔三〕原注：在，存也。此句意謂戰争的勝負關係到國家的存亡。《韓非子·初見秦》：「夫戰者，萬乘之存亡也。」與此意同。

〔四〕原注：社，土神。稷，谷神。古代以社稷作爲國家的代稱。

〔五〕原注：樂兵，好戰。《司馬法·仁本》：「國雖大，好戰必亡。」

〔六〕原注：利勝，貪圖勝利。

〔七〕原注：委，委積，物資儲備。

〔八〕陳邦懷（一九八九）：「夷有二，中國四」，和數是六，與上句「黜王命而弗行者七」的數字不合。疑「夷有二」當作「夷有三」，原簡脱寫一筆。

今按：此處數字疑有誤，從上下文義和圖版來看，「七」字之釋亦可疑。

〔九〕原注：負海之國，指遠方之國。《開元占經》卷四十五引石氏曰「陽爲中國，陰爲負海國」，以負海國與中國對稱。苛，騷擾。《國語·晉語》「以皐落翟之朝夕苛我邊鄙」，韋昭注：「苛，擾也。」

〔一〇〕原注：《韓非子·外儲説右上》：「堯不聽，又舉兵而誅共工於幽州之都。」

〔一一〕原注：屈，窮盡。

蔡偉（二〇一一）：《淮南子·主術》也有記堯舜禪讓之事，作：「舉天下而以爲社稷，非有利焉。年衰志憫，舉天下而傳之舜，猶却行而脱蹝也。」此句「治」字，應依《淮南子》讀爲「志」。「治」「志」古音近可假借。「志」謂心智。

〔一二〕原注：《孟子·萬章》記堯舜禪讓的傳説，謂「帝將胥天下而遷之焉」，亦有「胥天下」之語。

蔡偉（二〇一一）：「胥天下」，即「舉天下」。「胥」「舉」古韻同在魚部，「舉天下」一詞，又見於《淮南子》《新序》等書。

〔一三〕從紅外圖版看「方」字右下似有兩點。

〔一四〕原注：《尚書·舜典》：「流共工於幽州，放驩兜於崇山，竄三苗於三危，殛鯀於羽山，四罪而天下咸服。」

〔一五〕原注：《尚書·甘誓》序：「啓與有扈戰於甘之野，作甘誓。」《史記·夏本紀》謂夏后啓即天子位，「有扈氏不服，啓伐之……遂滅有扈氏」。簡文以爲舜亡有扈，與典籍記載不同。《逸周書·史記》：「有夏之方興也，扈氏弱而不恭，身死國亡。」敦煌所出《六韜》抄本中之《周志廿八國》謂「昔有虞氏興，有扈氏弱而不襲〈龔〉，身死國亡」，以滅有扈氏者爲有虞氏，似與簡文合。或謂句末「中國」當屬下句。

今按：原釋文「中國」屬本句，此從原注「或謂」説。

〔一六〕原注：《尚書·吕刑》：「上帝不蠲，降咎於苗。苗民無辭於罰，乃絶厥世。」古書多言禹伐有苗，見《墨子·兼愛下》及《非攻下》《韓非子·五蠹》《吕氏春秋·上德》等。弘，疑當讀爲「强」，《説文》謂「强」從虫弘聲。

今按：「氏」原釋「民」，今依劉樂賢（二〇〇三）：「有苗民存」應改釋爲「有苗氏存」。

〔一七〕原注：《太平御覽》卷七六引《六韜》「古之不變者，有苗有之。堯化而取之。堯德衰，舜化而受之。舜德襄，禹化而取之」，所説與簡文相近。

〔一八〕原注：《水經注》卷四河水注：「河出孟門之上，大溢逆流，無有丘陵高阜滅之，名曰洪水（按：以上當是引《尸子》文。《山海經·北山經》郭璞注引《尸子》，與此略同）。大禹疏通，謂之孟門。」大夏，即夏墟。《左傳·昭公元年》「遷實沈於大夏」，《史記·鄭世家》集解引服虔注：「大夏在汾澮之間。」

〔一九〕原注：「九」下一字不清，似是「藪」字。

〔二〇〕原注：并，讀爲「屏」，屏除，放逐。

〔二一〕原注：此句上文殘缺，原意當謂帝王不能無所作爲而致利。下文注〔三〇〕所引《戰國策》「夫徒處而致利」以下幾句，意與此相近，可參看。

〔二二〕原注：《戰國策·秦策一》「昔者神農伐補遂」，斧遂即補遂。

〔二三〕原注：《戰國策·秦策一》「黄帝伐涿鹿而禽蚩尤」，蜀禄即涿鹿。

〔二四〕原注：《韓非子·説疑》：「湯放桀，武王伐紂。」

〔二五〕原注：「帝」字當是「商」字誤寫。商奄，國名。《左傳》昭公九年：「蒲姑、商奄，吾東土也。」周滅商後，紂王子武庚聯合奄、徐等國叛周，被周公征服。淺，當讀爲「踐」或「殘」。《尚書大傳》：「周公以成王之命殺禄父，遂踐奄。踐之云者，謂殺其身，執其家，瀦其宮。」（據陳壽祺輯本）《史記·周本紀》：「召公爲保，周公爲師，東伐淮夷，殘奄。」

〔二六〕原注：關於五帝，歷來説法不一，據《史記·五帝本紀》，五帝爲黄帝、顓頊、帝嚳、堯、舜。《周易·繫辭下》歷叙伏犧、神農、黄帝、堯、舜之事，似以此五人爲五帝。簡文五帝似亦包括神農。

〔二七〕原注：三王，指夏、商、周三代開國的君主，即夏禹、商湯、周文王和周武王。

〔二八〕原注：式，法也，用也。

〔二九〕原注：《周易·繫辭下》：「黄帝堯舜垂衣裳而天下治。」《論衡·自然》：「垂衣裳者，垂拱無爲也。」

〔三〇〕原注：自上文「昔者」至此一段，與下引《戰國策》文相近。《戰國策·秦策一》：「昔者神農伐補遂，黄帝伐涿鹿而禽蚩尤，堯伐驩兜，舜伐三苗，禹伐共工，湯伐有夏，文王伐崇，武王伐紂，齊桓任戰而伯天下。由此觀之，惡有不戰者乎？……夫徒處而致利，安坐而廣地，雖古五帝三王五伯明主賢君，常欲坐而致之，其勢不能，故以戰續之。」

今按：「故舉兵□之」句第四字，原釋「繩」，從新圖版來看，此字非「繩」，或說釋「要」，或說釋「嚚」。

威王問

「威王問」是原簡篇題，寫在第一簡簡背。簡文包括正文和附簡兩部分，正文二十八簡，附録七簡。正文包括兩部分：前一部分十一簡，記齊威王向孫子詢問敵我不同兵力對比情況下所應采取的不同策略；後一部分十七簡，記田忌向孫子詢問各種具體的用兵之道，孫子指出「必攻不守，兵之急者也」。這兩部分各有殘損。本篇竹簡簡背有劃痕，前一部分簡背劃痕基本可以貫連，後一部分簡背劃痕不可以貫連，從前後文義來看，其間應有缺簡。

陳邦懷（一九八九）指出平裝通俗本中本篇附録簡文第二條（引按：今簡三〇）、第四條（引按：今簡三五）所説「八陣已陳」「出爲三陣」，「皆與《威王問》篇内容無關。似以移附《八陣》篇後爲宜。」「『出爲三陣』與《八陣》篇『用陣三分』及『車騎與戰者，分以爲三』的意義符合。」因未有確實證據證明此二簡定不屬於本篇，故暫仍從原整理者意見。另，今簡三五原整理者和簡七綴合爲一簡（簡二六四），但其簡背劃痕與前後簡不能貫連，故歸入附簡；簡七前後文殘缺，其所屬位置不好確定，仍從原整理者意見。

威王問一背

齊威王問用兵孫子，〔一〕曰：「兩軍相當，兩將相望，皆堅而固，莫敢先舉，爲之奈何？」〔二〕孫子合（答）曰：「以輕卒一嘗之，賤而勇者將之，期於北，毋期於得，〔三〕爲之微陳（陣）以觸其廁（側）。〔四〕是胃（謂）大得。」威王曰：「用衆用二寡有道乎？」〔五〕孫子曰：「有。」威王曰：「我强適（敵）弱，我衆適（敵）寡，用之奈何？」孫子再拜曰：「明王之問。夫衆且三强，猶問用之，則安國之道也。命之曰贊師。〔六〕毁卒乳（亂）行，〔七〕以順其志，則必戰矣。」威王曰：「適（敵）衆我四寡，適（敵）强我弱，用之奈何？」孫子曰：「命曰讓威。必臧其尾，〔八〕令之能歸。長兵在前，短兵在翼，〔九〕五爲之流弩，〔一〇〕以助其急者。□□毋動，以侍（待）適（敵）能。」〔一一〕威王曰：「我出適（敵）出，未知衆少，用之奈何？」孫子：〔一二〕「命曰六☐能相助，可以止而止，可以行而行，毋求□☐」七〔一三〕☐威王曰：「毄（擊）窮寇奈何？」孫子☐八〔一四〕可以侍（待）生計矣。」威王曰：「毄（擊）鈞（均）奈何？」〔一五〕孫子曰：「營而離之，〔一六〕我并卒而毄（擊）之，毋令適（敵）知之。然而不離，案九而止。毋毄（擊）疑。」

〔一七〕威王曰：「以一毄（擊）十，有道乎？」孫子曰：「有。功（攻）其无（無）備，出其不意。」〔一八〕威王曰：「地平卒齊，合而北一〇者，〔一九〕何也？」孫子曰：「其陳（陣）无（無）逢（鋒）也。」〔二〇〕威王曰：「令民素聽，〔二一〕奈何？」孫子曰：「素信。」〔二二〕威王曰：「善戈（哉）！言兵執（勢）不窮。」〔二三〕一一

·田忌問孫子曰：「患兵者何也？困適（敵）者何也？壁延不得者何也？〔二四〕失天者何也？失地者何也？失人者何一二也？請問此六者有道乎？」孫子曰：「有。患兵者地也，困適（敵）者險也。故曰，三里灉（沮）洳將患軍〔二五〕□▨一三涉將留大甲。〔二六〕故曰，患兵者地也，困適（敵）者險也。壁延不得者寁寒也，〔二七〕□▨一四奈何？」〔二八〕孫子曰：「鼓而坐之，十而揄之。」〔二九〕田忌曰：「行陳（陣）已定，動而令士必聽，奈何？」孫子曰：「嚴而視（示）之利。」〔三〇〕田忌一五曰：「賞罰者，兵之急者邪（耶）？」孫子曰：「非。夫賞者，所以喜衆，令士忘死也。罰者，所以正乳（亂），令民畏上也。可一六以益勝，非其急者也。」〔三一〕田忌曰：「權、執（勢）、謀、詐，兵之急者邪（耶）？」孫子曰：「非也。夫權者，所以聚衆也。執（勢）者，所以一七令士必鬭（鬥）也。謀者，所以令適（敵）无（無）備也。詐者，所以困適（敵）也。可以益勝，非其急者也。」田忌忿然作色：「此一八六者皆善者所用，〔三二〕而子夫＝（大夫）曰非其急者也。〔三三〕然則其急者何也？」孫子曰：「繚（料）適（敵）計險，必察遠近，▨一九▨將之道也。〔三四〕必攻不守，〔三五〕兵之急者也。□▨二〇骨也。」田忌問孫子曰：「張軍毋戰有道？」〔三六〕孫子曰：「有。倅險𡐦（增）壘，〔三七〕諍戒毋動，〔三八〕毋可□有，毋可怒。」〔三九〕田忌二一曰：「適（敵）衆且武，〔四〇〕必戰有道乎？」孫子曰：「有。埤壘廣志，〔四一〕嚴正輯衆，〔四二〕辟（避）而驕之，引而勞之，攻亓（其）无（無）備，出亓（其）二二不意，〔四三〕必以爲久。」〔四四〕田忌問孫子曰：「錐行者何也？鴈（雁）行者何也？〔四五〕篡（選）卒力士者何也？〔四六〕勁弩趨發者何也？〔四七〕二三剽（飄）風之陳（陣）者何也？衆卒者何也？〔四八〕」孫子曰：「錐行者，所以衝堅毀兑（鋭）也。鴈（雁）行者，所以觸廁（側）應□〔四九〕【也】。二四篡（選）卒力士者，所以絶陳（陣）取將也。勁弩趨發者，所以甘戰持久也。剽（飄）風之陳（陣）者，所以回後〔五〇〕【□□也】。二五衆卒者，所以分功有勝也。」〔五一〕孫子曰：「明主、知道之將，〔五二〕不以衆卒幾功。」〔五三〕孫子出而弟子問曰：「威王、田忌，二六臣主之問何如？」孫子曰：「威王問九，田忌問七，〔五四〕幾知兵矣，〔五五〕而未達於道也。吾聞素信者昌，立義二七用兵无（無）備者傷，窮兵者亡。〔五六〕齊三枼（世）其憂矣。」〔五七〕二八

★ ★ ★ ★ ★ ★

善則適（敵）爲之備矣。」〔五八〕孫子曰☐二九

☐孫子曰：「八陳（陣）已陳☐三〇〔五九〕

☐☐孫子曰：「毋侍（待）三日☐三一

☐也。孫子曰：「戰☐三二

☐☐威王曰☐三三

☐道也。」田忌☐三四〔六〇〕

險＝成＝（險成。險成），適（敵）將爲正，出爲三陳（陣），一☐☐三五

〔一〕原注：猶言齊威王問用兵於孫子。

〔二〕原注：《六韜・虎韜・臨境》：「吾與敵人臨境相拒，彼可以來，我可以往，陳皆堅固，莫敢先舉，我欲往而襲之，彼亦可來，爲之奈何？」同書《虎韜・動静》：「引兵深入諸侯之地，與敵之軍相當，兩陳相望，衆寡彊弱相等，未敢先舉……爲之奈何？」用語均與此相近。

〔三〕原注：北，敗北。得，得利。《吴子・論將》：「令賤而勇者將輕鋭以嘗之，務於北，無務於得。」與此同意。

整理小組（一九七五ａ）：嘗，試探。

〔四〕原注：觸，觸犯，攻擊。《戰國策・中山策》：「專軍并鋭，觸魏之不意。」

〔五〕原注：《孫子・謀攻》：「識衆寡之用者勝。」

〔六〕原注：命，名。

張震澤（一九八四）：賛師當是孫臏專用的一個術語名詞。賛，即贊，贊有引導義，《國語・周語上》：「太史贊王，王敬從之」，韋注：「贊，導也。」《晉語八》：「韓宣子贊授客館」，韋注：「贊，導也。」賛師，意爲引敵師出戰。我强敵弱，敵不敢出，故毁卒亂行以誘引之也。

〔七〕原注：卒，這裏指軍隊的一種基層組織。《荀子・議兵》：「聚則成卒，散則成列。」本書《五教法》：「十人爲列，百人爲卒。」毁卒亂行，意謂故意使陣列顯得混亂，以誘惑敵人進攻。《通典》卷一五九引《孫子》：「故爲毁亂寡弱之形，敵人見我，備之必輕。」

〔八〕原注：臧，疑讀爲藏。意謂隱蔽好後面的部隊，以便撤退。

〔九〕原注：古謂長柄兵器爲長兵，如戈矛（有時也用以指弓弩）；謂短柄兵器爲短兵，如刀劍。《司馬法・定爵》：「凡五兵五當，長以衛短，短以救長。」

王輝（二〇一八）：「翼」舊未得釋，此即「翼」字，「短兵在翼」即在兩側。

〔一〇〕原注：《漢書・鼂錯傳》：「堅甲利刃，長短相雜，游弩往來，什伍俱前，則匈奴之兵弗能當也。」流弩與游弩同義，指流動的弩兵。

〔一一〕原注：《通典》卷一五九引《孫子》：「敵鼓噪不進，以觀吾能。」又《孫子·九地》「疾戰則存，不疾戰則亡者，爲死地」下何氏注引《孫子》云：「安静勿動，以隱吾能。」能字用法均與此相近。

陳偉武（一九九七）：「能」當讀爲「態」，原注引《孫子》佚文「能」字亦當如此讀，敵人鼓噪不進是爲了觀察我方動静；我方安静不動則爲了隱蔽我方真實情況。朱駿聲《説文通訓定聲》謂「侍」可假借爲「待」，又可假借爲「司察之司」。此處「以侍敵能」即「以司敵態」，與「以觀吾能（態）」句式正同。典籍有用「司」字表「觀察」義者，如《山海經·大荒西經》：「司日月之長短。」

〔一二〕原注：「孫子」二字下當脱一「曰」字。

〔一三〕原注：二六三（引按：今簡六）、二六四號（引按：今簡三五、簡七）二簡的繫連以及二六四號a、b兩段的綴合，把握不大，可能與實際情況不符。

今按：從簡背劃痕來看，二六三、二六四號簡不能繫連，二六四號簡a、b兩段也不應綴合，詳見本篇篇首説明文字。

〔一四〕本篇簡文辭例有一定規律，對比可知此簡與下文聯繫密切。根據簡背劃痕及編繩痕迹判斷，此簡與下簡或緊接或中間只缺一簡。如果上文推測正確，此簡上部或只缺一字或僅缺「威」字上部。

〔一五〕原注：擊均，謂攻擊勢均力敵的敵人。

〔一六〕原注：營，惑。

陳偉武（二〇〇二）：銀雀山漢簡《十陣》云：「移而革之，陳而支之，規而離之。」張震澤釋「規」爲規合，引《淮南子·主術》「若欲規之，乃是離之」爲證，且云：「此三句，謂水戰敵移則戒之，敵將陣則分散之，敵合陣則離破之。」如此，則《威王問》「營而離之」之「營」亦當訓規合，孫子認爲攻擊均勢之敵，若敵人規合聚集，我方則（設法）分散它的兵力，并突然出擊，不要讓敵方察覺己方的戰略意圖。

〔一七〕原注：疑，似指敵人的疑兵。

〔一八〕原注：《孫子·計》：「攻其無備，出其不意。」

〔一九〕原注：平，平敞。《六韜·犬韜·戰騎》：「地平而易，四面見敵。」齊，嚴整。《六韜·龍韜·兵徵》：「士卒不齊。」合，交戰。《孫子·地形》：「以少合衆，以弱擊强。」此句意謂地形和士卒的條件都好，却打了敗仗。

〔二〇〕原注：《孫子·地形》：「兵無選鋒曰北。」

〔二一〕原注：素，平素，素常。聽，聽命。

〔二二〕原注：信，守信。《孫子·行軍》：「令素行以教其民，則民服。令不素行以教其民，則民不服。令素行者（《通典》卷一四九、《太平御覽》卷二九六皆引作：「令素信著者」），與衆相得也。」《六韜·虎韜·軍略》：「凡帥師將衆，慮不先設，器械不備，教不素信，士卒不習，若此不可以爲王者之兵也。」

〔二三〕原注：一説此句應讀作「善哉言！兵勢不窮……」，如此，則此簡與下二六九號簡（引按：今簡一一）之間尚有缺簡。

〔二四〕原注：壁延，疑是辟易之音變，退避之意。

張震澤（一九八四）：壁，謂城壁；延，蓋指延道。《左傳》隱公元年「隧而相見」，杜注「隧，若今延道。」

〔二五〕原注：「籍」「且」二字古音相近，「籍洳」即「沮洳」，沼澤地帶。

〔二六〕原注：大甲，疑指全副武裝、鎧甲堅厚的兵卒。《韓非子・説林下》：「左史倚相謂荆王曰：『夫越破吳，豪士死，鋭卒盡，大甲傷。』」

李均明（一九九二）：「大甲」，大部隊。「留大甲」，滯留大部隊。

〔二七〕原注：蟝寒，疑與見於古書之渠答、渠幨爲一物，乃城上防禦矢石的裝置。《墨子・備城門》：「城上二步一渠，渠立程，丈三尺，冠長十尺，辟（臂）長六尺。二步一答，廣九尺，袤十二尺。」渠是直立的木架，其上張答，依靠彈力以折矢石之勢。《漢書・鼂錯傳》「高城深塹，具藺石，布渠答」，蘇林曰「渠答，鐵蒺藜」，其説恐非。《尉繚子・攻權》：「城險未設，渠答未張，則雖有城無守矣。」渠答而言張，可見是遮擋矢石之物，而非蒺藜。《備城門》於總述城上守備之具時，又稱渠答爲渠譫。《淮南子・氾論》作渠幨：「晚世之兵，隆衝以攻，渠幨以守。」高注：「幨，幰，所以禦矢也。」同書《兵略》：「雖有薄縞之幨，腐荷之櫓，然猶不能獨穿也。」（今本櫓作矰，穿作射，據王念孫校改。）又《戰國策・齊策五》：「攻城之費，百姓理襜蔽，舉衝櫓。」「譫」「襜」皆應讀爲「幨」。「答」「幨」二字古音相近。「渠答」疑即「渠幨」之音變。簡文蟝寒之「蟝」與「渠」通，「寒」疑當讀爲幨幰之「幰」或捍蔽之「捍」，也可能「渠寒」亦爲「渠幨」之音變。

〔二八〕原注：此處之下引號與前一上引號不相應。「……壁延不得者渠寒也……」爲孫臏語，「……奈何」爲田忌語，其間有缺簡。

〔二九〕原注：坐，疑即坐陣之坐。《尉繚子・兵令上》：「有立陣，有坐陣……立陣所以行也，坐陣所以止也。」軍中以金鼓指揮士卒的起坐、行止、進退。《管子・兵法》：「一曰鼓。鼓所以任也，所以起也，所以進也。二曰金，金所以坐也，所以退也，所以免也。」鼓音本來是起立、前進的號令，簡文説「鼓而坐之」，當是一種奇兵。《尉繚子・勒卒令》「鼓之則進，重鼓則擊；金之則止，重金則退……奇兵則反是」，可證。「十而揄之」，未詳。一説坐借爲挫，揄訓爲引。意謂擊鼓進軍，挫敗敵人；以多種辦法引誘敵人。今案此條田忌問語已殘，但下一問是「行陣已定，動而令士必聽，奈何？」問的是如何對待自己一方士卒的事，此處「鼓而坐之，十而揄之」的「之」似亦應指己方士卒。

陳偉武（一九九六）：「揄」當訓舉，如《韓非子・飾邪》：「龐援揄兵而南，則鄣盡矣。」「揄兵」即舉兵。《淮南子・氾論訓》：「（曹沫）揄三尺之刃，造桓公之胸。」「揄三尺之刃」猶言舉三尺之刃。簡文「十而揄之」意謂擊鼓十次則讓士卒起立。「揄」與「坐」義相對立。《吳子・論將》：「觀敵之來，一坐一起。」這裏所謂「坐」與「起」義正相反，一如「坐」與「揄」。

〔三〇〕原注：意謂既要法令嚴明，又要讓士卒看到利之所在而去勇猛作戰。

〔三一〕原注：《孫子・虛實》：「越人之兵雖多，亦奚益於勝敗哉？」又《淮南子・兵略》：「夫兵之所以佐勝者衆，而所以必勝者寡。」佐勝與益勝同意。

〔三二〕原注：古兵書多稱善戰者爲善者。《六韜・豹韜・敵武》：「善者以勝，不善者以亡。」今本《孫子》中之「善戰者」，銀雀山竹簡本多作「善者」。

〔三三〕原注：稱大夫爲子大夫，表示尊敬。

〔三四〕原注：料敵計險，謂分析敵情，審察地形險易。《孫子・地形》：「料敵制勝，計險阨遠近，上將之道也。」

〔三五〕原注：指以進攻爲主而不是以防禦爲主的戰略。

〔三六〕原注：張軍，陳軍。《韓非子·初見秦》：「張軍數十百萬。」《管子·七法》：「張軍而不能戰。」

〔三七〕原注：倅，疑當讀爲萃，止也，處也。萃險猶言據險，依險。增壘，謂增高壁壘。《吕氏春秋·似順》：「簡子曰：『往而夷夫壘。……』鐸往而增之。」高注：「增益其壘壁，令高大也。」《六韜·虎韜·臨境》：「深溝增壘而無出。」

陳偉武（一九九八）：「倅」字當即「依」字，因加飾筆而與倅字同形。「倅險鏳（增）壘」當釋爲「依險增壘」，《流沙墜簡·屯戍叢殘·簿書類》第一號簡有云：「制詔酒泉太守、敦煌郡到戍卒二千人，發酒泉郡，其假□如品，司馬以下與將卒、長吏將屯要害處，屬太守，察地刑（形），依阻險，堅辟（壁）壘，遠候望，毋……」「依阻險，堅壁壘」與「依險增壘」語意正同。

〔三八〕原注：諍，疑當讀爲「静」。戒，謂戒備。

〔三九〕原注：「可」下一殘文左半從「禾」，可能是「利」字。此文疑當讀爲「毋可利前，毋可怒。」

今按：「有」原釋爲「前」，今據圖版改釋。「有」前一字從禾而右殘，原釋作「利」，然「利有」不辭，王輝（二〇一八）改釋「私」。

〔四〇〕原注：武謂勇武。《六韜·豹韜·敵武》：「卒遇敵人，甚衆且武。」

〔四一〕原注：埤，疑當讀爲卑下之「卑」。《尉繚子·兵教下》：「凡將輕，壘卑，衆動，可攻也；將重，壘高，衆懼，可圍也。」此句之意似謂故意構築低壘，示不懼，以增强士卒的鬭志。一説「埤」當訓爲「厚」（《爾雅·釋詁》：「埤，厚也。」），埤壘即加厚壁壘之意。

張震澤（一九八四）：廣志，開廣意志。《六韜·武韜·文伐》：「輔其淫樂，以廣其志。」《史記·扁鵲倉公列傳》：「車步廣志，以適筋骨肉血脈，以瀉氣。」則廣志乃是從容不迫心志安閑之意。下句「嚴正輯衆」，主語當是將軍，此埤壘廣志亦言將軍廣志，非開廣士卒心志也。

〔四二〕原注：正，疑當讀爲「政」。《吴子·料敵》：「其政嚴。」輯，集也。輯衆，團結士衆，使之一心。

〔四三〕原注：《孫子·計》：「……强而避之，怒而撓之，卑而驕之，佚而勞之，親而離之。攻其無備，出其不意。」

〔四四〕原注：必以爲久，疑謂必須持久。

〔四五〕原注：錐行、鴈行皆陣名，前者當是形如尖錐之陣，後者當是形如飛雁行列的陣。參看第二輯《十陣》篇。

〔四六〕原注：「篡」「選」二字音近相通，「篡卒」當讀爲「選卒」，即經過簡選的善戰的士卒，與下文所謂衆卒相對。選卒之稱，古書常見。《戰國策·齊策一》：「其良士選卒亦殪。」《吕氏春秋·愛類》：「非必堅甲利兵，選卒練士也。」

〔四七〕原注：《韓非子·八説》：「狸首射侯，不當强弩趨發。」「趨發」亦作「騶發」，《漢書·鼂錯傳》「材官騶發，矢道同的」，顔師古曰：「騶謂矢之善者也。春秋左氏傳作菆字，其音同耳。材官，有材力者。騶發，發騶矢以射也。」

張震澤（一九八四）：師古注非也。蘇林《漢書音義》：「騶，音馬驟之驟。」王引之曰：「訓騶爲矢，則與下句矢字相複，蘇讀騶爲驟，是也。驟發謂疾發也。字或作趨，《韓非子·八説》篇：『狸首射侯不當强弩趨發。』趨發、騶發，并與驟發同。《曲禮》：『車驅而騶。』《釋文》：『騶，仕救反。』是騶有驟音也。《荀子·禮論》篇：『步中《武》《象》，趨中《韶》《濩》。』《正論》篇，趨作騶；《史記·禮書》作驟。是騶、趨并與驟通也。《漢書·孝文紀》正作『材官騶發』。」余謂：王引之辯之，是也。

但謂驟發爲疾發，猶未達一間。《史記》「步中《武》《象》，驟中《韶》《濩》」二語，《正義》曰：步猶緩。緩車則和鸞之音中於《武》《象》，驟車中於《韶》《濩》也。」驟車指快跑着的馬車。然則，驟發當指能在快跑的車上，或快走的情況下發矢中敵，而非疾發之意也。

〔四八〕整理小組（一九七五a）：衆卒，與選卒相對，指一般士卒。

〔四九〕王輝（二〇一八）：此字爲「前」或「首」。「前」「首」與「側」均可相應，「觸側應前/首」文意順暢。

〔五〇〕王輝（二〇一八）：「回」後之字左旁殘，右爲「夋」，當是「後」字。

〔五一〕李均明（一九九二）：「分功」，分擔任務。《史記·田單列傳》：「田單知士卒之可用，乃身操版插，與士分功。」

〔五二〕本書《八陳》云：「知道者，上知天之道，下知地之理，內得其民之心，外知適（敵）之請（情），陳（陣）則知八陳（陣）之經，見勝而戰，弗見而諍。此王者之將也。」

〔五三〕原注：幾，希冀。意謂不指望靠一般士兵打勝仗。

〔五四〕原注：九和七疑指威王與田忌所問問題的數目。據上文，威王所問有「兩軍相當……」「用衆用寡」（當包括「我强敵弱，我衆敵寡」「敵衆我寡，敵强我弱」「我出敵出，未知衆少」三問，此三問皆以「用之奈何」結尾）、「擊窮寇」「擊均」「以一擊十」「地平卒齊……」「令民素聽」七事，餘二事當在殘缺部分中。田忌所問有「患兵者何也……」「……奈何」「行陣已定……」「兵之急者」「張軍毋戰」「敵衆且武必戰」「錐行者何也……」七事，與此處所言數字正合。

〔五五〕原注：幾，接近於。

〔五六〕原注：窮兵，窮兵黷武。《戰國策·齊策五》：「故曰，祖仁者王，立義者伯，用兵窮者亡。」用語與此相近。

〔五七〕原注：齊國在威王、宣王時國勢强盛，至湣王末年爲燕所敗之後，國勢遂衰。自威王至湣王，恰爲三世。由此看來，孫臏兵法可能是孫臏後學在湣王以後所寫定的。本簡與上一簡文字不連，當中似有缺簡，但「吾聞」以下乃本篇結尾，文用韵語，似不應太長，故本簡有可能與上二八四號簡（引按：今簡二七）緊接，二八四號簡「立義」二字下抄漏二字。

〔五八〕「適」原釋文作「敵」，此字僅殘存右部「啇」，本篇除此字外，敵人、敵軍之「敵」字出現十五次，均作「適」，故定此字爲「適」。

〔五九〕原注：此殘簡簡首「孫子」二字殘文與二六五號（引按：今簡八）殘簡簡末「孫子」殘文似可拼合，但經仔細核對，發現不能拼合。關於八陣，參看本書《八陣》篇。

〔六〇〕原注：此簡原來位置可能在二七一與二七二號（引按：今簡一四、一五）二簡之間。

陳忌問壘

「陳忌問壘」是原簡篇題，寫在第一簡簡背。陳忌即簡文中的田忌。本篇現存三十簡，皆殘損，部分簡的簡背有劃痕。本篇包括正文和附簡兩部分，正文八簡，記述孫臏以守城戰法爲對照説明野戰攻防戰法；附録二十二簡，簡文殘缺，文義難以連貫。

陳忌問壘一背〔一〕

·田忌問孫子曰：「吾卒少不相見，處此若何？」曰：「傳令趣弩舒弓，弩□□□□▨一〔二〕不禁，爲之奈何？」孫子曰：「明將之問也。此者人之所過而不急也。此□〔三〕之所以疾▨二志也。」田忌曰：「可得聞乎？」曰：「可。用此者，所以應卒（猝）窘（窘）處隘塞死地之中也。〔四〕是吾所以取龐【□】三而禽（擒）泰（太）子申也。」〔五〕田忌曰：「善。事已往而刑（形）不見。」孫子曰：「疾（蒺）利（藜）者，〔六〕所以當溝池也。〔七〕車者，所以當壘【也】。〔八〕四【□□者】，所以當堞也。〔九〕發者，所以當俾堄也。〔一〇〕長兵次之，所以救其隋也。〔一一〕從（鏦）次之者，〔一二〕所以爲長兵【□】五也。短兵次之者，所以難其歸而徼（邀）其衰也。〔一三〕弩次之者，所以當投幾（機）也。〔一四〕中央无（無）人，故盈之以□▨六卒已定，乃具其法。〔一五〕制曰：以弩次疾（蒺）利（藜），然后（後）以其法射之。壘上弩戟分。〔一六〕法曰：見使枼來言而動□七□〔一七〕去守五里直（置）候，〔一八〕令相見也。高則方之，下則員（圓）之。夜則舉鼓，晝則舉旗。」〔一九〕八

★　★　★　★　★　★

田忌問孫子曰：「子言晉邦之將筍息、孫軫之於兵也，未□▨九〔二〇〕

▨無以軍恐不守。」忌子曰：「善。」田忌問孫子曰：「子言晉邦之將筍息、孫一〇〔二一〕

軫爲晉要秦於殽，滅秦軍，濩（獲）三衛（帥）□▨一一〔二二〕

▨强晉，終秦繆公之身，秦不敢與一二〔二三〕

▨也，勁將之陳（陣）也。」孫子曰：「士卒一三

▨田忌曰：「善。獨行之將也。▨一四

▨人。」田忌請問：「兵請（情）奈何？」□▨一五

▨言而後中。」田忌請問▨一六

▨兵請（情）奈何？」孫子▨一七〔二四〕

請問兵傷□▨一八

▨見弗取。」田忌服問孫一九〔二五〕

▨□橐□□□焉。」孫子曰：「兵之□▨二〇

☑□應之。」孫子曰：「伍□☑二二

☑□孫子曰：「□〔二六〕☑二三

☑□見之。」孫子☑二三〔二七〕

☑□以也。」孫☑二四

□孫子☑二五〔二八〕

☑□明之吴越，言之於齊。曰智（知）孫氏之道者，必合於天地。孫氏者二六〔二九〕

☑求亓（其）道，國故長久。」孫子☑二七

☑田忌請問智（知）道奈何？孫子☑二八

☑而先智（知）勝不勝之胃（謂）智（知）道。已戰而智（知）其所☑〔三〇〕二九

☑所以智（知）適（敵），所以曰智。故兵無三〇

〔一〕 原注：陳忌即田忌，「陳」「田」二字古音相近通用。

〔二〕 原注：此殘簡由三段碎片綴合而成。第二段（相見處此若何曰）與第一段斷處不連，把它們拼接在一起的根據是：一、前後文義連屬。二、拼合後組痕位置與本篇其他各簡相當。三、此殘簡拼合後下端約缺四、五字，而二九三至二九五號簡（引按：今簡二至四）亦均在距簡尾四、五字處折斷。四、第一段下端左半折損，第二段簡身中間也正好有相應的裂縫。

〔三〕 李均明（一九九二）：「趣」，迅速。《史記·曹相國世家》：「告舍人趣治行。」「舒」，引展。《廣雅·釋詁》：「展，舒也。」

原注：此字不能確識，或疑是「謗」字。

〔四〕 原注：「應卒」讀爲「應猝」，謂應付突然發生的事故。《六韜·龍韜·王翼》「腹心一人，主潛謀應卒」，《戰國策·齊策三》「能爲君決疑應卒」，「卒」皆當讀爲「猝」。隘塞，狹隘的險地。《六韜·龍韜·勵軍》：「出隘塞，犯泥涂，將必先下步。」疑此句大意謂：這種方法是用來應付軍隊陷於隘塞死地之中的緊急情况的。

陳偉武（一九九八）：「所以……也」這個結構中包含了并列的兩個詞組「應卒窘」和「處隘塞死地之中」。「卒窘」應是一個同義複合詞。《墨子·備城門》：「復使卒急爲壘壁，以瓦蓋復之。」《史記·孔子弟子列傳》：「慮不先定，不可以應卒。」《索引》：「卒，謂急卒也。」《方言》卷十：「江湘之間，凡窘猝怖遽謂之瀾沐，或謂之征伀。」可見「卒急」「急卒」「卒窘（窘）」「窘猝」義同。「卒窘（窘）」與「窘卒」只是語序顛倒而已。《廣雅·釋詁一》：「窘，急也。」「窘」由指空間的狹迫到指時間的急迫再轉而指急迫之事，詞義的引申綫路清晰可見。

〔五〕 原注：「龐」字下所缺當是「子」字或「涓」字。太子申，魏惠王太子。參看《擒龐涓》注〔二九〕（引按：今注〔三三〕）。

〔六〕 原注：蒺藜，用木或金屬製成的有刺的障礙物，布在地上以阻礙敵人行進。因形狀與蒺藜之果實相似，故名蒺藜。此句意謂蒺藜的作用與溝池相當。

〔七〕整理小組（一九七五ａ）：池，護城河。

今按：「溝」原釋文作「蠎」，陳劍改釋。

〔八〕李均明（一九九二ａ）：「壘」，營壘。古時作戰常以車布設成臨時性營壘，如《漢書・衛青傳》：「而適直青軍出塞千餘里，見單于兵陳而待，於是青令武剛車自環爲營。」

〔九〕原注：堞，城上矮墻。

〔一〇〕原注：發，疑借爲「瞂」，盾也。俾堄，即「埤堄」，城上矮墻。據簡文，堞與埤堄當有别。《釋名・釋宫室》：「城上垣曰睥睨，言於其孔中睥睨非常也。」據此似埤堄有孔，堞不一定有孔。

〔一一〕原注：隋，疑借爲「隳」，危也。

〔一二〕原注：鏦，小矛。《淮南子・兵略》：「修鎩短鏦。」

〔一三〕原注：邀，遮，截擊。衰，疲敝。

〔一四〕原注：投機，拋石機。

〔一五〕原注：此句「其」字似「共」字，與本篇其他「其」字有异，但下文「旗」字偏旁與此字相同，故仍釋作「其」。又此句也可能應在下「制」字處斷句。

〔一六〕原注：分，半也。謂壘上弩和戟各佔一半。

陳偉武（二〇〇二）：疑「分」指布列。此義或寫作「頒」「班」。如《周禮・天官・宫伯》：「以時頒其衣裘。」鄭玄注：「頒，讀爲班，班，布也。」後世「頒布」「分布」均可視爲同義複合詞，「分」亦布也。

〔一七〕原注：此字殘損，似是「列」字或「死」字。

今按：此簡與上一簡之間原釋文有「……」，中間似有缺簡。從簡背劃痕來看，此二簡間無缺簡。

〔一八〕原注：候，斥候，哨兵。意謂距所守之處五里布置哨兵。此下所言與下引《墨子・號令》相近：「士（疑當讀爲置）候無過十里，居高便所樹表，表三人守之，比至城者三表，與城上烽燧相望，晝則舉烽，夜則舉火。」但《號令》所言爲守城之事，與此略異。

〔一九〕原注：《孫子・軍争》：「夜戰多火鼓，晝戰多旌旗。」《淮南子・兵略》：「晝則多旌，夜則多火，晦冥多鼓。」

〔二〇〕原注：荀息，春秋時人，晉獻公大夫，曾假道於虞以伐虢。簡文下文謂孫軫「爲晉要秦於殽，潰秦軍」，可知孫軫即晉大夫先軫（參看注〔一九〕，引按：现注〔二二〕）。「先」與「孫」古音相近。先軫爲晉國名將。城濮之戰，文公用其謀戰勝楚國。殽之戰，先軫大敗秦軍，俘獲三將。《史記・晉世家》：「城濮之事，先軫之謀。」《國語・晉語》：「先軫有謀。」《説苑・指武》：「文王不能使不附之民，先軫不能戰不教之卒。」由此可見先軫爲當時有名的軍事家。《漢書・藝文志》兵形勢家有孫軫五篇，圖二卷。姚振宗《漢書藝文志條理》以爲即戰國時之陳軫。按《史記・張儀列傳》：「陳軫者游説之士」，與兵家之孫軫顯非一人。今據簡文可以確知《藝文志》之孫軫爲先軫。自此以下所附殘簡，字體均與上録諸簡相似，内容也大都是記田忌與孫子的問答，但所言之事似多與「問壘」無關。疑《陳忌問壘》篇原來包含數段，第一段記問壘之事，後面的段落另記它事。這些殘簡有少數可能屬於問壘一段，大多數當屬於後面的段落。但是，也有可能《陳忌問壘》篇原來只有一段，這裏所附的大多數殘簡屬於簡本《孫臏兵法》中篇名已殘去的其他篇。

〔二一〕「筍」原釋文作「荀」，陳劍改釋，并注「自西周金文以來荀國、荀氏之『荀』本即以從竹作『筍』爲常。」

〔二二〕原注：要，與「邀」通，截擊。衛，與「帥」通。《説文·行部》：「衛，將衛也。」此所記爲秦晉殽之戰。《左傳·僖公三十三年》：「晉原軫（按即先軫）曰：『秦違蹇叔而以貪勤民，天奉我也。……必伐秦師。』……遂發命……夏四月，辛巳，敗秦師於殽，獲百里孟明視、西乞術、白乙丙以歸。」又《國語·周語中》：「晉人敗諸殽，獲其三帥丙、術、視。」三〇二號簡（引按：今簡一一）首一字據文義應是人名，此字僅存「車」旁，當是「軫」字之殘文。三〇一號簡（引按：今簡一〇）末一字爲「孫」字，似當與此簡相接。按荀息死於晉獻公二十六年，未參與殽之戰，此文以荀息與孫軫并提，疑屬古書「連類并稱」之例（參看《古書疑義舉例》卷二）。但此二簡不相接的可能性也不能完全排除，故釋文不連寫。

今按：原釋文「潰」於形、義皆不合，陳劍改釋爲「滅」，并注：殽之戰所謂「匹馬隻輪無反者」（《公羊傳》《穀梁傳》僖公三十三年，前六二七年），三年後「秦伯伐晉，……封殽尸而還」（《左傳》成公三年，前六二四年）。「滅」義更合。

〔二三〕原注：殽之戰爲秦繆（穆）公時事，此殘簡言終秦繆公之身，秦不敢與晉争，疑即三〇二號簡（引按：今簡一一）之下段。

今按：「强」字可疑。陳劍疑爲「從」，并注：連其上殘失者，此文應是「秦自此（殽之戰之後）從晉」之類，相同用法之「從」字，如《左傳》成公六年：「楚子重伐鄭，鄭從晉故也。」《左傳》成公十六年：「今其（按謂魯國季孫、孟孫氏）謀曰：『晉政多門，不可從也。寧事齊、楚，有亡而已，蔑從晉矣。』」

〔二四〕原注：此簡可能爲上一簡之下段，中無缺字。

〔二五〕原注：服，疑當讀爲「復」。

〔二六〕原注：此字殘存右半「皮」旁，疑是「彼」字。

〔二七〕吴九龍（一九八五）：首字爲「以」。

〔二八〕原注：此殘簡與三一三號殘簡（引按：今簡二二）似可拼合，但經仔細核對，發現不可拼合。

〔二九〕原注：此處似以孫武、孫臏之軍事理論作爲一家之言。「明之吴越」，謂孫武運用此種軍事理論於吴越；「言之於齊」，謂孫臏以此種軍事理論言之於齊威王。由於兼包二孫子而言，所以稱「孫氏」，不稱「孫子」。

今按：「明之吴越」前一字，殘存右半「勿」，陳劍釋「物」。

〔三〇〕原注：簡文「已」字殘泐。銀雀山所出殘簡曰：「……是謂知道。已戰而知其所以勝不勝……」（登録號一四三三、三五四九），文句與此相似。「已」字據此釋。

篡卒

「篡卒」是原簡篇題，寫在第一簡簡背。本篇包括正文和附簡兩部分，正文六簡，主要論述關係戰爭勝負的一些重要因素，有些説法與《孫子·謀攻》所言相近；附録兩簡，是對「信」「忠」「敢」的説明。本篇有三種書寫風格：簡一、簡二文字整體稍向右上取勢；簡三至簡六文字整體向右下傾斜；簡七、簡八書寫草率，連筆明顯，可能由多位書手抄寫。

篡（選）卒一背

孫子曰：兵之勝在於篡（選）卒，〔一〕其勇在於制，〔二〕其巧在於埶（勢），其利在於信，〔三〕其德在於道，〔四〕其富一在於亟歸，〔五〕其强在於休民，其傷在於數戰。〔六〕·孫子曰：德行者，兵之厚積也。〔七〕信者，兵二明賞也。〔八〕惡戰者，兵之王器也。〔九〕取衆者，〔一〇〕勝□□〔一一〕□也。·孫子曰：恒勝有五：得主槫（專）制，〔一二〕三勝。知道，〔一三〕勝。得衆，勝。左右和，勝。糧（量）適（敵）計險，勝。·孫子曰：恒不勝有五：御將，不勝。〔一四〕不知四道，不勝。乖將，不勝。〔一五〕不用閒，〔一六〕不勝。不得衆，不勝。·孫子曰：勝在盡□，明賞，撰（選）卒，乘適（敵）五之□。是胃（謂）泰武之葆。〔一七〕·孫子曰：不得主弗將也。▨六

★　★　★　★　★　★

▨□□令，一曰信，二曰忠，三曰敢。安忠＝（忠？·〔一八〕忠）王。安信＝（信？信）賞。安敢＝（敢？敢）去不善。〔一九〕不忠於王，不敢用其七兵。不信於賞，百生（姓）弗德。不敢去不善，百生（姓）弗畏。　·二百卅五〔二〇〕八

〔一〕「篡（選）卒」參看《威王問》注釋〔四六〕。

〔二〕原注：制，法也。《吕氏春秋·節喪》：「以軍制立之。」

〔三〕整理小組（一九七五a）：利，鋭。意謂軍隊戰鬬力强，在於將帥言而有信。一説「利」即利害之利，此句意謂將帥有信，爲軍隊的利之所在。

〔四〕李均明（一九九二）：「德」，品德，此處指軍隊的素質。

〔五〕原注：亟歸，急歸。意謂軍用不絀在於速戰速決。

〔六〕原注：數，頻繁。

〔七〕原注：厚積，豐富的儲備。

〔八〕原注：「明賞」上原脱「之」字。

〔九〕原注：惡戰，不好戰。王器，王者之器。《管子·水地》：「卑也者，道之室，王者之器也。」《左傳》成公十六年：「德、刑、詳、義、禮、信，戰之器也。」杜注：「器猶用也。」

〔一〇〕原注：取，疑當讀爲「聚」。
張震澤（一九八四）：「取衆」，取得大衆的擁護。

〔一一〕原注：此字殘存右半「青」旁，疑是「静」字。

〔一二〕原注：得到君主信任，有自主行事之權。

〔一三〕「知道」參看《威王問》注釋〔五二〕。

〔一四〕原注：御，駕馭，控制。御將不勝，謂將帥受君主牽制，不能自主，則不能取勝。此與上文「得主專制勝」分別從正反兩方面説明同一層意思。《孫子·謀攻》「將能而君不御者勝」，與簡文同意。

〔一五〕原注：乖，離异。乖將不勝，謂將帥不和不勝，與上文「左右和勝」分別從正反兩方面説明同一層意思。《黄石公三略·上略》：「故亂將不可使保軍，乖衆不可使伐人。」

〔一六〕原注：間，間諜。《孫子·用間》：「非聖智不能用間。」

〔一七〕原注：「葆」「寳」古通，「泰武之葆」疑當讀爲「大武之寳」。

〔一八〕原注：安，何也，焉也。下文「安信」「安敢」之「安」并同。

〔一九〕原注：與此文相類似的文字亦見《説苑·政理》：「董安于治晋陽，問政於蹇老。蹇老曰：『曰忠，曰信，曰敢。』董安于曰：『安忠乎？』曰：『忠於主。』曰：『安信乎？』曰：『信於令。』曰：『安敢乎？』曰：『敢於不善人。』」據簡文，《説苑》「敢於」下似脱「去」字。

〔二〇〕原注：據字體，三二八、三二九兩簡（引按：今簡七、八）似應歸入本篇。如三二七（引按：今簡六）與三二八兩簡之間無脱簡，則本篇共爲八簡，前五簡共一百五十二字，三二八、三二九兩簡共五十一字，合計二百〇三字，較三二九號簡所記總字數二百卅五字少三十二字，此當即三二七號簡原來應有之字數。

月戰

「月戰」是原簡篇題，寫在第一簡簡背。簡文談到戰爭勝敗與日、月、星的關係，反映兵陰陽家的觀念。本篇包括正文和附簡兩部分，正文四簡，一簡殘損；附簡兩枚，皆完整。

月戰一背

·孫子曰：閒於天地之閒，莫貴於人。戰□□□〔一〕人不單（戰）。天時、地利、人和，三者不得，雖勝有央（殃）。是以必一付與而□戰，不得已而後戰。〔二〕故撫（撫）時而戰，不復使亓（其）衆。〔三〕无（無）方而戰者，分勝以付磿者二也。〔四〕·孫子曰：十戰而六勝，以星也。十戰而七勝，以日者也。十戰而八勝，以月者也。〔五〕十戰而九勝，月有三〔六〕☐【十戰】而十勝，將善而主過者也。〔七〕一單四【……】

★　　★　　★　　★　　★　　★

【……】所不勝者也五＝（五，五）者有所壹，不勝。故戰之道，有多殺人而不得將卒者，〔八〕有得將卒而不得舍者，

五有得舍而不得將軍者，有復（覆）軍殺將者。故得亓（其）道，則雖欲生不可得也。〔九〕　八十〔一〇〕六

〔一〕原注：此字殘泐，似是「知」字。

〔二〕原注：《老子》三十一章：「兵者不祥之器，非君子之器，不得已而用之。」語意與此相近。

〔三〕張震澤（一九八四）：《史記·曆書》「撫十二節，卒明」，《正義》：「撫，猶循也。」撫時而戰，意即循天時而戰。不復使其衆，此言一戰而勝，不必重復聚衆興師。《孫子·作戰》：「善用兵，役不再籍，糧不三載。」不復使其衆，猶役不再籍。

〔四〕王輝（二〇一八）：「分」原釋文作「小」，此字中間爲「刀」，非一豎筆，實是「分」字。

〔五〕原注：以上言戰爭勝敗與日月星之關係，今摘録古書中有關資料，以供參考。《管子·四時》：「東方曰星……此謂星德……南方曰日……此謂日德……中央曰土……此謂歲德……西方曰辰……此謂辰德……北方曰月……斷刑致罰，無赦有罪，以符陰氣。大寒乃至，甲兵乃强，五穀乃熟，國家乃昌，四方乃備，此謂月德……日掌陽，月掌陰，星掌和。陽爲德，陰爲刑，和爲事。」《左傳》成公十六年「陳不違晦」，杜注「晦，月終，陰之盡，故兵家以爲忌」，孔疏：「日爲陽精，月爲陰精。兵尚殺害，陰之道也。行兵貴月盛之時，晦是月終，陰之盡也。故兵家以晦爲忌，不用晦日陳兵也。」又《史記·匈奴列傳》：「舉事而候星月，月盛壯則攻戰，月虧則退兵。」

〔六〕原注：本簡倒數第四、第五兩字及第六、第七兩字間有反寫的字迹，當是從它簡粘印過來的。本篇三三四號簡（引按：今簡五）也有類似的情況。此類現象尚見於他篇，不再一一注明。此類字迹摹本中一般未摹出。

〔七〕原注：過，疑當讀爲「禍」。古代軍事家多認爲屢次打勝仗不一定是好事。如《吴子·圖國》：「天下戰國，五勝者禍，四勝者弊，三勝者霸，二勝者王，一勝者帝。」

王輝（二〇一八）：「主」原釋文作「生」，今據圖版改釋爲「主」。主指君主，《威王問》簡二六「明主、知道之將」，即以主、將連言。「主禍」即君主有災禍。

〔八〕原注：《尉繚子·束伍令》：「亡將得將，當之。得將不亡，有賞。」「得」是俘獲之意。本篇諸「得」字疑亦同意。

〔九〕原注：《鶡冠子·能天》：「其得道以生者，天能生之，其得道以死者，天弗能生也。」其語與此相近。

〔一〇〕原注：三三四、三三五兩簡（引按：今簡五、六）字體與本篇相近，故附録於此。三三五號簡所記之「八十」當爲一段之字數。而非全篇字數。此二簡共六十二字，較八十字少十八字，約當半簡地位，可見此段文字乃接抄於他段文字之後，而非單獨成篇者。

八陣

「八陣」是原簡篇題，寫在第一簡簡背和最後一簡篇末計字尾題之後。本篇現存七簡，皆完簡，無殘損。簡文可以分爲兩段，前段三簡，講唯有「知道」，方爲「王者之將」；後段四簡，講用「八陣」作戰，要因地制宜，根據敵兵强弱配置兵力。篇末有計字尾題「二百七十四」，簡文現存二百零七字，尚缺六十七字。因爲首簡簡背及末簡簡尾均有篇題，而且首、尾兩段語意完整，所以缺簡位置應在本篇的中間部分，應爲一段獨立的簡文。根據本篇辭例，中間所缺一段應以「孫子曰」開始，而且與「八陣」有關。《威王問》篇後

附簡三〇、簡三五疑屬本篇（參看該篇篇首説明文字）。本篇現存兩段簡文字迹不同，書手當非一人。

八陣（陣）一背

孫子曰：知（智），不足將兵，自侍（恃）也。勇，不足將兵，自廣也。不知道，數戰，不足將兵，幸也。〔一〕夫安一萬乘國，廣萬乘王，〔二〕全萬乘之民命者，唯知=道=（知道。知道）者，上知天之道，下知地之理，内得二其民之心，外知適（敵）之請（情），〔三〕陳（陣）則知八陳（陣）之經，〔四〕見勝而戰，弗見而諍。〔五〕此王者之將也。三

孫子曰：用八陳（陣）戰者，因地之利，用八陳（陣）之宜。用陳（陣）參（三）分，誨陳（陣）有蘳（鋒），誨逢（鋒）有後，〔六〕皆侍（待）令而動。鬭一，四守二。〔七〕以一侵適（敵），以二收。適（敵）弱以乳（亂），〔八〕先其選卒以乘之。〔九〕適（敵）强以治，〔一〇〕先其下卒以誘之。車騎與戰者，〔一一〕分五以爲三，一在於右，一在於左，一在於後。易則多其車，險則多其騎，厄則多其弩。〔一二〕險易必知生地、六死地，〔一三〕居生毄（擊）死。

〔一四〕 二百七十四〔一五〕 八陣（陣）〔一六〕七

〔一〕原注：以上數句之意，似謂將兵之事，智、勇及經驗皆不足恃，關鍵在是否「知道」。「自廣」之「廣」，與《威王問》篇「埤壘廣志」及本篇下文「廣萬乘王」之「廣」同意。「自廣」猶言自己壯膽。幸，猶言碰運氣。

張震澤（一九八四）：《史記·高祖本紀》：「高祖乃心獨喜自負」，《集解》應劭曰：「負，恃也。」自恃即自負。

白於藍（二〇一〇）：「自廣」一詞中的「廣」字似仍當讀作「匡」。「自匡」一詞見於典籍。《太玄·格》：「次七：格其珍類，龜縞厲。測曰：格其珍類，無以自匡也。」

〔二〕白於藍（二〇一〇）：此「廣」字當讀作「匡」。上古音廣、匡均爲喉音陽部字，例可相通。《詩·小雅·六月》：「王于出征，以匡王國。」鄭玄箋：「匡，正也。」簡文之「廣（匡）」字應即此義。簡文「安萬乘國」與「廣萬乘王」對言，「安……匡……」或「匡……安……」這樣的句式在典籍中十分常見。《左傳》哀公十六年：「王孫若安靖楚國，匡正王室，而後庇焉，啓之愿也。」《周書·文帝紀下》：「思所以上匡人主，下安百姓。」以此例之，將簡文之「廣」讀爲「匡」亦當不誤。

〔三〕原注：《六韜·虎韜·壘虚》「將必上知天道，下知地理，中知人事」，又《淮南子·兵略》：「故上將之用兵也，上得天道，下得地利，中得人心。」

〔四〕原注：《太平御覽》卷三〇一引《傳子》曰：「兵法云，内精八陣之變，外盡九成之宜，然可以用奇也。」《唐太宗李衛公問對》卷上：「太宗曰：天地風雲龍虎鳥蛇，斯八陣何義也？靖曰：傳之者誤也。古人秘藏此法，故詭設八名爾。八陣本一也，分爲八焉。」又《風后握奇經》《太白陰經》等書於八陣亦皆有所論列。《隋書·經籍志》著録有《吴孫子牝八變陣圖》二卷；又云：「梁又有《孫子八陣圖》一卷，亡。」

〔五〕原注：諍，似當讀爲「静」。

〔六〕原注：鋒，前鋒。後，後衛。誨，疑當讀爲「每」，但「每」字用以修飾名詞，古書罕見。
〔七〕原注：意謂以三分之一的兵力與敵交戰，以三分之二的兵力等待時機。
〔八〕原注：「敵弱以亂」之「以」字當訓「而」，下文「敵强以治」同。
〔九〕原注：《淮南子·兵略》：「乘之以選卒。」
整理小組（一九七五ａ）：乘，凌犯。意謂先以精兵攻擊敵人。
〔一〇〕整理小組（一九七五ａ）：治，嚴整。意謂敵人戰鬥力强，陣容嚴整。
〔一一〕原注：與，參與。
〔一二〕原注：易，平地。厄，隘塞之地。《淮南子·兵略》：「易則用車，險則用騎，涉水多弓，隘則用弩。」
〔一三〕原注：《淮南子·地形》：「凡地形……高者爲生，下者爲死。」
〔一四〕原注：《孫子·行軍》：「平陸處易，而右背高，前死後生，此處平陸之軍也。」《太白陰經》卷二《作戰篇》：「夫戰者左川澤，右丘陵，背高向下，處生擊死，此平地之戰人也。」
〔一五〕原注：本篇實際字數爲二百零七字，與此數相差七（引按：原作「五」）字。古書篇末字數，多據底本過録，與實際字數往往有出入。如武威所出《儀禮》簡，各篇篇末所記字數，皆與實際字數不符（參看《武威漢簡》）。
張海波（二〇一五）：「七十」原釋文作「一十」，今據圖版改釋。
〔一六〕原注：此爲篇末篇題。

地葆

「地葆」是原簡篇題，寫在最後一簡篇末計字尾題之前，與《八陣》篇題寫在篇末計字尾題之後不同。本篇現存六簡，皆爲完整簡，無殘損，簡背有劃痕。簡文主要從軍事利弊角度講述山、水的「生」「死」及五地、五草、五壤的「勝」「敗」，其中雜糅了陰陽五行的觀念。

孫子曰：凡地之道，陽爲表，陰爲裹，〔一〕直者爲剛（綱），術者爲紀＝（紀。〔二〕紀）剛（綱）則得，陳（陣）乃不惑。直者毛〈屯〉產，〔三〕術一者半死。凡戰地也，日其精也，〔四〕八風將來，必勿忘也。〔五〕絶水、迎陵、逆溜（流）、居殺地、迎衆樹者鈞（均）舉二也，〔六〕五者皆不勝。南陳之山，生山也。東陳之山，死山也。〔七〕東注之水，生水也。北注之水，死水。不留（流），死水也。〔八〕三五地之勝曰：山勝陵＝（陵，陵）勝阜＝（阜，阜）勝陳＝丘＝（陳丘，陳丘）勝林平地。五草之勝曰：藩、棘、椐、茅、莎。〔九〕五壤之勝：青四勝黃＝（黃，黃）勝黑＝（黑，黑）

勝赤＝（赤，赤）勝白＝（白，白）勝青。〔一〇〕五地之敗曰：谿、川、澤、斥。〔一一〕五地之殺曰：天井、天窌、天離、天㙯（隙）、天五柖。〔一二〕五墓，殺地也，〔一三〕勿居也，勿□也。春毋降，秋毋登。〔一四〕軍與陳（陣）皆毋政前右＝（右，右）周毋左周。〔一五〕　地葆〔一六〕　二百〔一七〕六

〔一〕整理小組（一九七五ａ）：陽，疑指高亢明敞的地形。陰，疑指低窪幽暗的地形。

李均明（一九九二）：銀雀山竹書《陰陽時令、占候之類·曹氏陰陽》：「地埤陰，山陵亦以高爲陽而……。」

〔二〕原注：術，疑當讀爲「屈」。蔣禮鴻《義府續貂》（一四五頁）指出，「術」通「遹」，謂迂回，不能讀爲「屈」。

〔三〕原注：「毛」與「産」并有生長之義，與下句「半死」相對爲文。《公羊傳》宣公十二年：「錫不毛之地」，何休注：「墝埆不生五穀曰不毛。」《管子·七臣七主》：「夫男不田，女不緇，工技力於無用，而欲土地之毛，倉庫滿實，不可得也。」或謂此「毛」字當釋「屯」，讀爲「純」。純，猶言「全」。與下句「半」字相對。

朱德熙（一九八八）：「毛」是「屯」的譌字。「屯産」猶言「皆生」（《説文》：産，生也），與「半死」相對爲文。

〔四〕原注：此句未詳，疑與古代軍事上的迷信禁忌有關。

〔五〕原注：銀雀山竹書《天地八風五行客主五音之居》（見本書第二輯）有大剛風、晢風、剛風、凶風、晢周風、溄風、生風、弱風等八風之名，并謂「凡晢、晢周、剛、大剛、凶風，皆利爲客；生、溄、弱風，皆利爲主人」。隋蕭吉《五行大義》卷四引太公兵書所記八風名目與竹書多相合。本篇所謂八風，疑即此類。《吕氏春秋·有始》《淮南子·地形》《説文解字》等書所記八風與兵法無涉，似非本篇所指。

張震澤（一九八四）：《吴子·治兵》：「將戰之時，審候風所從來，風順，致呼而從之，風逆，堅陣以待之。」風之順逆對戰爭勝負極有關係，故「八風將來，必勿忘也。」

〔六〕原注：絶水，渡水。《孫子·行軍》：「客絶水而來，勿迎之於水内，令半濟而擊之，利。」迎陵，面向高陵。《孫子·軍爭》：「高陵勿向。」逆流，軍居水下游。《孫子·行軍》：「無迎水流。」殺地，當即下文所謂天井、天宛等險地。迎衆樹，面向森林。《孫子·行軍》：「若交軍於斥澤之中，必依水草而背衆樹。」

張震澤（一九八四）：舉，去也。《楚辭》「願離群而遠舉」，注：「去也。」言上述諸地，均應離而去之。

李均明（一九九二）：「舉」，攻克。此處之「均舉」當謂被擊敗。

〔七〕原注：南陳，當指東西走向。東陳，當指南北走向。

〔八〕原注：《通典》卷一五七：「太公曰……凡軍不欲飲死水」，下有注曰：「死水者，不流之水。」《北堂書鈔》卷一一三「常飲生水」下曰：「（太公兵法）又云：當飲生水，無食死水。所謂生水，長流者，冬夏有水，不地虚（一本作不涸）也。死水，不流，夏有冬竭也。」

〔九〕張震澤（一九八四）：《孫子·行軍》：「必依水草而背衆樹。」五草之勝當指行軍所依，藩爲上，棘、椐、茅、莎，等而下之。藩，草木叢生可爲藩蔽者。棘，荆棘有刺可以難敵者。椐，《釋名·釋宫室》：「籬，……以柴竹作之，……青徐曰椐。」《墨子·備城門》有治椐法。字亦作㯫。《玉海》：「㯫，藩落籬。」知椐指草木若籬落者。茅、莎皆草名，茅高四五尺，莎高尺餘，

故莎不勝茅。或説：茅借爲莽，《漢書·景帝紀》：「地饒廣薦草莽水泉。」如淳曰：「草稠如薦，深如莽。」李均明（一九九二）：「藩」，籬笆。此處指叢生如籬的草木。「椐」，靈壽木，一種多腫節的樹。此處泛指灌木叢。「莎」，草名，即香附子，高約尺餘。此處泛指長勢比較低的草。

〔一〇〕張震澤（一九八四）：古以青、黄、黑、赤、白爲東、中、北、南、西五方色，配木、土、水、火、金爲五行。《説文》云：「青，東方色也。」「赤，南方色也。」「白，西方色也。」「黄，地之色也。」又云：「木，東方之行。」「土，地之中。」「水，北方之行。」「火，南方之行。」「金，西方之行。」五色與五行相當，青黄黑赤白相當於木土水火金。《淮南子·地形》：「木勝土，土勝水，水勝火，火勝金，金勝木。」推之則爲青勝黄，黄勝黑，黑勝赤，赤勝白，白勝青。青黄黑赤白代表五種土壤相生相勝的性質，非指五壤之顔色。

〔一一〕原注：簡文於五地之敗下僅列舉四地，抄漏一字。

張震澤（一九八四）：《禹貢》：「海濱廣斥。」鄭注：「斥謂地鹹鹵。」即鹽碱地。

〔一二〕原注：《孫子·行軍》：「凡地有絶澗、天井、天牢、天羅、天陷、天隙，必亟去之，勿近也。」本篇天離當即《孫子》之天羅。「離」「羅」二字古音相近通用，銀雀山竹簡本《孫子》中，「天羅」亦作「天離」。「天㽘」即《孫子》之「天隙」，「㽘」當即「隙」之异體（「隙」與「郄」通）。「天宛」疑即《孫子》之「天牢」。「宛」「苑」字通。《説文》：「苑，所以養禽獸也。」又：「牢，閑養牛馬圈也。」二字義近。《孫子》「天陷」，銀雀山竹簡本《孫子》作「天臽」，本篇「天柖」當爲「天臽」之异文。

陳偉武（一九九八）：「天柖」之「柖」亦當讀爲沼。「沼」本有水池義，《詩·召南·采蘩》：「于以采蘩，于沼于沚。」《左傳》哀公元年：「越十年生聚，而十年教訓，二十年之外，吴其爲沼乎！」杜注：「謂吴宫室廢壞，當爲污池。」「沼」由池沼水澤義轉指生長水草、泥濘難通、阻陷車馬的地形，故《孫子》又稱爲「天陷」，「沼」與「陷」屬近義替代。

今按：銀雀山漢簡與此句相關簡文有兩條：一是《孫子兵法·行軍》：「天井、天窖、天離、天臽、天郄」；二是《孫子兵法·地形二》：「【天】離、天井、天窌」。此句與《地形二》之「窌」字，原釋「宛」。《秦漢魏晉篆隸字形表》（五一八頁）將這兩處「宛」字，改釋爲「窌」。此二「窌」字字形皆有殘損，綜合二字形，可以發現此字上從「穴」下從「卯」，當釋「窌」。天窌，與《行軍》之「天窖」相當。《説文·穴部》：「窌，窖也。」天窌、天窖同義。漢簡中還有「窌」「窖」通用的例子，如阜陽漢簡《蒼頡篇》C035「困窌廩倉」，北大漢簡《蒼頡篇》簡五五作「困窖廩倉」。

〔一三〕原注：五墓，疑即指天井、天宛等五種殺地。

〔一四〕原注：春毋降，秋毋登，當是古代用兵時的一種迷信禁忌。《太平御覽》卷三一三引《穰苴兵法》曰「戰，春不東，秋不西，月食還師，所以止戰也」，與此相類。

張震澤（一九八四）：此文春，猶言春夏，秋，猶言秋冬。原來上古一年只分春秋二季，後來才由春秋二季分出夏冬，成爲四季。降，謂降居低地，登謂登上高地。春夏草木茂，雨水多，故毋降；秋冬草木枯落，高處水泉少，故毋登。

今按：「降」原釋文作「將」，今據圖版改。

〔一五〕原注：此句未詳。《太平御覽》卷三二八引《孫子占》言風之占候，亦有右周之語，録供參考：「三軍方行，大風飄起於軍前。右周絶軍，其將亡；右周中，其師得糧。」

整理小組（一九七五b）：周，周匝環繞。《六韜·虎韜·火戰》：「引兵深入諸侯之地，遇深草蓊穢，周吾軍前後左右。」本篇左周、右周，當指丘陵高地在軍陣之左側或右側。兵書多謂山陵在右爲便。《孫子·行軍》：「平陸處易，而右背高，前死後生，此處平陸之軍也」，杜牧注引太公兵法曰：「軍必左川澤而右丘陵。」故簡文云：「右周毋左周。」

李均明（一九九二）：「政」疑通「正」，面向。《陣紀·山林澤谷之戰》：「兵法以處陸之軍，右當背乎高阜……。」義與簡文「毋正前右」吻合。《尉繚子·天官》。亦云：「向坂陣爲廢軍。」

〔一六〕原注：「葆」「寶」古通，「地葆」疑當讀爲「地寶」。《群書治要》卷三一引《六韜·龍韜》：「故順天道不必有吉，逆之不必有害。失地之利則士卒迷惑，人事不和，則不可以戰矣。故戰不必任天道，飢飽勞逸文武最急，地利爲寶。」

李均明（一九九二）：「葆」疑通「保」。「地保」，或指地形條件的保障作用。猶《孫子·地形》所云：「夫地形者，兵之助也。」《戰國策·秦策四》：「天下之國，莫强於齊。齊、魏得地葆利。」

〔一七〕原注：本篇實際字數（不計篇題）正爲二百字，與此相符。

埶備

「埶備」是原簡篇題，寫在第一簡簡背。簡文以「陣」象劍，以「勢」象弓弩，以「變」象舟車，以「權」象長兵，對四種「兵之道」作了解説。本篇包括正文及附簡兩部分，共有十五簡，五簡完整，十簡殘損，其中七簡殘損過半。

埶（設）備一背〔一〕

孫子曰：夫陷（含）齒戴角，前蚤（爪）後鋸（距），喜而合，怒而斲（鬬），天之道也，不可止也。〔二〕故无（無）天兵者自爲備，〔三〕聖人之事一也。黄帝作劍，以陳（陣）象之。笄（羿）作弓弩，〔四〕以埶（勢）象之。禹作舟車，以變象之。湯、武作長兵，以權象之。凡此四二者，兵之用也。何以知劍之爲陳（陣）也？旦莫（暮）服之，〔五〕未必用也。故曰，陳（陣）而不戰，劍之爲陳（陣）也。劍无（無）封（鋒），唯（雖）孟賁三【之勇】，〔六〕不敢□□□。陳（陣）无（無）逢（鋒），非孟賁之勇也敢將而進者，不智（知）兵之至也。〔七〕劍无（無）首鋌，唯（雖）巧士不能進四【□】□。〔八〕陳（陣）无（無）後，非巧士敢將而進者，不知兵之請（情）者。故有蜂（鋒）有後，相信不動，適（敵）人必走。〔九〕无（無）蜂（鋒）无（無）後，五〔一〇〕□券不道。何以知弓奴（弩）之爲埶（勢）也？發於肩應（膺）之閒，殺人百步之外，不識亓（其）所道至。〔一一〕故曰，弓弩埶（勢）也。何以六【知舟車】之爲變也？高則□七□何以知長兵之權也？〔一二〕擊非高下非□八□□盧毀肩。故曰，長兵權也。凡此四□九□所循以成道也。知亓（其）

道者，兵有功，主有名。一〇□用而不知亓（其）道者，【兵】无（無）功。凡兵之道四：曰陳（陣），曰埶（勢），曰變，曰權。察此四者，所以破强適（敵），取孟（猛）將也。一一〼□埶（勢）者，攻無備，出不意〔一三〕〼一二〼中之近〼一三〔一四〕也，視之近，中之遠。權者，晝多旗，夜多鼓，所以送戰也。〔一五〕凡此四者，兵之用也。□〔一六〕皆以爲用，而莫勶（徹）亓（其）道。〔一七〕一四

★　★　★　★　★　★

〼□得四者生，失四者死，□□□□〼一五

〔一〕裘錫圭（二〇一一）：整理小組讀「埶備」爲「勢備」。現在看來，「埶備」實當讀爲「設備」。此篇説禽獸以齒角爪距相鬥，人無「天兵」，必須「自爲備」，所以「黄帝作劍，以陳（陣）象之；羿作弓弩，以埶（勢）象之；禹作舟車，以變象之；湯、武作長兵，以權象之」，下文即對其四「象」之説加以解釋。當初我們將「埶備」讀爲「勢備」，當與此篇中談到「勢」有關。但是「勢」只是四「象」之一，「勢備」與此篇文義并不相合。從文義看，「埶備」當讀爲「設備」，指人類自設兵器舟車等物以爲備。《左傳》已言「設備」，僖公二十二年《傳》：「邾人以須句故出師，公卑邾，不設備而禦之。」《六韜·龍韜·農器》：「守禦之備，可無設乎？」「設備」之義由此可以看得很清楚。

〔二〕原注：《淮南子·兵略》：「凡有血氣之蟲，含牙帶角，前爪後距。有角者觸，有齒者噬，有毒者螫，有蹄者趹。喜而相戲，怒而相害，天之性也。」

整理小組（一九七五a）：「含齒戴角、前爪後距」，指有牙、角、爪、距的禽獸。

〔三〕原注：天兵，自然賦予動物的武器。如牙、角、爪、距。無天兵者，指人。

〔四〕原注：笄，讀爲「羿」，「羿」字小篆作「羿」，與「笄」字并從「幵」得聲。《墨子·非儒下》：「古者羿作弓」，又《吕氏春秋·勿躬》：「夷羿作弓。」

〔五〕原注：《吕氏春秋·順民》：「服劍臂刀」，高注：「服，帶。」

〔六〕原注：孟賁，古代著名勇士。

〔七〕原注：古代「至」字與「實」字音近，故從「至」之字多以「實」爲聲訓字。例如《説文》「室，實也」，《釋名》：「絰，實也。」簡文「至」字疑當讀爲「實」。兵之實，猶下文言「兵之情」。

李均明（一九九二）：「至」，極、最。

〔八〕原注：首，劍首，劍把的末端。鋌，劍把的莖，手所握持之處。《戰國策·趙策三》：「且夫吴干之劍材難。夫毋脊之厚而鋒不入，無脾之薄而刃不斷。兼有是兩者，無釣（或作鈎）罕鐔（鐔，劍格）蒙須之便，操其刃而刺，則未入而手斷。」又《淮南子·主術》：「故握劍鋒以離（離，疑是進字之誤），北宫子、司馬蒯蕢不可（可字據王念孫校補）使應敵。操其觚（觚，劍把），招（舉也）其末，則庸人能以制勝。」意皆與此相近。

張震澤（一九八四）：《莊子·則陽》「吹劍首者，吷而已矣」，司馬注云：「劍首，謂劍環頭小孔也。」劍首即劍柄安環處。莖即鋌，

即劍柄中連劍身部分，外夾以木，約之以絲，即成劍柄。首鋌通謂劍柄也。此句言劍若無柄，即使巧士也不能刺進。

〔九〕原注：走，敗走。《六韜·虎韜·疾戰》：「敵人雖衆，其將可走。」

張震澤（一九八四）：《説文通訓定聲·坤部》：「信，假借爲敶（陳）。」舉《左傳》昭公二十五年「信罪之有無」，定公八年「盟以信禮」等例，謂諸信字皆爲陳列之意。本文信字亦當訓陳，言陣有前鋒有後隊，相陳而不變動，必能戰勝敵人。

〔一〇〕原注：此簡也可能與下三五四號簡（引按：今簡六）緊接，中間無缺簡，即「无鋒无後」一句可能與「□劵不道」相連。

今按：本篇三四九至三五四號簡（今簡一至六）簡背有劃痕，從劃痕貫連情況看，三五三與三五四兩簡之間無缺簡。

〔一一〕原注：道，由也，從也。

〔一二〕原注：據上文，此句「權」字上應有「爲」字，抄寫者誤脱。

〔一三〕原注：《孫子·計》：「攻其無備，出其不意。」

〔一四〕原注：此殘片有可能是上一簡的斷片。

〔一五〕李均明（一九九二）：「送」，引。《史記·平準書》「株送徒」，應劭曰：「送，引也。」「送戰」，指揮戰鬥。

陳偉武（一九九六）：「送」有「饋贈」義，饋贈就是以財物相助，故「送」有「助」義，「送戰」即「助戰」。「晝多旗，夜多鼓」是聚衆用兵的措施（即對「權」的解釋），因此説「所以送戰也」。

〔一六〕原注：此字殘損，似是「民」字。

〔一七〕原注：徹，通也，達也。三六〇號至三六二號簡（引按：今簡一二至一四）的一段文字，也可能本在三五七號與三五八號簡（引按：今簡九、一〇）之間。

【兵情】

本篇未見原簡篇題，「兵情」是原整理者所擬。簡文用弩矢爲喻來説明「兵之情」，以矢、弩、發者分别比喻士卒、將帥和君主，認爲只有三方面都合乎要求，纔能勝敵。本篇現存八簡，一簡完整，七簡殘損，無簡背劃痕。原整理者説：「本篇字體與前《勢備》（引按：現《埶備》）篇相同，文章思路亦近，可能本是《勢備》篇之後半。」陳邦懷（一九八九）、趙逵夫（一九九四）同意原整理者意見，張震澤（一九八四）則認爲本文集中論述治卒之法及將、卒、主之關係，與《勢備》篇之論陣、勢、變、權有别，仍當作爲獨立之篇。

孫子曰：若欲知兵之請（情），弩矢亓（其）法也。矢，卒也。弩，將也。發者，主也。〔一〕矢，金在前，羽在後，〔二〕故犀而善走。〔三〕前一【重而】後輕，故正而聽人。今治卒則後重而前輕，〔四〕陳（陣）之則辨（辦），趣之適（敵）則不聽人，〔五〕治卒不法矢也。弩二者，將也。弩張棅（柄）不正，〔六〕偏强偏弱而不和，亓（其）兩洋之送矢也不壹，〔七〕矢唯（雖）輕重得，前後適，猶不中三【招也〔八〕……】□□□〔九〕將之用心不和☐四☐得，猶不勝適（敵）也。

矢輕重得，前五〔一〇〕【後】適，而弩張正，亓（其）送矢壹，發者非也，猶不中昭（招）也。卒巠（輕）重得，前後適，而將唯於▨六▨□兵□□□□□□猶不勝適（敵）也。〔一一〕故曰，弩之中穀（彀）合於四，〔一二〕兵有功七▨將也，卒也，□也。故曰，兵勝適（敵）也，不異於弩之中召（招）也。此兵之道也。八

〔一〕原注：發，發射。主，君主。

〔二〕原注：金指箭鏃，羽指箭羽。

〔三〕原注：犀，利。走，疾行。

〔四〕原注：本篇以弩矢喻用兵，認爲布置軍陣兵力，不應前輕後重。《吴子·料敵》「齊性剛，其國富，君臣驕奢而簡於細民，其政寬而禄不均，一陳兩心，前重後輕，故重而不堅」，指出前重後輕的弊病，其着眼點與本篇不同。

〔五〕原注：辨，能也，成也。《管子·中匡》：「公曰：民辨軍事矣，則可乎？」《淮南子·兵略》：「論除謹，動静時，吏卒辨，兵甲治。」此句意謂：使之列陣，可以辦到，促之赴敵，則不聽指揮。《吴子·料敵》：「三晋，陳治而不用」，與此同意。

〔六〕原注：柄謂弩臂。《釋名·釋兵》：「弩，怒也，有勢怒也，其柄曰臂。」

〔七〕整理小組（一九七五b）：洋，疑當讀爲翔。《淮南子·覽冥》：「翱翔四海之外」，高注：「翼……不摇曰翔。」《禮記·曲禮上》：「室中不翔」，鄭注：「行而張拱曰翔。」弩弓横置，如鳥舒兩翼，人張兩臂，故謂之翔。

張震澤（一九八四）：洋當讀爲「廂」，兩邊謂之兩廂，古無廂字，借洋字爲之。洋、廂同部。

〔八〕原注：「招也」二字據下文三六九號簡（引按：今簡六）補。招，箭靶。《吕氏春秋·本生》：「萬人操弓共射其一招，招無不中。」高注：「招，埻的也。」

〔九〕此字疑爲「今」。

〔一〇〕原注：此簡與上三六七號簡（引按：今簡四）似爲同一簡的斷片，因斷處不連，故未綴合。「得」字上似可補「卒雖輕重」四字。

〔一一〕原注：上文殘缺，大意似謂弩機與矢都符合標準，發射的人不合格，猶不能中的；將和士卒都合格，君主不能善用之，亦不能勝敵。

〔一二〕原注：彀，此處指箭靶。《管子·小稱》：「羿有以感弓矢，故彀可得中也。」又《韓非子·問辯》：「夫言行者，以功用爲之的彀者也。」

今按：「兵」下之字，疑爲「以」。

張震澤（一九八四）：合於四，四指矢前後輕重得，一也；弩棅正，二也；兩洋送矢壹，三也；發者是，四也。四者是以弩射比喻治卒得法，上下和同，可以勝敵有功。

行篡

「行篡」是原簡篇題，寫在第一簡簡背。簡文主要論述用「權衡」來「選賢取良」，用「陰陽」來「聚衆合敵」。本篇現存六簡，五簡完整，一簡殘損。原整理者簡一、簡二釋文之間有「……」號，原注〔三〕說：「此簡（引按：今簡二）與上一簡也可能緊接，『正衡再纍既忠』當作一句讀。」今按：從簡背圖版來看，本篇簡背雖有劃痕，但可見的劃痕只有三處，難以據劃痕判斷簡一、簡二是否可以連讀。但簡一至簡五上端有一略向右傾斜的橢圓形污迹〔見附録（三）圖一一所附〕，根據污迹形狀來看，前五簡原應是編聯在一起的，簡一、簡二可以連讀。

行篡（選）一背

·孫子曰：用兵移民之道，權衡也。〔一〕權衡，所以篡（選）賢取良也。陰陽，所以冣衆合適（敵）也。〔二〕正衡再纍一暨（既）忠，〔三〕是胃（謂）不窮。稱鄉（向）縣（懸）衡，〔四〕雖其宜也。〔五〕私公之財壹也。夫民有不足於壽而有餘於貨者，二有不足於貨而有餘於壽者，〔六〕唯明王、聖人智（知）之，故能留之。〔七〕死者不毒，奪者不温（慍）。〔八〕此無窮三⊠□□□民皆盡力，近者弗則，遠者無能。〔九〕貨多則辨=（辨，辨）則四民不德其上。〔一〇〕貨少則□=（□，□）則天下以爲尊。然則爲民賕也，吾所以爲賕也。〔一一〕此兵之久也，用兵之五國之葆（寶）也。六

〔一〕原注：移民謂驅使民衆爲君主所用。《管子·七法》：「不明於決塞而欲驅衆移民，猶使水逆流。」又同書《治國》：「……安鄉重家，則雖變俗易習，驅衆移民，至於殺之而民不惡也。」權，砝碼，秤錘。衡，天平。此句意謂用兵移民跟使用天平是一個道理。

〔二〕原注：冣，聚。

〔三〕原注：此簡與上一簡也可能緊接，「正衡再纍既忠」當作一句讀。「纍」指天平所用的權（古代的權有自銘爲「纍」者），「再」當讀爲「載」，「忠」讀爲「中」。「正衡載纍既中」，謂校正天平，使砝碼與所稱之物平衡。

〔四〕原注：稱，舉。「鄉」通「向」。稱向，定方向。《孫子·軍争》「掠鄉分衆」，「掠鄉」一本作「指向」。王皙注：「指所鄉以分其衆。」懸衡，指衡量輕重利弊。《孫子·軍争》「懸權而動」，杜牧注：「如衡懸權，秤量已定，然後動也。」

〔五〕原注：雖，疑當讀爲「唯」。

〔六〕原注：不足於壽而有餘於貨者，指富有而貪生的人。不足於貨而有餘於壽者，指因貧困而輕生的人。《孫子·九地》：「吾士無餘財，非惡貨也，無餘命，非惡壽也」，亦以貨與壽對舉。

〔七〕原注：留之，義未詳。或疑「留」當讀爲「流」。上引《管子·七法》言：「不明於決塞而欲驅衆移民，猶使水逆流。」「故能流之」，蓋謂「明王聖人」能驅衆移民。

〔八〕 整理小組（一九七五ａ）：毒，痛恨。愠，抱怨。

〔九〕 原注：一説此句「弗」字下寫脱一字，「則」字當連下讀。

張震澤（一九八四）：此句無脱文。則與賊古通，《論語·堯曰》：「慢令致期謂之賊。」能，當讀態，借爲怠，爲慢放懈倦之意。

〔一〇〕 整理小組（一九七五ａ）：辨，疑借爲便，安逸。

〔一一〕 原注：《詩·大雅·民勞》：「民亦勞止，汔可小休，惠此中國，以爲民逑。」簡文「爲民賕」，疑即用《詩經》語。《説文》：「逑，斂聚也。」簡文作賕，字從貝，當指積聚財富。《説文·貝部》又有賕字，義爲「以財物枉法相謝也」，乃賄賂之義，與簡文「賕」字似無關。疑此二句意謂爲百姓積聚財富，也就是爲自己積聚財富。所以上文説：「私公之財壹也。」

殺士

「殺士」是原簡篇題，寫在第一簡簡背。原注：「殺，殺傷，犧牲。殺士之語，見於《孫子·謀攻》：『將不勝其忿而蟻附之，殺士三分之一而城不拔者，此攻之災也。』又《尉繚子·兵令下》：『古之善用兵者，能殺卒之半，其次殺其十三，其下殺其十一。能殺其半者，威加海内，殺十三者，力加諸侯，殺十一者，令行士卒。故曰百萬之衆不用命，不如萬人之鬬也，萬人之鬬不如百人之奮也。賞如日月，信如四時，令如斧鉞，制如干將，士卒不用命者，未之有也。』簡文殺士當與此所謂殺卒同意，意謂使士卒殺身以爲上用。從以下所收殘簡看，本篇主要内容似是指出在上者應如何行事，才能使士卒效命。」本篇現存十一簡，無完簡，皆殘損，除首簡外其餘諸簡位置不能確定。

殺士一背

·孫子曰：明爵禄而☒一

☒士死。明賞罰□☒二

☒士死。立□☒三

☒必審而行之，士死。四

☒死。撟而下之，士死。□☒〔一〕五

☒之，士死。□而傳〔二〕六

☒勉之驩（歡），或死州□☒七

〼之親，或死貢（墳）墓〼〔三〕八

〼之⿰言烏，或死飲食〼九

〼□處之安，或死疾一〇疢之問，〔四〕或死〼一一

〔一〕原注：《荀子·臣道》：「率群臣百吏而相與彊君撟君」。楊倞注：「撟與矯同，屈也。」疑此句意謂在上者能屈己禮士，士卒就能效命。據此一完整句，以上殘句大多可以補出數字，如第一句即可補爲：「明爵禄而□之，士死。」

今按：末字舊未得釋，王輝據殘存筆劃將此字釋爲「將」。

〔二〕原注：「傳」字不清晰，也可能是「傅」字。

〔三〕原注：《管子·九變》：「凡民之所以守戰至死而不德其上者，有數以至焉。曰：大者親戚墳墓之所在也，田宅富厚足居也。不然，則州縣鄉黨與宗族足懷樂也。……」簡文「或死墳墓……」，當是指士卒爲保護親族墳墓而守戰至死。又上簡「或死州……」，可能是指由於州縣鄉黨可懷樂而守戰至死。

〔四〕《説文·疒部》：「疢，熱病也。」

延氣

「延氣」是原簡篇題，寫在第一簡簡背和最後一簡篇末。原注：「本篇所謂氣指士氣。古兵書常强調氣的重要。《司馬法·嚴位》：『凡戰，以力久，以氣勝。』《尉繚子·戰威》：『民之所以戰者氣也。氣實則鬭，氣奪則走。』又同書《十二陵》：『戰在於治氣。』」簡文根據軍事行動的不同階段，把士氣的營造、激勵和保持分爲「激氣」「利氣」「厲氣」「斷氣」「泛氣」五事，强調士氣對於戰勝的重要性。本篇原整理者編有十四個簡號，正文八簡，附録六簡。趙逵夫（一九九四）指出四〇〇簡應移在三九七簡之前，四〇〇（今簡三）、三九七（今簡四）、三九八（今簡五）、三九九（今簡六）、四〇一（今簡七）當以此序排在原三九〇（今簡二）和三九一（今簡九）之間；又指出原正文末二簡（三九五、三九六）爲一簡之折，今從其説。又，根據辭例，今將四〇二簡（今簡八）編在四〇一和三九一簡之間。如此將原整理者歸入附簡者均編入正文，原正文末二簡綴合爲一簡（今一四），又從《五教法》移入一簡（四四一，今簡一三），故全篇仍爲十四個簡號。

延氣一背

·孫子曰：合軍聚衆，〔一〕【務在激氣】。〔二〕復徙合軍，〔三〕務在治兵利氣。臨竟（境）近適（敵），務在癘（厲）氣。〔四〕戰日有期，務在斷一氣。〔五〕今日將戰，務在泛氣。〔六〕〼＝〼□□氣不【激】則隋＝（惰，惰）則難＝使＝（難使，難使）則不可以合旨。三〔七〕〼營也。以易營之衆而貴武適（敵），必敗。〔八〕氣不利則拙＝（拙，拙）則不＝及＝（不

及，不及）則失＝利＝（失利，失利）四【……】氣不癘（厲）則聶＝（懾，懾）〔九〕則衆＝□【＝】（衆□，衆□）☐五☐氣不斷則迵【＝】（迵，〔一〇〕【迵】）則不槫易散，〔一一〕臨難易散必敗六☐□＝（□□）則不＝智＝爲＝已＝之＝節＝（不知爲已之節，〔一二〕不知爲已之節）則事☐七〔一三〕☐□而弗救，身死家殘。將軍召使而勉之，擊☐八〔一四〕☐以威三軍之士，所以敫（激）氣也。將軍令☐九☐其令，所以利氣也。將軍乃一〇☐短衣絜裘，〔一五〕以勸士志，所以厲氣也。將軍令＝（令，令）軍人＝（人人）爲三日糧，國人家爲一一☐望，國使毋來，軍使毋往，所以斷氣也。將軍召將衛人者而告之曰：飲食毋一二☐壘涂（途）道，使三軍之士皆見死而不見生，所一三〔一六〕以泛氣也。　·延氣一四〔一七〕

〔一〕原注：《孫子·軍争》「合軍聚衆」，梅堯臣注：「聚國之衆，合以爲軍。」

〔二〕原注：「務在激氣」四字據下文補。

〔三〕整理小組（一九七五a）：徙，拔營。復徙，疑指進發。

〔四〕原注：《戰國策·齊策六》：「明日乃厲氣循城，立於矢石之所。」

〔五〕原注：「戰日有期」之語亦見《淮南子·兵略》：「察其勞佚，以知其飽飢，故戰日有期，視死若歸。」

〔六〕此及簡一四之「泛」原釋文作「浧（延）」，陳劍改釋爲「泛」。

〔七〕趙逵夫（一九九四）：三九七簡（簡四）爲論「氣不利」則如何的開頭，三九八簡（簡五）爲論「氣不厲」則如何的開頭。三九九簡（簡六）爲論「氣不斷」則如何的開頭。只缺論「氣不激」則如何及「氣不延」則如何的文字。再看四〇〇簡（簡三）文字的内容：「氣不□則隋（惰），隋（惰）則難使，難使則不可以合旨。」按：「不」字後缺文爲「激」字。首先，所謂「激氣」指激發士氣；士氣不激發起來則士兵懶惰，缺乏鬥志。所以説：「氣不激則隋（惰）。」其次，篇首説：「合軍聚衆，務在激氣。」而四〇〇簡説「不激氣」的結果是「不可以合旨」。因爲只有激發了士氣，才可以團結一心，衆志成城。所以説，四〇〇簡表現的思想正好與「不激氣」相應。由以上兩方面看，四〇〇簡「不」字後所缺爲「激」字。四〇〇簡的位置應移在三九七簡之前。

〔八〕原注：據此簡下文「氣不利則拙……」及三九九號簡（引按：今簡六）「氣不斷則迵……臨難易散必敗」等文字，以上數句似應爲「氣不激則□」一段之殘文，其意蓋謂軍隊如不激氣，即有不良後果而必敗於敵。自此以下言「氣不□則□」諸簡（引按：指簡四、簡五、簡六、簡三、簡七），其原來位置究竟在言「所以□氣也」諸簡之前或之後，難以斷定。這部份簡内部的前後位置也有不易確定之處。

趙逵夫（一九九四）：按論述邏輯，文章應先言在什麽情况下務在激氣，什麽情况下務在利氣等，再從反面來説明不激氣會怎麽樣，不利氣會怎麽樣等，最後才談激氣、利氣等的具體作法。前兩層是一正一反論述激氣、利氣等的必要性的。

今按：從趙逵夫的論述可知，他的觀點是「氣不□則□」諸簡，其原來位置應在言「所以□氣也」諸簡之前。本篇部分竹簡簡背有劃痕，從簡背劃痕看，「氣不□則□」諸簡，應在言「所以□氣也」諸簡之前。

〔九〕李均明（一九九二）：此二「聶」字，均讀爲「攝」。攝，屈。

今按：此二「聶」字，原釋文一讀爲「懾」、一讀爲「攝」。此二「聶」似應讀爲「懾」，《説文·心部》：「懾，失氣也。」

〔一〇〕原注：「迵」與下「則」字之間空隙較大，據文義原當有重文號，因簡殘缺去，釋文已補出重文。「迵」原作「迥」，從「辵」與從「辶」同意。「迵」與「通」音義皆近，「迵」「斷」二字之義正相對。

〔一一〕原注：槫，當讀爲「專」或「團」。

〔一二〕原注：爲，做。已，停止不做。

〔一三〕趙逵夫（一九九四）：因爲四〇一簡（簡七）與四〇〇、三九七、三九八、三九九諸簡辭例相近，所以此簡應是接在某一「氣不□則□」之後的。「氣不激」「氣不利」「氣不斷」之後緊接文字已有，只「氣不厲則聶〓則衆〓□」（三九八）以下有缺文，「氣不延」一段全缺。再看這有關幾簡的長短情况及中部編繩痕迹，三九八簡爲簡之上端，計重文號在内九字，不計重文號爲七字。四〇一簡爲簡之中部，中部編繩痕迹尚存。中部編繩痕迹以上計重文號爲十七字（其中最上端一字只存模糊痕迹），不計重文號爲十字，上部所缺最多不超過六字。因而可以肯定，四〇一簡與三九八簡非一簡之折。那麼，它應是論述氣不延則如何的文字。

〔一四〕原注：此簡字體與以上諸簡相同，内容似亦有關，疑屬本篇。身死家殘乃古代軍法中習用語。《尉繚子·束伍令》：「亡伍不得伍，身死家殘……亡長不得長，身死家殘。」

今按：原整理號三九一至三九五簡（即今簡九至簡一二、簡一四上部）有固定的辭例，「所以□氣也」句後都有「將軍」一詞，换句話説就是這部分的辭例應該是「將軍……，所以□氣也」。本篇利氣、厲氣、斷氣、泛氣部分都有「將軍」一詞，只有激氣部分無，四〇二簡（即今簡八）有「將軍召使而勉之」語，語義也與激氣相關，所以將四〇二簡編在三九一簡前。簡八原圖版上有△號，根據《銀雀山漢墓竹簡〔壹〕》「凡例」可知此指位置不能確定。本篇無整簡，現存簡文半簡字數爲十六至十八字，此簡現存十六字，相當於半簡。此簡簡首、簡尾殘損，未見編繩痕迹及簡背劃痕，本篇部分竹簡存簡背劃痕，位置在第一道與第二道編繩之間，因此簡八的位置只能在第二道編繩與第三道編繩之間。此簡首字、末字皆殘損筆劃，補全殘字後，此簡再容不下其他文字。因此將此簡排第二道編繩下低半字位置。

〔一五〕原注：褧，疑當讀爲「褐」。褐裘，疑即「裘褐」，《莊子·天下》：「使後世之墨者，多以裘褐爲衣。」成玄英疏：「裘褐，粗衣。」

〔一六〕此簡（《銀雀山漢墓竹簡〔壹〕》編號四四一）原是《五教法》篇後附簡，此簡存簡尾，三九五簡（即簡一四上部）存簡首，原整理者在四四一簡後補一「以」字，三九五簡第一字正是「以」；四四一簡有「三軍之士」語，本篇也有相同的表述，如簡九「⍁以威三軍之士，所以敫（激）氣也。將軍令⍁」。因此將此簡從《五教法》篇移出，編入本篇。

〔一七〕整理小組（一九七五b）：此殘簡可能與上一四九號殘簡（引按：《銀雀山漢墓竹簡〔壹〕》編號三九五、三九六，即今簡一四）爲一簡之折，文字緊接，但因斷處不連，故未綴合。

趙逵夫（一九九四）：三九六簡有篇題，它是本篇末簡。篇題之上，餘「也」字的部分筆畫。這「也」字自然也就是本篇正文的最末一字。本文談「氣不□」如何的文字，結尾部分分别是「所以激氣也」（三九一）、「所以利氣也」（三九二）、「所以厲氣也」（三九三）、「所以斷氣也」（三九四），末尾都有一個「也」字。而且，前四段「所以□氣也」文字俱全，只最末一段的「所以延氣也」只餘「以延氣」三字（三九五）。三九五簡爲簡之上端，「所」字自然在失去的上一簡的末尾；「也」字則應就是三九六簡篇題上的那個「也」字。也就是説，三九五、三九六本係一簡之折。

官一

「官一」是原簡篇題，寫在第一簡簡背。原注：「本篇篇首有『立官則以身宜』之語，故即以『官』字爲篇題。」本篇主要論述各種軍事措施及陣法的作用或適用的場合，簡文提到的陣名絶大多數不見於典籍，已不知所指。本篇原有二十八簡，正文十六簡，附録十二簡。原注：「篇後所附殘簡，文字均與本篇重複，可見此篇原有兩本。篇題『官』後加『一』字，可能表示此爲兩本中之第一種本子。篇後所附殘簡之篇題，疑當爲『官二』，因殘缺過甚，姑附於《官一》篇後。此篇文字多不可解，故簡文次序不易確定。釋文中四〇五至四〇八號諸簡（引按：今簡三、簡四、簡一五、簡一六）提行寫，表示這幾根簡目前的排列順序與實際情況或許有出入。」本篇前十六簡，簡背有劃痕。这次再整理，根据簡背劃痕，将四〇七（簡一五）、四〇八（簡一六）移在四一八簡（簡一四）後。調整簡序之後，可以發現十六支簡原應分爲兩組，每組八枚，文末尚有缺簡。附簡王輝新編入一支（簡二八），故有十三支。

官一一背

孫子曰：凡處卒利陳（陣）體（體）甲兵者，〔一〕立官則以身宜，〔二〕賤令以采章，〔三〕乘削以倫物，〔四〕序行以一【□】极，〔五〕制卒以周（州）閭，授正以鄉曲，〔六〕辯（辨）疑以旌輿，〔七〕申令以金鼓，〔八〕齊兵以從迹，〔九〕庵結以人二雄，〔一〇〕邋軍以索陳（陣），〔一一〕茭肆以囚逆，〔一二〕陳師以危□，射戰以雲陳（陣），圉（御）裹以羸渭，〔一三〕取喙以闔三燧，〔一四〕即敗以包□，〔一五〕奔救以皮傅，〔一六〕燥戰以錯行。〔一七〕用□以正□，用輕以正散，〔一八〕攻兼用行城。〔一九〕四爲畏以山胠，〔二〇〕秦怫以委（逶）施（迤），〔二一〕便罷以鴈（雁）行，〔二二〕險厄以雜管，還退以蓬錯，〔二三〕繞山林以曲次，〔二四〕襲五國邑以水則，〔二五〕辯（辨）夜退以明簡，〔二六〕夜敬（警）以傳節，〔二七〕唐入內寇以棺士，〔二八〕遇短兵以必輿，火輸積六以車，〔二九〕陳（陣）刃以錐行，〔三〇〕陳（陣）少卒以合＝雜＝（合雜。合雜），所以圉（御）裹也。脩行連削，所以結陳（陣）也。〔三一〕雲折重雜，七所權趮也。〔三二〕猋凡振陳，〔三三〕所以乘疑也。隱匿謀詐（詐），〔三四〕所以鈞戰也。〔三五〕龍隋陳伏，所以山鬬也。〔三六〕八□□乖舉，所以瘱（壓）津也。〔三七〕引□卑卒，〔三八〕所以□□也。不意侍卒，所以昧戰也。〔三九〕遏溝□九陳，所以合少也。疏削明旗，所以疑適（敵）也。敼（剽）陳（陣）轋車，所以從遺也。椎〔四〇〕下移師，所以備一〇强也。浮沮而翼，所以燧鬬也。〔四一〕禪括蘩避，所以莠橐也。〔四二〕澗（簡）練敼（剽）便，所以逆喙也。〔四三〕堅一一陳（陣）敦刃，所以攻槥也。〔四四〕楑（揆）𢇍（斷）藩薄，所以泫（眩）疑也。〔四五〕僞遺小亡，所以餽（餌）敵也。〔四六〕重害，所以茇一二【□】也。順明到聲，所以夜軍也。佰奉離積，〔四七〕所以利勝也。剛者，所以圉（御）劫也。更者，所以過一三□也。□者，所以圉（御）□也。□【者，所以】□□【也。序】者，〔四八〕所以厭門也。胡退□入，〔四九〕所以解困也。一四□地□□用方，迎陵而陳（陣）用封，〔五〇〕險□□□用圜，〔五一〕交易武退用兵，〔五二〕埶高陳臨用方一五翼，〔五三〕氾戰倭唐用喙逢，〔五四〕囚險解去以姚（逃）遠，〔五五〕草駔沙荼以陽削，〔五六〕戰勝而陳（陣）以奮國，而一六【……】

★　★　★　★　★　★

☐□令以金☐一七〔五七〕

☐以雲陳（陣），圉（御）裹【以羸渭，取喙】以闔☐一八

☐畏以山胠，秦怫以委（逶）施（迤），便罷以鴈（雁）☐一九

☐□夜退以明簡，夜敬（警）☐二〇

☐輿，火輪積以車，陳（陣）☐二一

龍隋陳☐二二

☐□也。疏削明□☐二三

☐□也。澗（簡）練□便，所以逆喙也。☐二四

☐𢇍（斷）藩薄，所以泫（眩）【疑也。僞遺小亡】，所以聭（餌）敵也。重害，所☐二五

☐奉離積，所以利☐二六

所以圉（御）□【也。□者，所以□□】也。序者，所以厭☐二七

☐唐用喙逢，囚☐二八

☐荼以陽削，戰☐二九

〔一〕原注：處卒，疑與《孫子·行軍》所謂「處軍」同意。「利陣」之語亦見《周書·武順》：「將居中軍，順人以利陣。」

張震澤（一九八四）：《周禮》：「體國經野，設官分職」，注：「體，猶分也。」體甲兵，蓋配置甲仗兵器之意。

〔二〕張震澤（一九八四）：此句意謂根據人身條件所宜，以建立軍隊之官能。

〔三〕原注：賤，疑讀爲「踐」。采章，見《左傳》宣公十四年：「於是有容貌、采章」，杜注：「采章，車服文章也。」

張震澤（一九八四）：踐，實踐，履行。《國語·周語中》亦云「服物采章」，韋注：「采色文章也。」彼指平日區別尊卑貴賤之

服章。至若軍用之采章則指五彩徽章，《管子・兵法》：「九章：一曰舉日章則晝行，二曰舉月章則夜行，三曰舉龍章則行水，四曰舉虎章則行林，五曰舉鳥章則行陂，六曰舉蛇章則行澤，七曰舉鵲章則行陸，八曰舉狼章則行山，九曰舉韓章則載食而駕。九章既定，而動静不過。」《尉繚子・經卒令》：「卒有五章：前一行蒼章，次二行赤章，次三行黄章，次四行白章，次五行黑章。次以經卒，亡章者有誅。前一五行置章於首，次二五行置章於項，次三五行置章於胸，次四五行置章於腹，次五五行置章於腰。……踰五行而前者有賞，踰五行而後者有誅。」以上皆采章制度之例證，古當隨時隨事而有不同。

〔四〕張震澤（一九八四）：削是旃之借字。《文選・甘泉賦》「建光耀之長旃兮」，李善注引《埤雅》曰：「旃，旗斿也。」乘，由上下句「踐令」「序行」例之，這裏應作動詞用。《三蒼》：「乘，載也。」乘旃，蓋謂車上載旗。倫，是分類分等之意。物，《國語・楚語下》：「能言能聽徹其官者，而物賜之姓」，韋注：「物，事也，以功事賜之姓。」此句乃言用車上插載不同旗幟來區别兵車之類别和等級。又，本篇有四個削字，皆可釋旃。

今按：陳劍疑「削」爲「列」字之誤，後「削」字亦是。

〔五〕「极」，舊未得釋，陳劍、王輝釋。

〔六〕原注：州閭，猶言州里。正，長也。一説當讀爲「政」。此二句意謂按地方行政組織編制士卒，任命軍中官吏。《管子》《周禮》所記軍制，皆與各級地方行政組織相結合，與簡文所言一致。

〔七〕原注：輿，疑當讀爲「旟」，繪有鳥文的旗。

〔八〕整理小組（一九七五a）：金，指金屬軍樂器。

〔九〕張震澤（一九八四）：從速即蹤跡。《詩・召南・羔羊》「委蛇委蛇」，《毛傳》：「委蛇，行可從迹也。」蹤跡，即腳印。齊兵，謂持兵器整齊一致。此句意爲齊其脚步以使持兵整齊。

李均明（一九九二）：齊兵，使持兵整齊。從迹，跟隨前人的脚步。

〔一〇〕李均明（一九九二）：「庵結」，掩護。「人雄」，士卒中勇猛過人者。簡文謂以勇猛超人的士卒擔任掩護任務。

〔一一〕原注：邋，疑當讀爲「躐」。《楚辭・國殤》「凌余陣兮躐余行」，注「踐也」。古書多以「獵」爲「躐」，如《六韜・戰步》：「車騎翼我兩旁，獵我前後。」索陣，陣名。下文之囚逆、雲陣、贏渭、皮傅、錯行等疑亦陣名。

今按：「索」可疑，陳劍疑是「紼（綦）」之略省變之體或「緇」之异體。

〔一二〕張震澤（一九八四）：《左傳》昭公三十年：吴與楚戰，伍子胥教吴王曰：「若爲三師以肄焉。一師至，彼必皆出，彼出則歸，彼歸則出，楚必道敝。亟肄以罷之，多方以誤之，既罷而後以三軍繼之，必大克之。」杜注：「肄，猶勞也。」

李均明（一九九二）：「茭」疑通「交」，交替反復。「肄」，實施使敵方疲憊的行動。「茭肄」，反復騷擾使敵方勞苦疲憊。

〔一三〕原注：御，抵禦。裏，包圍。《廣雅・釋詁四》：「裏，圍也。」《通典》卷一五九引《吴子》：「我衆彼寡，參分而裏之。」

〔一四〕李均明（一九九二）：「喙」，鳥嘴或獸口，簡文指軍隊的前鋒。「取喙」，殲敵前鋒。「闔」，閉合。「燧」讀爲「隧」，道路。「闔隧」，當指一種能把敵人封閉在道路要隘處的陣形。

〔一五〕「包」下之字疑爲「奴」。

〔一六〕李均明（一九九二）：「奔救」，急馳救援。「皮傅」，或指一種迫近敵人的戰術。

〔一七〕張震澤（一九八四）：《周禮・大司馬》：「車徒皆譟。」《穀梁傳》定公十年：「齊人鼓譟而起。」《尉繚子・兵令上》：「矢射未交，長刃未接，前譟者謂之虚，後譟者謂之實，不譟者謂之秘。」此即所謂「譟戰」。

〔一八〕李均明（一九九二）：「輕」，輕裝部隊。「散」，散亂之敵。「正」疑通「征」。簡文謂以輕裝快速部隊攻擊散亂之敵。

〔一九〕李均明（一九九二）：「兼」，兼併，奪取。「行城」，能居高臨下形似一段城墻的作戰器械。《墨子・備梯》：「行城之法，高城二十尺，上加堞，廣十尺，左右出巨，各二十尺。」

〔二〇〕李均明（一九九二）：「畏」讀爲「隈」，山嶺彎曲處。《管子・形勢》「大山之隈，奚有於深」，注：「隈，山曲也。」「胠」，讀爲「阹」，環形陣。《漢書・司馬相如傳》「江河爲阹，泰山爲櫓」，蘇林曰：「阹，獵者圍陣遮禽獸也。」「山阹」，圍山布設的戰陣。

〔二一〕張震澤（一九八四）：「秦佛」疑讀爲「蓁茀」。蓁，又作榛。《淮南子・主術》「入榛薄險阻」，注：「聚木爲榛。」《文選・魏都賦》注引服虔曰：「榛，木業生也。」「茀」，《説文》：「道多草不可行。」《國語・周語中》「道茀不可行」，韋注：「草穢塞路爲茀。」

今按：此簡及下簡一九「秦佛以委施」之「佛」字，原釋文作「怫」，今據圖版改爲「佛」。

〔二二〕原注：雁形，陣名，參看《威王問》篇注〔四四〕（引按：今注〔四五〕）。上文之山胠、逶迤，下文之雜管、蓬錯、曲次等疑亦陣名。

〔二三〕原注：還退，撤退。《吴子・應變》：「還退務速。」

李均明（一九九二）：「蓬錯」，疑爲撤退時各部交相掩護的一種陣式。

〔二四〕張震澤（一九八四）：《尉繚子・兵教下》：「八曰全曲，謂曲折相從，皆有分部也。」據此可知，此句之意應是軍在山林中繞行時，當依部伍先後次序而曲折相從。

〔二五〕李均明（一九九二）：「國邑」，國都、城邑。「水則」，水流的規律。簡文謂要仿效水流的規律，以壓倒優勢來圍攻敵方城邑。

〔二六〕張震澤（一九八四）：簡指簡書。《詩・小雅・出車》「豈不懷歸，畏此簡書」，傳：「簡書，戒命也。」夜間撤退，用書面戒命，不用口頭命令，以免壞人乘隙。

〔二七〕原注：傳，符傳。節，符節。此處當指軍中所持出入的凭證。

〔二八〕李均明（一九九二）：「棺士」，武藝高强的人，猶如漢代的材官士。

〔二九〕原注：本篇所附四二四號殘簡（引按：今簡二一）之文爲「輿火輪積以車陣」，可證此簡確與四一〇號簡（引按：今簡六）緊接。

張震澤（一九八四）：《孫子・火攻》：火攻有五，「二曰火積，三曰火輜」。本文積指糧草之聚，輪指輜重。火輪積，即《孫子》之火積火輜。

〔三〇〕原注：錐行，陣名，參看《威王問》篇注〔四四〕（引按：今注〔四五〕）。

李均明（一九九二）：「陣刃」，布設精鋭前鋒。

〔三一〕張震澤（一九八四）：此句謂修治行列，旗旓相連，如此結陣則陣容嚴整。削借爲旓。《淮南子・兵略》：「吏卒辨，兵甲治，正行伍，連什佰，明鼓旗。」即此「脩行連旓」之意。

〔三二〕原注：簡文「權」字上脱「以」字。

李均明（一九九二）：「折」，彎曲。「重雜」，重迭。「雲折重雜」，比喻陣勢如烏雲翻滾。

〔三三〕原注：猋凡振陳，疑當讀爲「飆風振塵」。《淮南子·兵略》：「鼓不振塵。」

張震澤（一九八四）：當讀爲「飆風震陣」。飆風震撼軍陣，形容風力大。大風之時，敵人疑惑，故乘其疑而動。

〔三四〕原注：《説文·言部》：「詐，慙語也。」此處借爲「詐」。

〔三五〕原注：疑謂引誘敵人出戰。

〔三六〕張震澤（一九八四）：龍隋爲雙聲聯綿詞，當是形容軍隊疲靡不振作之狀。

〔三七〕原注：此字（引按：此句首字）不清，似是「雜」字。

李均明（一九九二）：「厭」，堵壓。「津」，渡口。《説文》：「津，水渡也。」「厭津」，截斷渡口。

今按：陳劍釋此句首字爲「猛」，疑第二字爲「起」、第三字爲「羊（佯）」。

〔三八〕王輝（二〇一八）：原整理者未釋之第一、三字，當釋作「引」「卑」。

〔三九〕李均明（一九九二）：「昧戰」，偷襲。

今按：「意」可疑，陳劍疑爲「悳」或「惠」。

〔四〇〕原注：此字右旁從「隼」。簡文從「隹」之字，「隹」旁常似「隼」，故釋此字爲「椎」。

〔四一〕原注：浮沮，陣名。《太白陰經》卷六「陣圖總序」：「黄帝設八陣之形……飛翼浮沮，巽也」，《武經總要》前集卷八「裴子法」（裴子指唐裴緒）有罘罝陣圖，下云：「昔太公三才之人陣，一曰飛翼陣，於卦屬巽宫，則孫子之罘罝陣，吴起之卦陣，諸葛亮之名虎（原注：或作禽）翼，以其游騎兩傍而舒翼也。」案「浮」「罘」音近，「沮」「罝」并從「且」得聲；《太白陰經》謂飛翼浮沮屬巽，「裴子法」之罘罝爲飛翼之别名，簡文亦云「浮沮而翼」，可證浮沮陣即罘罝陣。「裴子法」又曾論及罘罝陣之陣形，録之以供參考：「罘罝備在首尾，虚在兩旁，其勢不堅」，又：「罘罝前後横，中央縱，便於絶延斜，利於相救，且戰且息。」

〔四二〕原注：禪祮，疑當讀爲「嘽緩」。「禪」「嘽」并從「單」得聲，「祮」「緩」古音相近。《史記·樂書》：「嘽緩慢易」，「嘽緩」又作「闡緩」「嘽咺」，乃徐緩之意。蘽避，疑當讀爲「磐辟」，《文選·潘岳射雉賦》：「周環回復，繚繞磐辟」，徐爰注：「皆回從往復不正之貌也。」蘽，疑當讀爲「躡」，《尉繚子·經卒令》：「莫敢當其前，莫敢躡其後。」疑此句意謂行軍時故意顯示遲緩拖沓之狀，以引誘敵人追襲。

洪德榮（二〇一七）：「禪祮」讀爲「禪褻」，即指兵卒没有嚴格裝束及披甲帶胄，衣裝隨意穿着。「蘽避」讀爲「奔避」，即奔逃、走避之意。「莠蘽」，從原整理者釋爲「誘躡」，即引誘敵人跟踪。此句意爲没有嚴格裝束及披甲帶胄，隨意穿着，展露奔逃走避之姿，以誘使敵人追擊。

〔四三〕原注：簡練，選拔。剽便，指驍勇敏捷之士卒。

李均明（一九九二）：「逆喙」，迎擊敵軍前鋒。

〔四四〕洪德榮（二〇一七）：敦，厚也；「刃」指兵器。「槥」可通「衛」，「槥」從彗得声（匣母月部）；「衛」從韋得聲（匣母微部），聲同韻近。《六韜·守土》：「日中必彗」之「彗」，銀雀山漢簡本《六韜》作「衛」。「衛」可指擔任防護、守備工作的人或部隊，或指邊境駐兵防敵之處。此句意即厚实、堅强軍陣，督理兵器，是用來進攻敵方的守衛之人（或軍事據點）。

〔四五〕原注：揆，有破義。《吕氏春秋·知士》：「划而類，揆吾家」，《戰國策·齊策一》作「划而類，破吾家」。𢆶，漢代常用作「繼」

字，但馬王堆帛書醫方中「續斷」之「斷」字如此作，故此處釋作「斷」。

張震澤（一九八四）：藩薄，以草本爲籬落障蔽也。《國語·晉語八》「以藩爲軍」，注：「藩，籬落也，不設壘壁。」

李均明（一九九二）：「薄」，草木叢生處。《楚辭·九章·涉江》「死林薄兮」，注：「叢木爲林，草木交錯曰薄。」

〔四六〕原注：瑰，古書有用作「愧」字者。馬王堆帛書《戰國策》「恥」字多寫作「瑰」，并有假「瑰」爲「餌」之例，乃從「耳」聲之字，與「愧」字無關。簡文「瑰」字當與帛書同，應讀爲「餌」。此句意謂故意丢失一些東西，引誘敵人上鈎。《孫子·軍争》「餌兵勿食」，陳皥注云：「此言喻魚若見餌，不可食也，敵若懸利，不可貪也。曹公與袁紹將文醜等戰，諸將以爲敵騎多，不如還營，荀攸曰：『此所以餌敵也，安可去之？』」

〔四七〕陳偉武（一九九七）：「離積」猶言「委積」，「佰奉」當讀爲「百倍」。「奉」「倍」均爲古代唇音字，奉屬東部，而倍屬之部却與侯部頗有糾牽，从音得聲之字，有的古音學家徑直劃歸侯部。從通用字的材料來看，从奉从音之字互作不乏其例，棍棒之棒作棓，《淮南子·詮言》：「王子慶忌死於劍，羿死於桃棓。」《史記·天官書》中的「天棓」即「天棒」。因此，奉與倍陰陽對轉，讀奉爲倍當無問題。「佰奉離積」指百倍地儲備軍用物資。

〔四八〕原注：「序」字據篇後所附四三〇號殘簡（引按：今簡二七）補出。

〔四九〕李均明（一九九二）：「胡」，遠。《儀禮·士冠禮》「永受胡福」，注：「胡，猶遐也，遠也。」「胡退」，遠退。

〔五〇〕原注：上句言「用方」，下句言「用圜」，此句言「用封」。「方」「圜」當指方陣、圓陣（參看下編《十陣》篇），「封」疑當讀爲「圭」，指圭形之陣。《莊子釋文》（馬蹄篇）引李注：「鋭上方下曰珪。」「珪」同「圭」。

〔五一〕陳劍疑「險」後二字爲「畏有」。

〔五二〕「兵」，陳劍疑爲「笄（箕）」字略寫訛之形，與「圭」「圜」之類謂陣形者相類。「交易咸退用笄（箕）」，「易」與「險」相對，「交」即「交互」義，猶言「雙方皆」；作戰兩方在地形上皆不佔便宜，於是皆退兵，此時陣形用「箕」形。

〔五三〕「執」「高」原未釋，陳劍釋。

〔五四〕李均明（一九九二）：「泛戰」，一般作戰。「厝」，交錯。「接厝」，接戰突入敵陣。「喙逢」，先鋒部隊。

今按：「倿」原釋文作「接」，陳劍改釋。

〔五五〕「去」原釋文作「谷」，「姚」原未釋，陳劍釋「去」「姚」，并注：「姚」讀爲「逃」，如馬王堆帛書《天文氣象雜占》第六列·15：「天箾（簫），出，天下采，小人負子姚（逃）。」

〔五六〕原注：草駔沙荼，疑當讀爲「草苴沙塗」。

張震澤（一九八四）：當讀爲草苴莎荼。草指雜草。苴指特別豐厚之雜草。草苴莎荼，泛指雜草叢蔓之地。

李均明（一九九二）：莎，莎草。荼，菅茅花，此處泛指菅茅一类。

〔五七〕此簡背中部有編繩痕迹，位置在「令」「以」二字中間，竹簡位置據此排定。

五教法

「五教法」是原簡篇題，寫在最後一簡。原注：「此篇題原寫在篇末。此篇第一簡上端折損，『子』上一字殘去。今案銀雀山所出兵書中以『某子曰』發端的篇章僅見於《孫子》及孫臏書，故釋文於『子』上補出『孫』字。此篇文體與竹書《孫子》佚篇之爲問答體或注釋體者不同，疑屬《孫臏兵法》。」本篇是一九八五年《銀雀山漢墓竹簡〔壹〕》出版時新增入的篇目，之前没有發表過，主要講「處國之教」「行行之教」「處軍之教」「處陣之教」「隱而不相見利戰之教」五教。簡文原分正文及附簡兩部分，共有竹簡十三支，皆有殘損，其中正文十簡，附録三簡。今據文意將附録第一簡（四四一）編入《延氣》篇（詳見《延氣》篇首説明文字）；附録第二、三簡（今簡一〇、一一）編入正文，排在篇末篇題前。

【孫】子曰：善教者於本，不臨軍而變，故曰五教：處國之教一，行＝（行行）之教一，處軍之【教一，處陣之教一，隱】一【而】不相見利戰之教一。處國之教奚如？〔一〕曰☐二〔二〕孝弟良五德者，士无（無）壹乎，雖能射不登車。是故善射爲左，善御爲御，畢母（無）爲右。〔三〕然則三人三安車，五人安伍，十人爲列，百人爲卒，〔四〕千人有鼓，萬人爲戎，而衆大可用也。處國之教如此。行＝（行行）之教奚四如？廢車罷（疲）馬，將軍之人必任焉，所以衛（率）☐五☐☐足矣。行＝（行行）之教如此。處軍之教【奚如？】☐六〔五〕☐險幼將自立焉，〔六〕所以敬☐☐七〔七〕☐也。處軍之教如【此。處陣】之教奚如？兵革車甲，陳（陣）之器也。☐〔八〕八以興善。然而陳（陣）暨（既）利而陳（陣）實蘩。處陳（陣）之教如此。隱而不相見利戰之教【奚如？】☐九鍚所以教耳也。〔九〕☐☐【……所】一〇以教足也。五教暨（既）至，目益明☐一一☐　　五教法〔一〇〕一二

〔一〕原注：「奚」簡文寫作「奚」，當是「系」字之古寫，與「奚」音近相通。

〔二〕此簡及前後簡簡背均有劃痕，此簡現在圖版中的位置據簡背劃痕排定，與他簡比對可知此簡上部僅可容一字。

〔三〕原注：《爾雅·釋詁》：「畢，盡也。」「畢無爲右」，意謂以既不善射又不善御者爲車右。

〔四〕原注：《周禮·地官·小司徒》：「五人爲伍，五伍爲兩，四兩爲卒。」

〔五〕此簡在《銀雀山漢墓竹簡〔壹〕》中，位置在下簡（簡七）後，將此二簡位置互換，主要是因爲調整簡序後「行行之教」「處軍之教」「處陣之教」部分有相同辭例，即「某某之教奚如？……，所以……。某某之教如此。」此簡原圖版上有△號，根據《銀雀山漢墓竹簡〔壹〕》「凡例」可知此指位置不能確定。本篇「處國之教」「處軍之教」「處陣之教」部分的簡文均分布在三簡上，因此推測「行行之教」部分簡文也分布在三簡上。如果推測無誤的話，此簡與上簡（簡五）間應缺一簡。此簡背有劃痕，竹簡位置可

據此排定。

〔六〕 原注：幼，疑當讀爲「要」。險要，險阻之地。

〔七〕 此簡原圖版上亦有△號，指位置不能確定。此殘簡上端有編繩痕迹，簡背未發現劃痕，因此推測此簡上編繩應是第二道編繩。竹簡位置因此排定。

〔八〕 此簡b段的新圖版，與《銀雀山漢墓竹簡〔壹〕》中的圖版有兩處不同：一是b段上端「之教」二字殘畫誤拼「奚」字右側；二是無末字「也」。詳見摹本。

〔九〕 原注：鎉，疑即「鐃」字之異體。「弱」聲與「堯」聲古音相近。

〔一〇〕 原注：此三字較大，故知是篇末標題。

今按：此簡下端有編繩痕迹，簡背有劃痕，本篇他簡簡背劃痕均在上部，因此推測此簡上編繩爲第二道編繩，竹簡位置據此排定。

【强兵】

本篇未見原簡篇題，「强兵」是原整理者所擬。原注：「本篇主要内容是齊威王與孫臏之間有關富國强兵的問答。但篇中又提到齊宣王，文章風格亦與他篇有异，不象是孫臏書本文，可能是後人抄附在孫臏書後的。」本篇正文原有六簡，附録有六簡。張震澤（一九八四）據本篇前半内容主要以威王與孫臏問答形式論强兵之道，後半殘句乃記齊敗諸侯等事，内容前後不同，故分爲兩篇；又把原正文簡四四九（今簡六）移入下篇。陳劍同意把簡六從正文移出，并指出未公布竹簡1575（田野登録號）簡首完整，可與此簡連讀，簡六既已言及齊威王、宣王，則時王最可能是湣王，此是另一人與齊湣王的問答。陳劍觀點可信，故本篇現有正文五簡，附録八簡。

⍁威王問孫子曰：「□□□⍁一⍁與齊士教寡人强兵者，〔一〕皆不同道。⍁二⍁【有】教寡人以正（政）教者，有教寡人以【□】斂者，有教寡人以散糧者，有教寡人以静者，三⍁【孫子曰：「……】皆非强兵之急者也。」威四【王……】□□。孫子曰：「富國。」威王曰：「富國⍁五

★　★　★　★　★　★　★

⍁□厚，威王、宣王以勝諸侯，〔二〕至於六王身，行之齊□□□⍁七

⍁將勝之，此齊之所以大敗燕〔三〕八

衆乃知之，此齊之所以大敗楚人。〔四〕反⍁九

⧄知之，此齊之【所以】大敗趙〔五〕⧄一〇

⧄□□人於齧桑而禽（擒）氾（范）皋也。〔六〕一一

⧄禽（擒）唐□也。〔七〕一二

⧄□禽（擒）馮睘⧄〔八〕一三

〔一〕陳偉武（二〇〇一）：「齊」上一字尚存「與」字之半，摹本作「與」字可信，釋文宜將缺文號改爲「與」。

〔二〕原注：《史記·孟子荀卿列傳》「齊威王、宣王用孫子、田忌之徒，而諸侯東面朝齊」，可參考。

〔三〕原注：齊敗燕，當指齊宣王伐燕事，見《戰國策·燕策一》《孟子·梁惠王下》及《史記》等書。事在公元前三一四年。

〔四〕原注：齊敗楚，疑指齊與韓、魏等國伐楚取重丘（或曰攻方城）之戰，見《史記》的《楚世家》《秦本紀》，《戰國策·秦策》及《呂氏春秋·處方》等書。事在公元前三〇一年齊湣王初立時。

〔五〕原注：齊敗趙，疑指齊勝趙於平邑俘趙將韓舉之戰，見《竹書紀年》及《史記·趙世家》，事在公元前三二五年（據《竹書紀年》推定），當齊威王三十二年。

〔六〕原注：「人」上一字疑是「宋」字。宋於齊湣王十五年爲齊所滅，此處所記可能是滅宋以前的某次戰役。齧桑，今江蘇沛縣。《荀子·王霸》說齊湣王在大敗於燕以前「……强南足以破楚，西足以詘秦，北足以敗燕，中足以舉宋」，故簡文所說大敗燕等戰役也可能指的是湣王時的戰爭。

〔七〕原注：「唐」下一字半殘，有可能是「蔑」字。唐蔑當即楚將唐蔑，見《呂氏春秋·處方》《荀子·議兵》，《史記》作唐眛。《楚世家》記懷王二十八年：「……齊、韓、魏共攻楚，殺楚將唐眛，取我重丘而去。」如「唐□」確係唐蔑，則此簡與上文「大敗楚人」一簡所記爲一事，疑此二簡爲同一簡的斷片。

〔八〕「馮」，王輝釋。

附录

（一）孫臏資料輯録

本附録輯録戰國至漢古籍中提及孫臏之資料，供讀者參考。此類資料不能盡信。如劉向《荀子叙録》以《荀子·議兵》所記之臨武君爲孫臏，時代不合，唐人楊倞即已指出。又《史記》所記孫臏敗龐涓於馬陵事，與孫臏兵法竹簡《擒龐涓》篇亦相矛盾。

《史記·孫子吴起列傳》：「孫武既死，後百餘歲有孫臏。臏生阿、鄄之間，臏亦孫武之後世子孫也。孫臏嘗與龐涓俱學兵法。龐涓既事魏，得爲惠王將軍，而自以爲能不及孫臏，乃陰使召孫臏。臏至，龐涓恐其賢於己，疾之，則以法刑斷其兩足而黥之，欲隱勿見。齊使者如梁，孫臏以刑徒陰見，説齊使。齊使以爲奇，竊載與之齊。齊將田忌善而客待之。忌數與齊諸公子馳逐重射。孫子見其馬足不甚相遠，馬有上、中、下輩。於是孫子謂田忌曰：『君弟重射，臣能令君勝。』田忌信然之，與王及諸公子逐射千金。及臨質，孫子曰：『今以君之下駟與彼上駟，取君上駟與彼中駟，取君中駟與彼下駟。』既馳三輩畢，而田忌一不勝而再勝，卒得王千金。於是忌進孫子於威王。威王問兵法，遂以爲師。其後魏伐趙，趙急，請救於齊。齊威王欲將孫臏，臏辭謝曰：『刑餘之人，不可。』於是乃以田忌爲將，而孫子爲師，居輜車中，坐爲計謀。田忌欲引兵之趙，孫子曰：『夫解雜亂紛糾者不控捲，救鬭者不搏撠，批亢擣虚，形格勢禁，則自爲解耳。今梁、趙相攻，輕兵鋭卒必竭於外，老弱罷於内。君不若引兵疾走大梁，據其街路，衝其方虚，彼必釋趙而自救。是我一舉解趙之圍而收獘於魏也。』田忌從之。魏果去邯鄲，與齊戰於桂陵，大破梁軍。後十三歲（今本多作「後十五歲」，「五」爲訛字），魏與趙攻韓，韓告急於齊。齊使田忌將而往，直走大梁。魏將龐涓聞之，去韓而歸，齊軍既已過而西矣。孫子謂田忌曰：『彼三晉之兵素悍勇而輕齊，齊號爲怯。善戰者因其勢而利導之。兵法，百里而趣利者蹶上將，五十里而趣利者軍半至。』使齊軍入魏地爲十萬竈，明日爲五萬竈，又明日爲三萬竈。龐涓行三日，大喜，曰：『我固知齊軍怯，入吾地三日，士卒亡者過半矣。』乃弃其步軍，與其輕鋭倍日并行逐之。孫子度其行，暮當至馬陵。馬陵道陜，而旁多阻隘，可伏兵。乃斫大樹，白而書之，曰：『龐涓死于此樹之下。』於是令齊軍善射者萬弩夾道而伏，期曰：『暮見火舉而俱發。』龐涓果夜至斫木下，見白書，乃鑽火燭之。讀其書未畢，齊軍萬弩俱發，魏軍大亂相失。龐涓自知智窮兵敗，乃自剄，曰：『遂成豎子之名。』齊因乘勝盡破其軍，虜魏太子申以歸。孫臏以此名顯天下，世傳其兵法。」

《史記·魏世家》：「（惠王）十八年，拔邯鄲。趙請救於齊，齊使田忌、孫臏救趙，敗魏桂陵。」

《史記·田敬仲完世家》：「（宣王）二年（按：據《竹書紀年》，當在威王時），魏伐趙，趙與韓親，共擊魏，趙不利，戰於南梁。宣王召田忌復故位。韓氏請救於齊，宣王召大臣而謀曰：『蚤救孰與晚救？』騶忌子曰：『不如勿救。』田忌曰：『弗救則韓且折而入於魏，不如蚤救之。』孫子曰：『夫韓、魏之兵未弊而救之，是吾代韓受魏之兵，顧反聽命於韓也。且魏有破國之志，韓見亡，必東面而愬於齊矣。吾因深結韓之親，而晚承魏之弊，則可重利而得尊名也。』（按：以上一段，《戰國策·齊策一》作田臣思語）宣王曰：『善。』乃陰告韓之使者而遣之。韓因恃齊，五戰不勝，而東委國於齊。齊因起兵，使田忌、田嬰將，孫子爲帥（按帥當爲師字之誤），救韓、趙以擊魏，大敗之馬陵，殺其將龐涓，虜魏太子申。」

《史記·孟嘗君列傳》：「宣王二年，田忌與孫臏、田嬰俱伐魏，敗之馬陵，虜魏太子申而殺魏將龐涓。」

《史記·六國年表》：「（齊宣王二年）敗魏馬陵，田忌、田嬰、田肦將，孫子爲師。」

《史記·孟子荀卿列傳》：「齊威王、宣王用孫子、田忌之徒，而諸侯東面朝齊。」

《史記·太史公自序》：「孫子臏脚，而論兵法。」

《韓非子·難言》：「孫子臏脚於魏。」

《戰國策·齊策一》：「田忌爲齊將，係梁太子申，禽龐涓。孫子謂田忌曰：『將軍可以爲大事乎？』田忌曰：『奈何？』孫子曰：『將軍無解兵而入齊。使彼罷弊於先弱守於主。主者循軼之途也，鍺擊摩車而相遇。使彼罷弊先弱守於主。必一而當十，十而當百，百而當千。然後背太山，左濟，右天唐，軍重踵高宛，使輕車鋭騎衝雍門。若是，則齊君可正，而成侯可走。不然，則將軍不得入於齊矣。』田忌不聽，果不入齊。」

《戰國策·魏策二》：「魏惠王起境内衆，將太子申而攻齊。客謂公子理之傳（當作傅）曰：『……太子年少，不習於兵。田肦宿將也，而孫子善用兵。戰必不勝，不勝必禽……。』」

《通典》卷一百六十一：「戰國齊將孫臏謂齊王曰：『凡伐國之道，攻心爲上，務先服其心。今秦之所恃爲心者，燕趙之權。今説燕趙之君，勿虚言空辭，必將以實利，以回其心。所謂攻其心也。』」（《太平御覽》卷二百八十二引作《戰國策》。「戰國齊將」，《御覽》作「齊」。「服」，《御覽》作「伏」。「燕趙之權」，《御覽》作「燕趙也，當收燕趙之權。」「攻其心」下，《御覽》有「者」字。按《長短經·攻心》亦有此段文字，謂「戰國時有説齊王曰：凡伐國之道，攻心爲上……」，不以爲孫臏語。疑《通典》等有誤。）

劉向《荀子叙録》：「（孫卿）至趙，與孫臏議兵趙孝成王前。孫臏爲變詐之兵，孫卿以王兵難之，不能對也。」

賈誼《過秦論》：「於是六國之士有寧越、徐尚、蘇秦、杜赫之屬爲之謀，齊明、周最、陳軫、昭滑、樓緩、翟景、蘇厲、樂毅之徒通其意，吳起、孫臏、帶佗、兒良、王廖、田忌、廉頗、趙奢之朋制其兵。常以十倍之地，百萬之衆，叩關而攻秦。」（據《史記·秦始皇本紀贊》引。）

《漢書·刑法志》：「雄傑之士因勢輔時，作爲權詐，以相傾覆。吳有孫武，齊有孫臏，魏有吳起，秦有商鞅，皆禽敵立勝，垂著篇籍。」

《呂氏春秋·不二》：「孫臏貴勢。」高誘注：「孫臏，楚人，爲齊臣，作謀八十九篇，權之勢也。」

《漢書·藝文志》（兵權謀家）：「齊孫子八十九篇。」原注：「圖四卷。」顔師古注：「孫臏。」

《通典》卷一百四十九：「孫臏曰：『用騎有十利。一曰，迎敵始至。二曰，乘敵虚背。三曰，追散亂擊。四曰，迎敵擊後，使敵奔走。五曰，遮其糧食，絶其軍道。六曰，敗其津關，發其橋梁。七曰，掩其不備卒，擊其未整旅。八曰，攻其懈怠，出其不意。九曰，燒其積聚，虚其市里。十曰，掠其田野，係累其子弟。此十者，騎戰利也。夫騎者，能離能合，能散能集，百里爲期，千里而赴，出入無間，故名離合之兵也。』」

《武經總要》前集卷四「用騎」條：「……若乃逆敵始至，乘亂擊虚，追敗離結，邀前躡後，斷敵糧道，掠其輜重，及其關津，絶其橋梁，掩其不備，擊其未整，攻其懈怠，出其不意，燒其積聚，掠其市里，空其田野，俘其子弟，此十六者，騎之所長也。（按：以上所言與《通典》所載孫臏言騎有十利之内容略同。）……孫臏亦曰：騎戰之道，以虚實爲主，變化爲輔，地形爲佐。又有十利八害焉。一、乘其未定。二、掩其不固。三、攻其不屬。四、邀其糧道。五、絶其關梁。六、襲其不慮。七、亂其戰器。八、陵其恐情。九、撩其未裝。十、追其奔散。此十利也。八害者：一、敵乘皆虚，寇躡其後。二、越阻追背，爲敵所覆。三、往而無以反，入而無以出。四、所從入者隘，所四（由？）去者遠。五、澗谷所在，地多林木。六、左右水火，前後山阜。七、地多汙澤，難以進退。八、地多溝坑，衆草接茂。此八害者，皆騎士成敗之機，將必習乃可從事焉。」（《六韜·犬韜·戰騎》謂騎有十勝九敗，内容與以上兩條所記十利八害近似，當出於一源。）

《孫子·九地》「陷之死地然後生」，曹操注：「孫臏曰：『兵恐不投之死地也。』」

《戰國策·齊策六》：「食人炊骨，士無反北之心，是孫臏吳起之兵也。」（《史記·魯仲連鄒陽列傳》作：「食人炊骨，士無反外之心，是孫臏之兵也。」）

（二）整理信息表

本表提供「新整理號」「原整理號」和「田野登録號」三種編號對應情況。在「田野登録號」中，有部分殘碎竹簡過去未曾編號，此次我們根據館藏情况補以編號，并以「S00–00」爲格式，「S」代表碎簡，「–」前之數字代表碎簡目前裝裱藏存玻璃版之版號，「–」後之數字代表碎簡在每版上的順序編號。個别竹簡的「田野登録號」與吴九龍《銀雀山漢簡釋文》（文物出版社，一九八五年）公布的不同，我們在其後括注了吴書的編號。此次新整理未見原簡而無法確定「田野登録號」者，標以「？」號。原整理報告未刊布而無法確定「原整理號」的竹簡，標以「*」號。

新整理號	田野登録號	原整理號	備注
禽龐涓			
一	0021	二三四	有簡背劃痕
二a	2910	二三五、二三六	
二b	3704		
二c	1943		
三	2851	二三七	
四	0003	二三八	有簡背劃痕
五	0048	二三九	有簡背劃痕
六	0196	二四〇	有簡背劃痕
七	0380	二四一	有簡背劃痕
八	0046	二四二	有簡背劃痕
九	0034	二四三	有簡背劃痕
一〇	0043	二四四	有簡背劃痕
一一	0214	二四五	有簡背劃痕
一二	0008	二四六	有簡背劃痕
見威王			
一	0134	二四七	有簡背劃痕
二	0091	二四八	有簡背劃痕
三	0059	二四九	有簡背劃痕
四	0066	二五〇	有簡背劃痕
五	0092	二五一	有簡背劃痕
六	0178	二五二	有簡背劃痕
七	0630（0106）	二五三	有簡背劃痕
八	2708	二五四	有簡背劃痕
九	0142	二五五	有簡背劃痕
一〇	0119	二五六	有簡背劃痕

續表

新整理號		田野登録號	原整理號	備注
一一		0060	二五七	疑有簡背劃痕
威王問				
一		0108	二五八	
二		0086	二五九	有簡背劃痕
三		0077	二六〇	有簡背劃痕
四		0102	二六一	有簡背劃痕
五		0198	二六二	有簡背劃痕
六	a	2286	二六三	有簡背劃痕
	b	0218		
七		1496	二六四 b	
八		2154	二六五	有簡背劃痕
九		0063	二六六	有簡背劃痕
一〇		0076	二六七	有簡背劃痕
一一		0123	二六八	有簡背劃痕
一二		0055	二六九	有簡背劃痕
一三	a	1901	二七〇	有簡背劃痕
	b	0852		
一四		0019	二七一	有簡背劃痕
一五		0057	二七二	有簡背劃痕
一六		0061	二七三	有簡背劃痕
一七		0155	二七四	有簡背劃痕

新整理號		田野登録號	原整理號	備注
一八		0053	二七五	有簡背劃痕
一九		0318	二七六	有簡背劃痕
二〇		1465	二七七	
二一		0138	二七八	有簡背劃痕
二二		0104	二七九	有簡背劃痕
二三		0152	二八〇	有簡背劃痕
二四		0220	二八一	疑有簡背劃痕
二五		0135	二八二	有簡背劃痕
二六		0156	二八三	有簡背劃痕
二七		0065	二八四	有簡背劃痕
二八		0070	二八五	
二九		2519	二八六	
三〇		3374	二八七	
三一		2253	二八八	
三二		3847	二八九	
三三	a	S09-12	二九〇	
	b	S01-14		
三四		S31-17	二九一	
三五		1230	二六四 a	有簡背劃痕

續表

新整理號		田野登録號	原整理號	備注
陳忌問壘				
一	a	2031	二九二	有簡背劃痕
	b	2559		
	c	2322		
二	a	2746	二九三	有簡背劃痕
	b	0412		
三	a	0276	二九四	有簡背劃痕
	b	3624		
	c	3603		
四	a	0304	二九五	有簡背劃痕
	b	3807		
五		0289	二九六	疑似在劃痕處斷裂
六		0200	二九七	有簡背劃痕
七		0307	二九八	有簡背劃痕
八		0309	二九九	有簡背劃痕
九	a	1660	三〇〇	
	b	2671		
一〇	a	0542	三〇一	
	b	3277		
一一		1918	三〇二	
一二		1058	三〇三	
一三		1771	三〇四	有簡背劃痕
一四		1754	三〇五	有簡背劃痕
一五		2237	三〇六	
一六		2406	三〇七	
一七		4170	三〇八	
一八		2949	三〇九	
一九		2331	三一〇	
二〇		1836	三一一	有簡背劃痕
二一		2442	三一二	
二二		3505	三一三	
二三		3453	三一四	
二四		4027	三一五	
二五		4443	三一六	
二六		0455	三一七	
二七		1857	三一八	
二八	a	S01-13	三一九	
	b	2721		

續表

新整理號		田野登録號	原整理號	備注
二九		0526	三二〇	
三〇		1688	三二一	
篡卒				
一	a	0470	三二二	有簡背劃痕
	b	0968		
二		0301	三二三	有簡背劃痕
三		0250	三二四	有簡背劃痕
四	a	0334	三二五	有簡背劃痕
	b	3227		
五	a	0373	三二六	有簡背劃痕
	b	2024		
六		0812	三二七	有簡背劃痕
七	a	4907	三二八	有簡背劃痕
	b	0965		
八		0005	三二九	有簡背劃痕
月戰				
一		0381	三三〇	
二		0141	三三一	

新整理號	田野登録號	原整理號	備注
三	0227	三三二	
四	0794	三三三	
五	0194	三三四	
六	0164	三三五	
八陳			
一	0236	三三六	有簡背劃痕
二	0111	三三七	有簡背劃痕
三	0095	三三八	有簡背劃痕
四	0074	三三九	有簡背劃痕
五	0132	三四〇	有簡背劃痕
六	0093	三四一	有簡背劃痕
七	0081	三四二	有簡背劃痕
地葆			
一	0085	三四三	有簡背劃痕
二	0051	三四四	有簡背劃痕
三	0202	三四五	有簡背劃痕
四	0207	三四六	有簡背劃痕
五	0073	三四七	有簡背劃痕

續表

新整理號		田野登録號	原整理號	備注
六		0096	三四八	有簡背劃痕
執備				
一	a	0826	三四九	有簡背劃痕
	b	0874		
二		0317	三五〇	有簡背劃痕
三	a	0776	三五一	有簡背劃痕
	b	0762		
四		0447	三五二	有簡背劃痕
五		0295	三五三	有簡背劃痕
六		0300	三五四	有簡背劃痕
七		4121	三五五	
八		1966	三五六	
九	a	1941	三五七	
	b	4153		
一〇		0829	三五八	
一一	a	3266	三五九	
	b	3264		
	c	0921		

新整理號		田野登録號	原整理號	備注
一二		2553	三六〇	
一三		4806	三六一	
一四	a	0413	三六二	
	b	0764		
一五		2113	三六三	
兵情				
一	a	0847	三六四	
	b	0816		
二	a	3231	三六五	
	b	0298		
三		0313	三六六	
四		1956	三六七	
五		2072	三六八	
六	a	2384	三六九	
	b	0863		
	c	1961		
七		4887	三七〇	
八		0186	三七一	

續表

新整理號		田野登録號	原整理號	備注
行篹				
一		0007	三七二	疑有簡背劃痕
二		0009	三七三	有簡背劃痕
三		0016	三七四	有簡背劃痕
四		0782	三七五	
五		0010	三七六	疑有簡背劃痕
六		0284	三七七	有簡背劃痕
殺士				
一		1562	三七八	
二		2896	三七九	疑似在劃痕處斷裂
三		4742	三八〇	有簡背劃痕
四		3066	三八一	
五		2723	三八二	
六		2826	三八三	
七		2265	三八四	
八		2764	三八五	有簡背劃痕
九		3666	三八六	
一〇		1588	三八七	
一一		2510	三八八	
延氣				
一	a	1866	三八九	有簡背劃痕，b段疑似在劃痕處斷裂
	b	1707		
	c	3805		
	d	0636		
二	a	3188	三九〇	有簡背劃痕
	b	3796		
三		0997	四〇〇	
四	a	4905	三九七	有簡背劃痕
	b	3907		
	c	2477		
五		2705	三九八	有簡背劃痕
六	a	S01-15	三九九	
	b	1922		
七		2544	四〇一	疑似在劃痕處斷裂
八		1044	四〇二	
九		0726	三九一	有簡背劃痕

續表

新整理號		田野登録號	原整理號	備注
一〇		0720	三九二	
一一	a	1696	三九三	有簡背劃痕
	b	0994		
一二	a	2934	三九四	有簡背劃痕
	b	0691		
一三		0998	四四一	
一四	a	3816	三九五、三九六	有簡背劃痕
	b	4216		
官一				
一		0090	四〇三	有簡背劃痕
二		0162	四〇四	有簡背劃痕
三		0064	四〇五	有簡背劃痕
四		0169	四〇六	有簡背劃痕
五		0056	四〇九	有簡背劃痕
六		0139	四一〇	有簡背劃痕
七		0231	四一一	有簡背劃痕
八		0110	四一二	有簡背劃痕
九		0147	四一三	有簡背劃痕

新整理號		田野登録號	原整理號	備注
一〇		0215	四一四	有簡背劃痕
一一		0131	四一五	有簡背劃痕
一二		0167	四一六	有簡背劃痕
一三		0127	四一七	疑似在劃痕處斷裂
一四		0274	四一八	有簡背劃痕
一五		0133	四〇七	有簡背劃痕
一六		0226	四〇八	有簡背劃痕
一七		3699	四一九	
一八	a	4141	四二〇	
	b	S75-09		
一九	a	S01-16	四二二	
	b	4166		
	c	3569		
	d	S06-12		
二〇		3896	四二三	
二一		3737	四二四	
二二		3854	四二五	有簡背劃痕
二三		4584	四二六	

續表

新整理號		田野登録號	原整理號	備注
二四	a	2694	四二七	
	b	S17–02		
二五	a	4460	四二八	
	b	2560		
二六		3736	四二九	
二七	a	3095	四三〇	有簡背劃痕
	b	4144		
二八		3672		
二九		3965	四二一	
五教法				
一	a	1968	四三一	有簡背劃痕
	b	4889		
二		1050	四三二	有簡背劃痕
三	a	1180	四三三	有簡背劃痕
	b	0592		
四	a	1212	四三四	有簡背劃痕
	b	2076		
	c	2152		
五		1157	四三五	疑有簡背劃痕
六	a	4473	四三七	有簡背劃痕
	b	2171		
七		2141	四三六	
八	a	4163	四三八	有簡背劃痕
	b	2049		
九	a	1534	四三九	有簡背劃痕
	b	1592		
	c	1479		
一〇		2529	四四二	疑有簡背劃痕
一一		0658	四四三	有簡背劃痕
一二		1236	四四〇	有簡背劃痕
强兵				
一		3249	四四四	有簡背劃痕
二		1536	四四五	
三	a	1537	四四六	
	b	S12–05		
	c	1773		

續表

新整理號		田野登録號	原整理號	備注
四		2111	四四七	
五		1518	四四八	
六		2017	四四九	有簡背劃痕
七		1575		
八	a	2822	四五〇	有簡背劃痕
	b	2869		
九	a	4168	四五一	
	b	2508		
一〇	a	S03-06	四五二	
	b	4437		
一一		1368	四五三	
一二		2467	四五四	
一三		3197	四五五	

（三）編聯示意圖

此部分爲《孫臏兵法》十六篇的編聯示意圖，現將示意圖中的一些情况作簡單説明：

一、示意圖在原簡背面圖版的基礎上，標注了編繩位置綫，有簡背刻劃痕迹者，亦標注其位置。

二、遥綴竹簡間正文的缺字以「□」標注，所缺文字的數量按本簡行款和内容推擬，僅供參考。

三、圖版中位置不能確定的殘簡，上端與整簡第一字取齊，上加△號作標誌，此類竹簡不再標注缺字。

四、個别竹簡只有簡的正面圖版，今據正面圖版推擬簡背圖版，示意圖中黑色的竹簡即屬此類。《禽龐涓》第七簡爲模擬簡。

五、部分無整簡的篇章，示意圖在各篇左側均列有一支推擬的原簡形態，簡長根據同篇殘簡的編痕、契口位置、内容等推算；《殺士》《强兵》篇殘損過甚，簡長根據《八陣》《地葆》《官一》等篇整簡長度推算。

六、因《行篹》簡背污迹對本篇編聯有重要意義，所以將「《行篹》簡背污迹」圖附在編聯示意圖後。

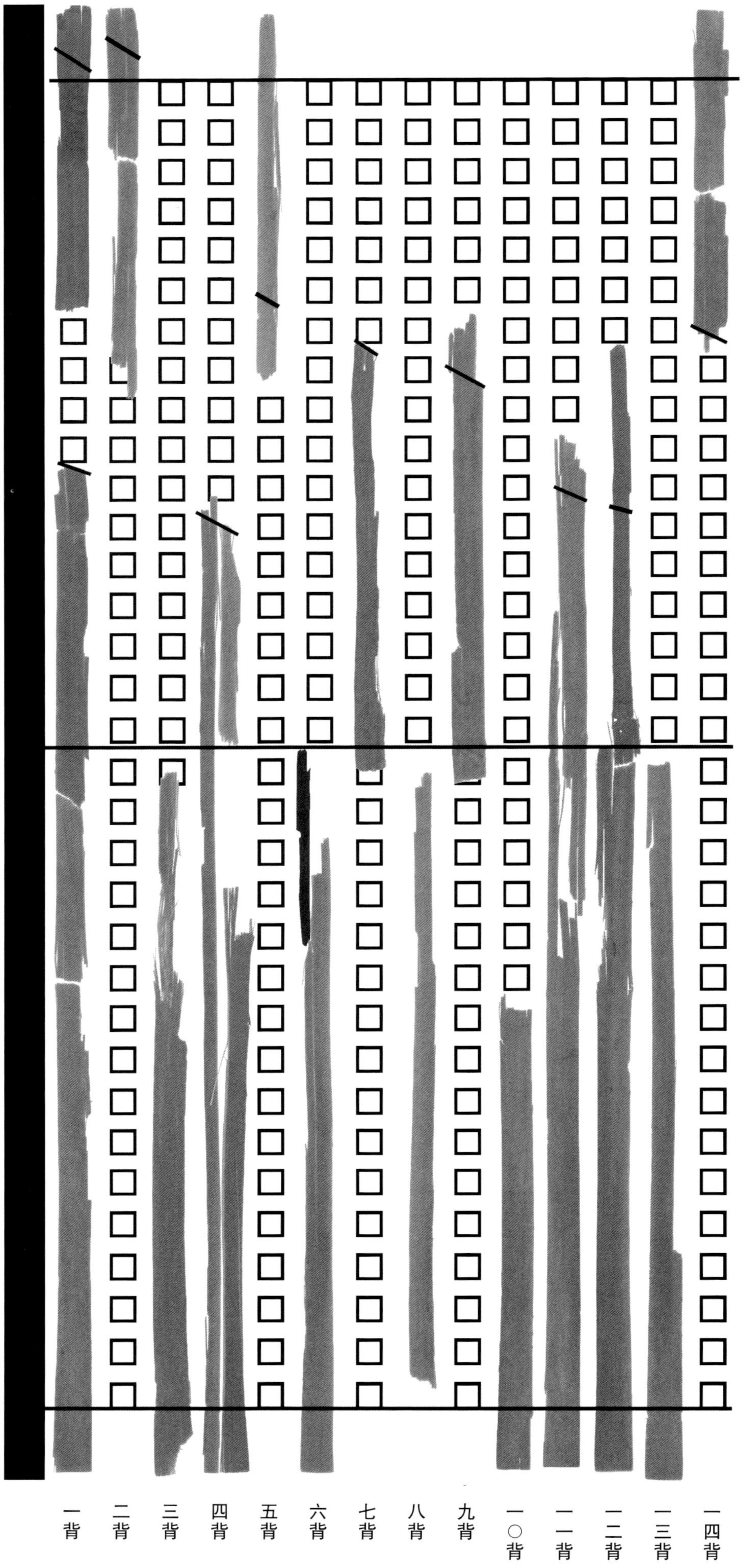

圖一三：《延氣》編聯示意圖

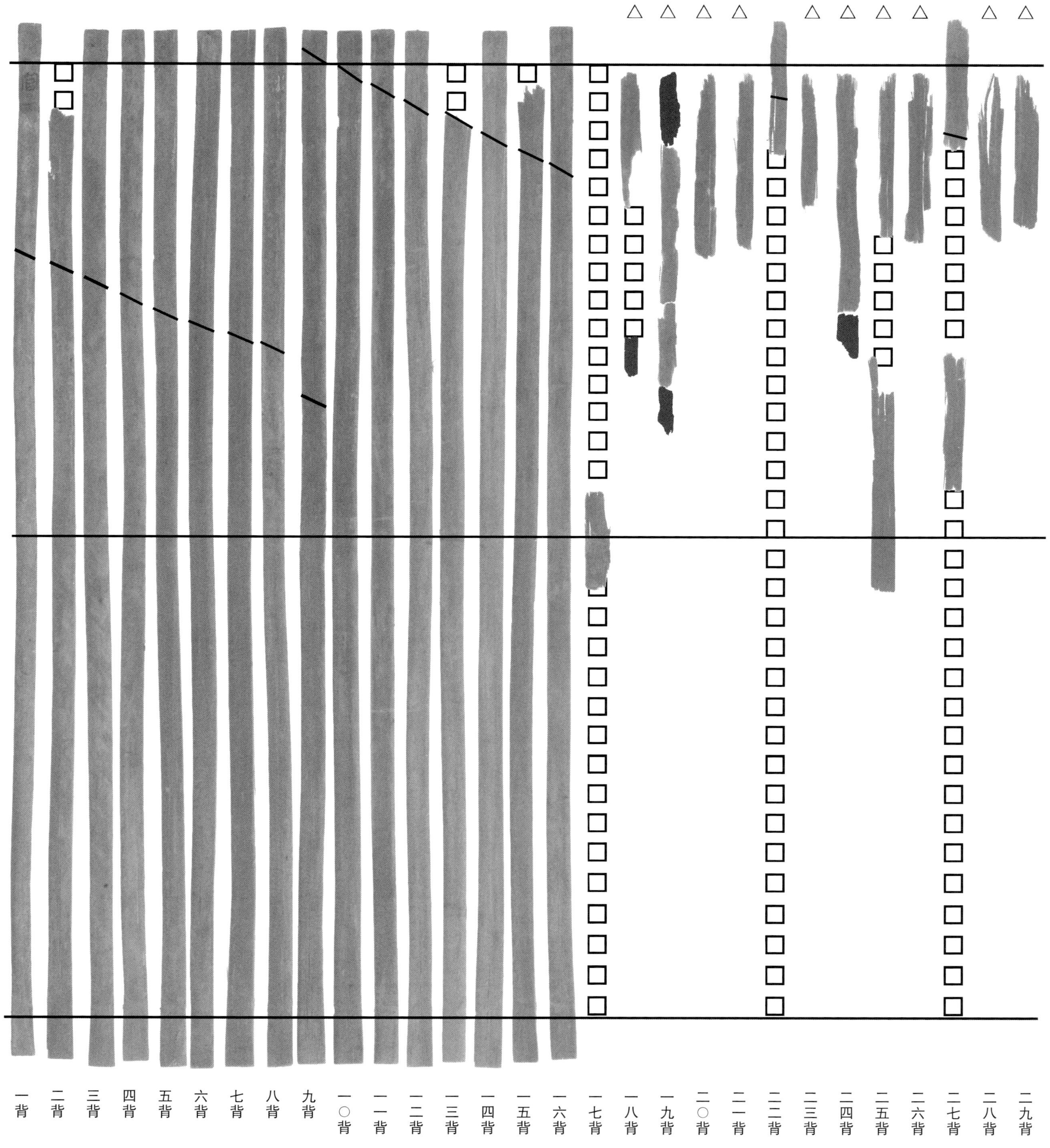
一背
二背
三背
四背
五背
六背
七背
八背
九背
一〇背
一一背
一二背
一三背
一四背
一五背
一六背
一七背
一八背
一九背
二〇背
二一背
二二背
二三背
二四背
二五背
二六背
二七背
二八背
二九背

圖一四：《官一》編聯示意圖

（四）參考文獻

山東省博物館、臨沂文物組：《山東臨沂西漢墓發現〈孫子兵法〉和〈孫臏兵法〉等竹簡的簡報》，《文物》一九七四年第二期。

銀雀山漢墓竹簡整理小組：《臨沂銀雀山漢墓出土〈孫臏兵法〉釋文》，《文物》一九七五年第一期。

整理小組（一九七五ａ）：銀雀山漢墓竹簡整理小組：《孫臏兵法》，文物出版社，一九七五年。

整理小組（一九七五ｂ）：銀雀山漢墓竹簡整理小組：《銀雀山漢墓竹簡〔壹〕》，文物出版社，一九七五年。

黄盛璋（一九七七）：《〈孫臏兵法·擒龐涓〉篇釋地》，《文物》一九七七年第二期。

張震澤（一九八四）：《孫臏兵法校理》（新編諸子集成），中華書局，一九八四年。

銀雀山漢墓竹簡整理小組：《銀雀山漢墓竹簡〔壹〕》，文物出版社，一九八五年。

李家浩（一九八七）：《先秦文字中的「縣」》，《文史》第二十八輯，中華書局，一九八七年。

朱德熙（一九八八）：《説「屯（純）、鎮、衠」——爲〈唐蘭先生紀念論文集〉作》，《中國語文》一九八八年第三期；《朱德熙古文字論集》，中華書局，一九九五年。

陳邦懷（一九八九）：《讀銀雀山漢簡孫臏兵法》，《一得集》，齊魯書社，一九八九年。

李均明（一九九二）：《孫臏兵法譯注》，河北人民出版社，一九九二年。

趙逵夫（一九九四）：《〈孫臏兵法〉校補》，《文史》第三十九輯，中華書局，一九九四年。

陳偉武（一九九六）：《銀雀山漢簡考釋三則》，《中國語文》一九九六年第一期。

陳偉武（一九九七）：《銀雀山漢簡通假字辯議》，《古漢語研究》一九九七年第三期。

陳偉武（一九九八）：《銀雀山漢簡考釋（十則）》，《容庚先生百年誕辰紀念文集（古文字研究專號）》，廣東人民出版社，一九九八年。

陳偉武（二〇〇一）：《試論出土古文字資料之擬補》，《華學》第五輯，中山大學出版社，二〇〇一年。

駢宇騫：《銀雀山漢簡文字編》，文物出版社，二〇〇一年。

陳偉武（二〇〇二）：《秦漢簡帛補釋》，《中國語文》二〇〇二年第一期。

劉樂賢（二〇〇三）：《簡帛數術文獻探論》，湖北教育出版社，二〇〇三年。

郭永秉（二〇〇九）：《讀書札記（兩篇）》，「復旦大學出土文獻與古文字研究中心」網站，二〇〇九年二月三日；《古文字與古文獻論集》，上海古籍出版社，二〇一一年。

白於藍（二〇一〇）：《銀雀山漢簡校釋》，《考古》二〇一〇年第十二期。

銀雀山漢墓竹簡整理小組：《銀雀山漢墓竹簡〔貳〕》，文物出版社，二〇一〇年。

裘錫圭（二〇一一）：《再談古文獻以「埶」表「設」》，《先秦兩漢古籍國際學術研討會論文集》，社會科學文獻出版社，二〇一一年。

蔡偉（二〇一一）：《讀竹簡札記四則》，「復旦大學出土文獻與古文字研究中心」網站，二〇一一年四月九日。
張海波（二〇一五）：《讀〈孫臏兵法〉劄記兩則》，《中國文字》新四十一期，藝文印書館，二〇一五年。
洪德榮（二〇一七）：《〈銀雀山漢墓竹簡〔壹〕·官一〉考釋三則》，《中國文字學報》第八輯，商務印書館，二〇一七年。
王輝（二〇一八）：《銀雀山漢簡殘字叢考》，《古文字論壇》第三輯，中西書局，二〇一八年。